"博学而笃志,切问而近思。"
(《论语》)

博晓古今,可立一家之说;
学贯中西,或成经国之才。

复旦博学·复旦博学·复旦博学·复旦博学·复旦博学·复旦博学

作者简介

牛淑珍，教授，博士，硕士生导师，上海市本科教学指导委员会委员、浦东新区第五届人大代表、浦东新区科技发展基金专家。曾获全国宝钢优秀教师奖、上海市"育才奖"、上海市"三八红旗手"、上海民办高校师德标兵、上海市优秀教学成果奖、上海市级优秀教材奖等。发表多篇学术论文，主持各类课题十多项，出版教材10本、专著2部。上海市教委"十二五"本科教学工程市级"专业综合改革试点"项目负责人，上海市教委应用型试点专业负责人，校首批重点学科学术带头人。

齐安甜，高级经济师，博士，国开证券有限责任公司执行董事、总经理，出版多部学术专著和论文，主持过十几项科研课题。

潘彦，副教授，硕士，上海市教委全英文示范课国际结算课程负责人。研究领域为资本市场、风险管理等，开设的主要课程有国际结算、商务英语等。

复旦博学·金融学系列
FINANCE SERIES

互联网金融理论与案例分析

牛淑珍　齐安甜　潘　彦　编著

THE THEORY AND CASE ANALYSIS OF
INTERNET FINANCE

復旦大學出版社

内容提要

《互联网金融理论与案例分析》讲述了互联网金融在全球范围内的突破性发展，对互联网金融门户、众筹、P2P网贷、第三方支付、大数据金融、互联网金融模式利弊分析以及互联网金融理财产品等诸多方面进行了全方位的分析与探讨。通过国内的阿里巴巴、腾讯、百度的生态系统，再到国外的LendingClub、PayPal等，帮助理解互联网金融将如何应用在融资、理财、交易、支付、营销等多个细分领域。

本书可作为高等院校互联网金融教材，还可供互联网金融从业者参考使用。

本教材是

上海市市属高校第三批应用型本科试点专业

"金融学"专业建设成果

前　　言

　　金融是现代经济的核心。自产生以来,金融就承载着大量信息和资金,其对信息处理的功能越强大,服务于实体经济的功能就能越好地发挥。受外部环境影响,金融的组织方式也在不断发生变化,其中技术进步无疑是其最重要的影响因素之一。进入 21 世纪以来,随着互联网技术的快速发展,金融与互联网之间的关系越发密切。借助于互联网的思维方法和计算技术,金融大大提升了自身的功能和效率。特别是大数据、云计算、搜索引擎和移动支付等技术的发展,为互联网企业与金融行业相结合打开了通道。一方面,互联网企业通过这些技术创新得到了海量信息的支持;另一方面,互联网企业借助网络技术在信息、数据处理方面的优势逐渐涉足金融业务领域。与此同时,现实中广大中小企业、小微企业长期以来融资难、融资贵的现状又为互联网金融的发展提供了成长土壤,巨大的需求与技术上的突破为互联网金融的发展创造了广阔的发展空间。

　　互联网是 20 世纪以来人类最为重大的一项科技发明,这种技术是以互动平台的基本方式来打破时空的界限,它能够有效地提供人们在网络社会交流中所需的各种信息。由于互联网技术提供的是一种高效的处理方式以及便捷的信息传输技术,所以能够在世界范围内迅速发展。互联网技术的普世性、移动性、感知性、数据累积性等特征不断地向各个领域渗透和深入,在一定程度上推动了市场环境、客户需求和服务模式的转变。

　　随着互联网在全球的普及以及广泛应用,互联网金融应运而生并迅速发展起来,网上银行、手机银行、第三方支付、"宝宝"类理财产品、P2P 网贷等金融创新业务在我国蓬勃发展,由此形成了一种新的金融模式——互联网金融商业模式。

　　目前,互联网金融的迅猛发展,对金融机构尤其是银行业的冲击已经显现出来,未来随着互联网金融的不断壮大,将会与商业银行展开更加激烈的竞争,甚至改变银行业的经营模式和运行格局。

与传统金融行业相比,互联网金融是依托于云计算、大数据、社交网络以及搜索引擎等互联网工具而产生的一种新型金融模式,主要包括第三方支付平台模式、P2P网络小额信贷模式、基于大数据的金融服务平台模式、众筹模式、网络保险模式、金融理财产品网络销售等模式。互联网金融因具有资源开放化、成本集约化、选择市场化、渠道自主化、用户行为价值化等优势,将给传统银行业带来巨大冲击,但同时互联网金融也为传统金融机构带来了新的机遇与挑战。

本书共分为十一章,每一章在理论探讨的基础上,针对本章内容进行了案例分析(第十一章除外),并在最后加入了拓展阅读的相关内容,从而有助于读者对本章内容有全方位的理解和把握。

第一章是互联网金融概述。首先阐明了互联网金融的内涵及特征,随后分析了互联网金融所涉及的第三方支付、P2P网贷模式、大数据金融模式、众筹模式、信息化金融机构模式、互联网金融门户六种主要的业务模式,从起步期、发展期、腾飞期三个阶段介绍了互联网金融的发展历程,对互联网金融的未来进行了展望。

第二章论述了互联网消费金融。阐明了互联网消费金融的内涵及特征,对互联网消费金融与传统消费金融进行了特性比较,并论述了互联网消费金融对传统消费金融的影响,从发展背景和发展阶段两个角度介绍了互联网消费金融的发展历程,分析了互联网消费金融的运作模式,最后提出了我国互联网消费金融存在的问题及发展策略。

第三章论述了第三方支付与移动支付。分析了现金支付、票据支付、银行卡支付等传统支付的运作模式;阐述了第三方支付的内涵,分析了第三方支付的一般流程、类型及盈利模式;回顾了第三方支付的发展历程;论述了第三方支付对银行支付的冲击以及第三方支付发展中的问题。

第四章论述了P2P网络贷款。介绍了P2P网络贷款的发展背景,给出了其定义、特点,分析了P2P网络贷款在金融市场中的作用,阐述了P2P网络贷款的交易流程及业务模式,回顾了我国P2P网络贷款的发展历程,分析了P2P网络贷款存在的问题及趋势。

第五章论述了众筹融资。介绍了众筹融资的内涵、参与主体及特点,回顾了众筹融资在中国的发展和突破,分析了众筹融资模式及运作原理以及当前我国众筹融资存在的问题、风险及发展趋势。

第六章论述了互联网金融门户。分析了互联网金融门户的内涵、本质、类别和特点，回顾互联网金融门户的产生背景和发展过程，分析了互联网金融门户对金融业的影响，论述了互联网金融门户P2P网贷类门户、信贷类门户、保险类门户、理财类门户、综合类门户五种运营模式。

第七章论述了大数据金融。论述了大数据金融的定义、功能、优势及特征，阐述了大数据金融对传统金融的变革，从平台模式、供应链金融模式两个层面论述了大数据金融运营模式，分析了大数据金融面临的挑战与策略。

第八章论述了传统金融互联网化。分析了互联网金融背景下传统金融面临的挑战与机遇，以及传统金融互联网化的实践与模式；提出了互联网金融背景下传统金融的应对策略；展望了互联网金融与传统金融的未来。

第九章论述了互联网金融征信。阐述了互联网金融征信相关概念，分析了互联网金融征信的必要性，介绍了基于大数据的互联网金融征信方法，分析了我国互联网金融征信的发展及存在问题，最后提出了互联网金融征信的政策建议。

第十章论述了互联网金融风险防范。从与传统金融业相似的风险、互联网金融特有的风险两个角度分析了互联网金融的风险类型；论述了互联网金融风险防范的国际实践，包括国外互联网金融风险防范方法、国外互联网金融风险防范的特点以及国外互联网金融风险防范对我国的借鉴；研究了中国互联网金融风险防范措施，提出了互联网金融风险防范及监管的总体思路、监管理念以及风险防范措施。

第十一章论述了中国互联网金融发展策略。分析了中国互联网金融发展的优势，探究了互联网金融在我国快速发展的原因，探讨了中国互联网金融发展中的阻碍，分析了互联网金融发展的主要挑战，最后提出了中国互联网金融发展策略。

不得不说，与以支付宝为首的互联网金融相比，在当今的时代背景之下，我国的传统金融公司体制较为落后，在很多时候，更是因为不够"接地气"的信用评价体系导致用户不能享受更多的服务。当互联网金融出现的时候，用户自然会选择更加方便的互联网金融，这极大地限制了传统金融行业的发展,这是科技发展中的偶然,也是历史的必然。

面对互联网金融队伍的不断壮大,传统金融服务也开始在互联网平台上进行延伸,它借助互联网的便捷性和强大的影响力将自己的服务在互联网上进行推广,最典型的代表是网上银行和电子银行。其中,网络银行主要是以工商银行和招商银行为首,取得了很多成绩。虽然传统金融与互联网已开始触电,但依然有很多局限性。同时也应注意到,由于互联网安全技术尚不完善,使得互联网金融所面临的技术风险,包括交易主体和计算机系统的业务风险和法律风险更加突出。故商业银行应该对互联网金融的发展动态给予足够的关注和重视,借互联网金融之势,加快技术和产品更新步伐,同时,严密监管风险。

在时代背景下,互联网金融不断地发展着,得到了广大人民群众的喜欢和支持,不断地在金融领域蓬勃发展。

目　录

第一章　互联网金融概述 ⋯⋯⋯⋯⋯⋯⋯⋯⋯⋯⋯⋯⋯⋯⋯⋯⋯⋯ 1
　第一节　互联网金融的内涵及特征 ⋯⋯⋯⋯⋯⋯⋯⋯⋯⋯⋯⋯⋯ 1
　第二节　互联网金融的业务模式 ⋯⋯⋯⋯⋯⋯⋯⋯⋯⋯⋯⋯⋯⋯ 10
　第三节　互联网金融的发展历程 ⋯⋯⋯⋯⋯⋯⋯⋯⋯⋯⋯⋯⋯⋯ 15
　第四节　互联网金融的未来展望 ⋯⋯⋯⋯⋯⋯⋯⋯⋯⋯⋯⋯⋯⋯ 19
　第五节　互联网金融案例：阿里巴巴引领互联网金融创新 ⋯⋯⋯ 22
　　本章小结 ⋯⋯⋯⋯⋯⋯⋯⋯⋯⋯⋯⋯⋯⋯⋯⋯⋯⋯⋯⋯⋯⋯ 25
　　拓展阅读 ⋯⋯⋯⋯⋯⋯⋯⋯⋯⋯⋯⋯⋯⋯⋯⋯⋯⋯⋯⋯⋯⋯ 26

第二章　互联网消费金融 ⋯⋯⋯⋯⋯⋯⋯⋯⋯⋯⋯⋯⋯⋯⋯⋯⋯⋯ 31
　第一节　互联网消费金融概论 ⋯⋯⋯⋯⋯⋯⋯⋯⋯⋯⋯⋯⋯⋯⋯ 31
　第二节　互联网消费金融的发展 ⋯⋯⋯⋯⋯⋯⋯⋯⋯⋯⋯⋯⋯⋯ 38
　第三节　互联网消费金融的运作模式 ⋯⋯⋯⋯⋯⋯⋯⋯⋯⋯⋯⋯ 40
　第四节　我国互联网消费金融存在的问题及发展策略 ⋯⋯⋯⋯⋯ 45
　第五节　互联网消费金融案例：京东金融 ⋯⋯⋯⋯⋯⋯⋯⋯⋯⋯ 50
　　本章小结 ⋯⋯⋯⋯⋯⋯⋯⋯⋯⋯⋯⋯⋯⋯⋯⋯⋯⋯⋯⋯⋯⋯ 53
　　拓展阅读 ⋯⋯⋯⋯⋯⋯⋯⋯⋯⋯⋯⋯⋯⋯⋯⋯⋯⋯⋯⋯⋯⋯ 53

第三章　第三方支付与移动支付 ⋯⋯⋯⋯⋯⋯⋯⋯⋯⋯⋯⋯⋯⋯ 57
　第一节　传统支付的运作模式 ⋯⋯⋯⋯⋯⋯⋯⋯⋯⋯⋯⋯⋯⋯⋯ 57
　第二节　第三方支付的内涵及运作模式 ⋯⋯⋯⋯⋯⋯⋯⋯⋯⋯⋯ 61
　第三节　第三方支付的发展 ⋯⋯⋯⋯⋯⋯⋯⋯⋯⋯⋯⋯⋯⋯⋯⋯ 66
　第四节　第三方支付对银行支付的冲击 ⋯⋯⋯⋯⋯⋯⋯⋯⋯⋯⋯ 69
　第五节　第三方支付发展中的问题 ⋯⋯⋯⋯⋯⋯⋯⋯⋯⋯⋯⋯⋯ 71

第六节　第三方支付案例：支付宝盈利模式分析 …………… 74
　　　　本章小结 ……………………………………………………… 76
　　　　拓展阅读 ……………………………………………………… 77

第四章　P2P 网络贷款 ……………………………………………… 82
　　第一节　P2P 借贷的基本概念 ………………………………… 82
　　第二节　P2P 网络贷款的交易流程及业务模式 ……………… 85
　　第三节　我国 P2P 网络贷款的发展 …………………………… 89
　　第四节　P2P 网络贷款存在的问题及趋势 …………………… 90
　　第五节　P2P 网络贷款案例：陆金所 ………………………… 93
　　　　本章小结 ……………………………………………………… 97
　　　　拓展阅读 ……………………………………………………… 98

第五章　众筹融资 …………………………………………………… 103
　　第一节　众筹融资的基本概念 ………………………………… 103
　　第二节　众筹融资在中国的发展和突破 ……………………… 106
　　第三节　众筹融资模式及运作原理 …………………………… 108
　　第四节　当前我国众筹融资存在的问题、风险及发展趋势 … 112
　　第五节　众筹融资案例：天使汇 ……………………………… 118
　　　　本章小结 ……………………………………………………… 120
　　　　拓展阅读 ……………………………………………………… 120

第六章　互联网金融门户 …………………………………………… 123
　　第一节　互联网金融门户概述 ………………………………… 123
　　第二节　互联网金融门户的发展 ……………………………… 127
　　第三节　互联网金融门户对金融业的影响 …………………… 129
　　第四节　互联网金融门户运营模式 …………………………… 132
　　第五节　互联网金融门户案例：陆金所 ……………………… 137
　　　　本章小结 ……………………………………………………… 143
　　　　拓展阅读 ……………………………………………………… 143

第七章 大数据金融 …… 146
- 第一节 大数据金融概述 …… 146
- 第二节 大数据金融对传统金融的变革 …… 151
- 第三节 大数据金融运营模式 …… 157
- 第四节 大数据金融面临的挑战与策略 …… 160
- 第五节 大数据金融案例：阿里小贷运营模式分析 …… 165
- 本章小结 …… 170
- 拓展阅读 …… 170

第八章 传统金融互联网化 …… 177
- 第一节 互联网金融背景下传统金融面临的挑战与机遇 …… 177
- 第二节 传统金融互联网化的实践与模式 …… 187
- 第三节 互联网金融背景下传统金融的应对策略 …… 199
- 第四节 互联网金融与传统金融的未来 …… 205
- 第五节 工商银行互联网化案例 …… 210
- 本章小结 …… 218
- 拓展阅读 …… 218

第九章 互联网金融征信 …… 221
- 第一节 互联网金融征信的相关概念 …… 221
- 第二节 互联网金融征信的必要性 …… 227
- 第三节 基于大数据的互联网征信方法 …… 228
- 第四节 我国互联网金融征信的发展及存在问题 …… 232
- 第五节 互联网金融征信的政策建议 …… 237
- 第六节 互联网金融征信案例分析 …… 241
- 本章小结 …… 248
- 拓展阅读 …… 248

第十章 互联网金融风险防范 …… 251
- 第一节 互联网金融的风险类型 …… 252
- 第二节 互联网金融风险防范的国际实践 …… 258
- 第三节 中国互联网金融风险防范措施 …… 262

第四节　互联网金融风险案例解析 …………………………… 268
　　　本章小结 …………………………………………………… 273
　　　拓展阅读 …………………………………………………… 274

第十一章　中国互联网金融发展策略 ……………………………… 277
　　第一节　中国互联网金融发展的优势 ………………………… 277
　　第二节　中国互联网金融发展中的阻碍 ……………………… 279
　　第三节　中国互联网金融发展策略 …………………………… 283
　　　本章小结 …………………………………………………… 291
　　　拓展阅读 …………………………………………………… 291

参考文献 ……………………………………………………………… 296

第一章 互联网金融概述

本章任务目标：
1. 掌握互联网金融的内涵及特征；
2. 了解互联网金融的发展历程，以及互联网金融与传统金融的区别与联系；
3. 掌握互联网金融的业务模式；
4. 对互联网金融的未来展望有一定认识。

第一节 互联网金融的内涵及特征

一、互联网金融的内涵

互联网金融是一个新兴的概念。对于互联网金融的定义，学界和业界的观点很难统一。马蔚华(2012)较早地提出了互联网金融的概念，他认为"以 Facebook 为代表的互联网金融形态，将来会对商业银行产生不小的威胁"，但他没有明确地给出互联网金融的定义。

这一概念的正式提出始于 2013 年谢平和邹传伟合著的《互联网金融模式研究》。文中提出互联网金融模式是一种不同于商业银行间接融资也不同于资本市场直接融资的"第三种"融资模式，以移动支付、社交网络、搜索引擎和云计算等为代表的现代信息科技对人类金融模式产生颠覆性的影响。互联网金融能产生巨大的社会经济效益，如通过提高资源配置效率、降低交易成本来促进经济增长。

谢平给互联网金融下的定义是："互联网金融是一种新的融资模式，在这种模式下，市场中几乎不存在信息不对称，资金的供需双方可以直接交易,支付便捷,现在存在的银行等金融中介完全可不起作用,从而大大减少交易费用,提高资源配置效率。"谢平对互联网金融的定义很严谨,但是与我国现存的互联网金融企业的实际状况相差很多,完全符合定义的互联网金融模式在市场中还不存在。

从谢平教授提出"互联网金融"的概念之后,很多学者对于"互联网金融"提出了不同的见解。

中国人民银行对互联网金融的定义为,互联网金融是互联网与金融的结合,是借助互联网和移动通信技术实现资金融通、支付和信息中介功能的新兴金融模式。广义的互联网金融既包括作为非金融机构的互联网企业从事的金融业务,也包括金融机构通过互联网开展的业务。狭义的互联网金融仅指互联网企业开展的、基于互联网技术的金融业务。

阿里巴巴认为,未来的金融有两大机会:一个是金融互联网,金融行业走向互联网;第二个是互联网金融,纯粹的外行领导。金融互联网和互联网金融是两个概念,前者的含义是金融行业利用互联网进行自身的优化升级,而后者的含义则是身为金融门外汉的互联网企业利用互联网介入金融行业。

2013年,罗明雄从现实应用的角度出发,将互联网金融定义为"利用信息化技术实现资金融通的一种新兴金融服务模式,该模式综合了网络平台信息化、高效、便捷等优势和金融服务模式统称为互联网金融。在信息技术方面,云计算、社交网络、移动支付和海量数据处理等高速发展的信息数据处理科技及全球化的互联网进行的金融活动,不同于传统的线下实体存在的金融活动,而是存在于虚拟空间中,形态电子化,运行方式网络化"。作者在其著作中分别从狭义金融和广义金融的两个角度阐述这一概念:与货币的信用化流通相关的金融业务与活动,应该属于狭义金融角度的互联网金融,也就是借助互联网技术来实现资金的融通等;广义金融角度的互联网金融泛指任何涉及互联网金融应用,都应该是互联网金融,例如余额宝、京东金融、新兴的小米金融、在线理财等都包括其中。

在美国等网络和金融相当发达的国家,"互联网金融"这个概念并不为人所知,所谓的"互联网金融"是我们中国所特有的。以美国为代表的西方金融业受到网络信息技术发展的巨大影响,做出了积极的改变,市场结构转变特别显著。不过,互联网对西方金融业的影响是潜移默化的。

由于美国的金融市场已经比较完善,多年以来都是依靠市场来调节经济,完全不同于我国执行多年的政府管制经济模式。因此,互联网能对美国金融的发展起到"润物细无声"的效果。

在美国比较活跃的金融市场中,后台效率得以提高,但互联网金融并未被特别注意。这是因为,金融在经济体中执行的六大基本功能从未改变,发生改变的只是以前商业银行的运营等模式。从本质上讲,互联网金融仍然是金融的一种,并没有派生出新的金融功能。网络在美国起步较早,发展较为成熟,并已经对美国的金融业产生了深刻的影响。尽管较多的美国金融企业网络技术储备良好,但高科技公司并没有产生新金融。

由于概念界定清晰,所谓"互联网金融"在美国并未产生。而由于政府的监管,我国的金融体系长期处于被管制状态,利率等一直受国家的管控,而没有像西方发达国家那样由市场的需求来决定。这种"金融压抑"长期存在,才让互联网金融有了发展的空间。中国的这种金融市场状态为投机者提供了一个良好的市场,在这个逐利的市场中,投机者们势必会竭尽全力利用这个市场来获利。

本书认为,互联网金融是利用互联网作为金融信息、产品和服务的业务媒介,将信息技术运用于金融业务流程中,为客户提供综合金融服务的一种模式。它既包括传统金融服务在信息技术上的延伸,也包括金融与互联网结合而产生的新业态,是信息时代的一种全新金融模式。其中,信息技术将数字化手段渗透到金融产业的每个环节,对于金融服务提供者,信息技术显著提高了金融信息采集、处理、发布和检索等工作的效率,为改善金融服务、创新金融产品提供了技术支撑;对于金融消费者,信息技术大幅拓宽了支付结算、产品交割和各项金融交易的选择空间,为提高金融业的普惠性和金融服务的覆盖率提供了技术支持。

二、互联网金融的特征

互联网金融是借助互联网平台兴起的,但它并不是简单运用互联网技术,而是将互联网技术以及互联网精神与传统金融行业相融合。它是一种新型的金融模式,有着传统金融业所不具备的诸多特征。

(一) 普惠性

互联网金融的出现改变了金融行业一直盛行的"二八法则",将"长尾理论"发挥到极致。

互联网金融的出现,让普惠金融不再是一个空洞的概念,使人们切实能感受到它带来的利益。如余额宝等理财产品的出现,让草根阶层也有了理财的意识和能力,激发了人们的理财热情;P2P网贷模式的出现,降低了小微企业的融资成本以及融资难度;众筹等互联网金融模式的出现,让许多缺少资金支持的有志创业者有了施展抱负的机会;互联网金融门户的出现,让信息更加透明,客户可以在与金融行业的业务往来中占据更大的主动权,从而选择对自己适合的产品。

互联网金融通过挖掘和收集海量的用户信息,运用互联网思维,为用户带来了前所未有的体验。几乎每个阶层的人,只要愿意,就能享受到互联网金融带来的服务体验。

以P2P网贷为例,开鑫贷是典型的推行普惠金融的P2P网贷平台。开鑫贷在借鉴国外P2P网贷平台发展经验的基础上,以小贷公司为核心,采用线上、线下相结合的方式,搭起了社会资金直接服务"三农"和小微企业发展的桥梁,引导社会资金直接为"三农"和小微企业提供源源不断的融资支持。

线上是指出借人和借款人通过开鑫贷网站提交供求信息、交易撮合以及资金划转和还本付息;线下是指引入借款项目担保机构,通过小贷公司网络,对借款标的进行贷前审核、贷款担保以及贷后管理。

(二)成本低、效率高

互联网金融模式主要是采用线上服务的模式,运用各种互联网平台,让用户足不出户便可以享受到各种金融服务。互联网金融的线上服务模式,减少了实体服务网点的设置,节省了服务成本,甚至可以将服务的边际成本降为零。因此,服务成本的降低使得互联网金融企业有了资本可以让利于用户,从而有了更强的竞争力。

同时,利用互联网平台极大地简化了实体网点烦琐的服务流程,提高了整个服务效率。以贷款为例,传统的商业银行从客户提出贷款申请到最后银行进行放款,最快也需要一周的时间,其中得经过客户经理签字、银行风险部门审核、银行行长签字等各种不可缺少的程序。但是,互联网金融可以实现申请当日放贷(见表1-1)。如阿里小贷,在充分收集了客户的信息并对其征信进行数据化分析之后,可以在最短的时间内对贷款申请人放款。

表 1-1　小微企业融资渠道比较

渠　　道	利　　率	获 取 难 度	审批速度
银行	基准上浮 30%~50%	很难	15~30 天
融资性担保公司	再加 2%~3% 的担保费以及 1%~2% 的评估费	难,要求房产抵押和第三人担保等反担保措施	银行见担保即放款
小贷公司	基准的 4 倍	易,要求房产抵押和第三人担保等	当天放贷
供应链金融平台+银行	基准上浮 30%~50%,免担保费和评估费	无抵押,企业控制人个人无限连带担保,核心企业担保或回购承诺	T+0 到 T+2
供应链金融平台+小贷公司	基准的 2~3 倍	无抵押,企业控制人无限连带担保	T+0 到 T+2

(三) 服务便捷

随着互联网技术的快速发展以及手机等移动通信工具的广泛普及,互联网金融摆脱了传统金融服务上时间和空间的分割等限制,客户可以随时随地享受到便捷高效的服务。需要的各种服务,如银行的转账、账款的支付、日常用品的购买,只要用户下载相应的 APP 或者登录相应的网站,便可以自助完成。同时,由于更加直接便捷的金融服务以及良好的用户体验,使得互联网金融企业拥有了越来越广泛的客户基础。此外,第三方支付等平台的自我创新也使得它们提供的服务更为便捷。

以第三方支付中的快捷支付为例,首先用图 1-1 和图 1-2 说明一下传统网上支付和快捷支付的支付流程。

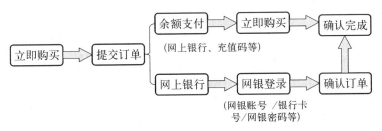

图 1-1　支付宝传统网上支付流程

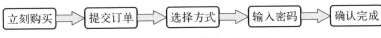

图 1-2　支付宝快捷支付流程

两种支付模式相比较,可以很明显看出,选择使用快捷支付后,整个流程大大简化,下单确认后选用"快捷支付"只需要输入支付密码即可完成交易。

快捷支付的优势在于:减少了支付页面与网银页面的跳转次数,增强了转化购买率,既不需要将银行卡账户资金转移到第三方的虚拟账户,也降低了网购付款时被"钓鱼"网站攻击的可能性,使用户体验迅速提升。

(四)大数据特征明显

信息时代的关键在于对数据的处理、分析和应用。互联网金融将大数据运用于集合处理海量、非结构化数据之中,高效快速地进行信息的匹配和管理,相比传统金融,互联网金融在这方面的技术优势较明显。可以说,数据是互联网金融的核心资产。2011年5月,麦肯锡全球研究院发布了名为《大数据:创新、竞争和生产力的下一个新领域》的报告,由此,"大数据"这个概念受到了广泛关注。

大数据的运用使得高频交易、信贷风险分析、社交情绪分析三大金融创新得以实现。

高频交易可以说是一种采取战略顺序的交易,在对金融数据分析的基础上,可追踪到市场参与者留下的足迹。与传统金融相比,大数据的运用正改变着整个金融行业。互联网金融创新了金融产品,完善和规范着金融,提升了客户体验,改革了业务处理模式和经营管理理念。

运用大数据的优势还体现在其提升了金融市场的透明度。以往为了减少或避免信息不对称的情况,传统商业银行会进行信息收集整合、分析和决策以分析金融客户的信用状况包括其资产状况、经营情况和各类交易状况。近年来,大数据在互联网金融中的运用改变了传统商业银行的这种做法,直接收集潜在的金融交易过程中的双方信息,这种创新的信息来源模式让金融客户信息更精准,细化了交易价格信息和社会经济状况等数据,也使得利率更接近市场的真实水平。

总之,大数据的应用帮助互联网金融企业完善了信息收集整合和分析,在拓展客户市场、研发新型金融产品和企业决策等方面起到非常重大的作用。

(五)经营模式多样化

从系统各组成要素来看,互联网金融系统是一个多层次的系统,包括金融互联网子系统和互联网企业金融子系统。金融互联网子系统是负责金融机构互联网化；互联网企业金融子系统是管理互联网企业涉足金融领域的系统。正是因为互联网金融各系统在结构和功能上均有差异，便形成了各互联网金融多样化的业务模式。

金融互联网子系统具有基础设施完善、资金实力雄厚、社会公信力强、风险管理机制健全等特点。其开展的业务模式主要有：(1) 互联网技术在传统金融机构的运用，即利用互联网平台销售传统的金融产品，扩充商业银行的线上渠道，其形式有电子银行、电子证券、电子保险等；(2) 电商模式，即由传统的银行和券商等金融机构搭建自己的电子商务平台，如建设银行的"善融商务"、招商银行的"非常 e 购"、交通银行的"交博汇"等；(3) 与互联网公司合作，借助对方的平台，进行自己产品的线上营销，如方正证券在天猫商城开设的旗舰店。

(六) 信息化程度高

在金融服务中，企业和用户信息不对称的局面一直存在，从而导致了许多问题，如逆向抉择等。随着互联网技术的发展，信息化逐渐成为众多传统金融机构的核心竞争力。而互联网金融的出现，使得信息不对称问题大幅度减少，企业和用户的信息越来越公开透明。信息不对称的减少，一方面使得互联网金融企业能更好、更全面地掌握用户的信息，从而减少客户违约等现象，如阿里小贷就是利用天猫平台，收集商户与消费者之间交易形成的海量信息，特别是货物和资金交换的信息，从而分析得出商户的信用资质，然后判断是否对其放款；另一方面，用户可以更好、更直接地对各种金融产品进行对比，从而得出最适合自己的选择。

近几年，在线搜索比价在全球范围内已经成为网民选择和申请金融产品的互联网入口。金融产品的搜索、比价和申请行为的在线化，其深刻背景是年轻一代网民在全球范围内已经成为银行业重视和争夺的主要客户群体。成长于互联网环境下的这代人更喜欢通过互联网搜索、比较和申请金融产品。他们需要了解更多的产品信息，比较产品之间的优劣，发现更合适、更优惠的产品。

(七) 风险高

首先，互联网金融作为一种全新的金融模式，在我国的发展时间还较为短暂，有关互联网金融方面的法律法规还不够系统完善，部分领域存在法律漏洞。其次，互联网金融依托于互联网，网络风险不可避免，一旦遭遇计算机病毒、黑客入侵、技术缺陷等问题，都可能对资金安全造成巨大威胁。

三、互联网金融与传统金融的区别与联系

（一）两者的区别

与传统金融相比，互联网金融具有明显的不同之处。首先，互联网金融具有高效率和低成本的特征。在传统金融模式下，大多数业务都需要客户亲临柜台办理，而以网络为交易平台则节约了客户的时间，也降低了金融机构的人力成本。特别是在传统金融背景下，贷款的办理需要经历复杂烦琐的调查和审核过程。对于小微企业而言，获得金融机构贷款的可能性较低。而互联网金融下的网络贷款条件更为宽松，程序更为简单，提高了金融服务的效率。

其次，互联网金融下资金配置效率提高。传统资本市场中，由于缺乏公认的交流平台，信息不对称性很明显。对于资金需求方而言，难以获取相关信息，获取所需要的资金的机会较小；而对于资金供给方而言，则难以找到合适的投资机会而导致资金闲置无法获得增值，从而造成了资源的浪费。互联网金融解决了信息不对称问题，为资金的供需方提供了所需信息，并以互联网为平台，为资金的优化配置创造了条件。

另外，互联网金融参与人数众多，发展速度快。由于互联网技术和通信技术的发展、电子产品的普及、公众受教育程度的提高，互联网的参与人数逐年增加。互联网金融在一定程度上弥补了传统金融的业务空白，满足了中低收入者需要而传统金融机构无法给予的金融服务需求。

（二）辩证看待互联网金融与传统金融

首先，互联网金融与传统金融机构从来都不是对立的关系，它们不仅可以使用类似的技术来达到同样的目的，促进工业的发展，而且重视用户体验感受的特征要求也促使它们改善内部控制和风险管理，互联网金融与传统金融机构在许多方面可以互相学习。

其次，互联网技术在金融领域的应用只是一个水到渠成的自然趋势，并不存在谁发明了互联网金融的问题。未来将会或多或少地依赖互联网或者说现代信息技术。也许十年之后，"互联网金融"这个词会被多数人扔进垃圾桶，因为任何的金融都离不开最新的信息交互技术，金融只是金融而已。

今天的互联网金融也可以被定义为一个产业，也只是因为互联网的

技术,信息存储、传输技术与过去相比更加复杂和迅速。但是追根溯源,就像使用电缆传输代替信使传递金融信息很难被称为金融创新一样,互联网技术和金融行业的浅层结合最多算作服务方式方面的微创新,离真正的金融创新还有相当的距离。

四、互联网金融的风险

从目前互联网金融典型业务模式来看,互联网金融有其特定的风险:

一方面,互联网金融是信息技术发展下的产物,所以有其技术层面上的风险。一是信息泄露、身份识别、信息掌控等互联网金融特有的风险。二是第三方资金存管所涉及的资金安全问题。三是存在重大技术系统漏洞的危险,由此可能引发金融基础设施风险。四是潜在的操作风险,基于人为操作技术程序,操作风险尤为突出。

另一方面,互联网金融并没有脱离金融的本质,传统金融风险依然存在。

一是信息不对称风险。互联网金融的虚拟性使得身份确定、资金流向、信用评价等方面存在巨大的信息不对称,甚至所谓的大数据分析可能导致严重的信息噪声。

二是信用风险。由于国内互联网信用业务目前整体没有受到全面有效的监管,亦没有健全的消费者保护机制,互联网信用业务引致的信用风险程度更高。比如网贷公司"跑路"就是典型的信用风险。

三是流动性风险。由于互联金融的跨界性、联动性、技术性,可能导致资金链断裂,造成流动性风险。

比如互联网货币基金将九成的资金配置于协议存款,而部分银行又将协议存款获得的资金用于风险性更高的信托收益权买入返售,而信托项目可能将资金配置于地方融资平台或房地产部门,一旦其中一个环节出现问题,流动性风险就将成为显性风险,甚至引发系统性风险。

四是法律与政策风险。由于互联网金融的更新步伐较快,部分业务游离在现有法律法规和监管体系之外,法律法规完善和政策调整将是一个必然的过程。目前互联网金融将面临较为严重的法律与政策风险管理问题,特别是以互联网作为"外衣"的传统金融异化业务产生的金融风险将更为凸显。

第二节 互联网金融的业务模式

互联网金融近几年得到快速的发展,在其发展过程中,形成了多种多样的模式,目前互联网金融主要有六种运营模式:第三方支付模式、P2P网络小额贷款模式、大数据金融模式、众筹模式、信息化金融机构模式以及互联网金融门户模式。

一、第三方支付模式

第三方支付就是一些与产品所在国家以及国内外各大银行签约,并具备一定实力和信誉保障的第三方独立机构提供的交易支持平台。在通过第三方支付平台的交易中,买方选购商品后,使用第三方平台提供的账户进行货款支付,由第三方通知卖家货款到达、进行发货;买方检验物品后,就可以通知付款给卖家,第三方再将款项转至卖家账户。

第三方支付是伴随着电子商务的发展而逐步兴起的,互联网金融第三方支付平台的结算支付模式以其安全、快捷等优势正逐渐发展成为目前电子商务中广泛采用的一种支付模式。2013年以来,支付行业呈现出爆发式的增长,以支付宝为代表的第三方支付模式越来越被大众接受并广泛使用。

从第三方支付的发展历史来看,其发展阶段大致可以分为四个节点:

第一个节点是1999年当当网、易趣网等的成立,同时诞生了我国第一家第三方支付公司——首信易支付;

第二个节点是2003年支付宝的成立,这标志着互联网支付行业迎来快速发展的时代;

第三个节点是2011年中央银行开始颁发第三方支付牌照,这标志着第三方支付进入规范发展的渠道;

第四个节点是2013年移动支付产品支付宝钱包、微信支付的出现,这意味着第三方支付跨入移动支付时代。

截止到2015年,我国第三方移动支付市场规模达到9.31万亿,互联网金融已经不再只是虚拟经济,而成为主体经济社会不可或缺的一部分。

多家第三方支付机构齐头并进,不仅作为龙头的支付宝规模越来越大,微信支付、易宝支付也成为近几年发展最快的第三方支付平台。

二、P2P 网贷模式

P2P 网贷是指通过第三方互联网平台进行资金借贷双方的匹配,需要借贷的人群可以通过网站平台寻找有出借能力并且愿意基于一定条件出借的人群,帮助贷款人通过和其他贷款人一起分担一笔借款额度来分散风险,也帮助借款人在充分比较的信息中选择有吸引力的利率条件。

我国最早出现的 P2P 网贷公司是 2007 年 6 月成立于上海的拍拍贷,同年 10 月,宜信网贷平台上线。

2013 年,随着余额宝的诞生,互联网金融概念受到广泛追捧,P2P 网贷作为互联网金融的正统产业越来越受到人们的重视。

2015 年网贷行业投资人数与借款人数分别达 586 万人和 285 万人,较 2014 年增加 405% 和 352%,网贷行业人气明显飙升。

P2P 网贷的出现,为一些难以在银行取得贷款的个人或小微企业提供了获得资金的途径。P2P 网贷在有效的监管下可以发挥出互联网优势,从而帮助那些经济行为活跃、愿意通过释放信用价值改变自己同时又未被传统金融机构覆盖的人筹措资金,进而实现普惠金融的效果。

三、大数据金融模式

大数据金融是指依托于海量、非结构化的数据,通过互联网、云计算等信息化方式对其数据进行专业化的挖掘和分析,并与传统金融服务相融合,创新性地开展相关资金融通工作的统称。

目前,以大数据服务为平台的运营模式可以分为两种:以阿里小额信贷为代表的平台模式和以京东、苏宁为代表的供应链金融模式。

阿里小贷是小额贷款公司利用网络平台的典型代表,是我国首个专门面向网商放贷的小额贷款公司。其专注服务于阿里巴巴及淘宝网平台上的小微企业和自主创业者,主要帮助会员企业在生产经营过程中解决流动资金的需求。

该模式的特点主要有三点。一是期限短、金额小、随借随还,且无须抵押品和担保人。二是采用全流程网络化操作,客户申请贷款后进行的贷前调查、审核、发放和还款,申贷、审贷、放贷全过程均在线完成。淘宝贷款订单最快仅需申请后 3 分钟就能放贷。三是发挥了电子商务数据透明公开和可记载的特点，解决了传统金融行业与个人及小企业贷款中存在的信息不对称、流程复杂等问题，在一定程度上降低了风险。

阿里小额信贷开展金融服务的方式为"封闭流程＋大数据"（图 1-3），阿里金融统计并使用自己的数据，对数据进行真伪性分析，以此为依据判断申请贷款人的信用，发放无抵押信用贷款以及应收账款抵押贷款，贷款单笔金额须在 5 万元以内，这与银行的信贷形成了良好的互补。

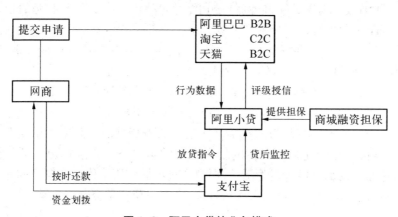

图 1-3　阿里小贷的业务模式

而以京东商城、苏宁为代表的供应链金融模式则是以电商作为核心企业，以未来收益的现金流作为担保，以此获得银行的授信，再为供货商提供贷款。大数据金融模式主要应用于电商平台，通过数据分析对平台用户和供货商进行放款，以此获得利息收入。

四、众筹模式

"众筹"的概念来源于"众包"（Crowdsouring）和"微型金融"（Microfinance）。莫里克（Mollick，2012）对"众筹"给出的定义为：融资者在网上"众筹"融资平台为其项目融资，每位投资者可投入少量的金额并获得实物（如预计产出的产品）或股权回报。

通俗地讲，众筹是指项目发起者通过利用互联网和 SNS（社交网络服务），发动众人的力量，集中大家的资金、能力和渠道，为小企业或个人的某项活动、某个项目或创办企业提供必要的资金援助的一种融资方式。

按照回报类型,众筹可以分为捐赠类众筹、奖励型众筹、借贷型众筹和股权类众筹四类。

2011年7月4日,我国第一家众筹网站——点名时间正式上线。此后,众筹网站在我国进入快速发展期,先后出现了天使汇、创投圈、大家投等股权众筹平台。

众筹模式具有门槛低、多样化、草根性、创新性等特点,但受相关法律环境的限制,众筹网站上的所有项目不能以股权、债券、分红或是利息等金融形式作为回报,项目发起者更不能向支持者许诺任何资金上的收益,必须是以其相应的实物、服务或者媒体内容作为回报。所有支持者一定要设有相应的回报。众筹平台会从募资成功的项目中抽取一定比例的服务费用。

众筹模式的融资基本过程见图1-4。

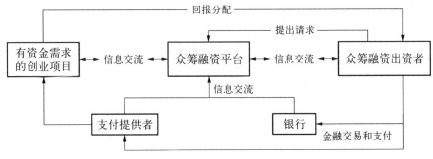

图1-4 众筹融资基本过程

如上图所示,在众筹平台中,资金的需求方,也就是资金需求创业项目的管理者与众筹融资平台进行信息交流,按照平台的规则发布详细的项目信息、发展计划、股权配置以及奖励回报等信息。

创新项目在平台发布后,资金的供给方,也就是上图中的众筹融资出资者,根据自身的需求,在平台上输入出资条件、搜寻符合条件的创新项目,直接与项目管理者进行谈判;或者委托银行进行投资,银行可以投资既定的项目,也可以投资符合条件的非既定项目。随着资金的划转,项目管理者获得资金,从而启动自己的创业项目,并向出资者奖励回报。

五、信息化金融机构模式

信息化金融机构，是指在互联网金融时代，通过广泛运用以互联网为代表的信息技术，对传统运营流程、服务产品进行改造或重构，实现经营、管理全面信息化的银行、证券和保险等金融机构。

在互联网大背景下，金融信息化是金融业发展的趋势，而信息化金融机构是金融创新的产物。在整个金融行业中，银行业的信息化建设一直处于领先的水平。

1998年，招商银行就已经率先推出了网上银行。随后，各大银行都相继推出了自己的电商平台，如建设银行的"善融商务"、工商银行的"融e购"等。

流程化、固定化是传统的银行贷款典型的经营模式，为了降低成本或控制风险，银行更倾向于针对大型机构进行服务。而现在通过信息技术，缓解了信息不对称的问题，为银行和中小企业的合作搭建了平台，极大增强了金融机构为实体经济服务的能力。

尤为重要的是，银行通过建设电商平台，可以把银行内部的各个部门紧密有效地联系在一起，能够更好地应对互联网金融的浪潮及挑战。除此之外，银行等金融机构通过建立电商平台，可以为客户提供更好地体验，如填写个人资料等业务，客户可以自行在网上完成，而不用去银行点办理，极大地节省了客户的时间成本以及经济成本。

六、互联网金融门户模式

互联网金融门户是指利用互联网提供金融产品与金融服务信息的汇聚、搜索、比较，也包括金融产品销售并为其提供第三方服务平台。

互联网金融门户的核心是"搜索+比价"模式，将各家金融机构的产品放在平台上，采用垂直比价的方式，用户通过对比来挑选合适的金融产品。目前，在互联网门户领域，针对理财、信贷、P2P、保险等细分行业分布有格上理财、融360、网贷之家、大童网等。

渠道价值是互联网金融门户的最大价值所在。互联网金融门户为用户提供了比价平台，降低了金融市场信息不对称程度，减少了逆向选择的发生。

除此之外，互联网金融门户改变了用户选择金融产品的方式，"搜索+比价"的方式极大地提高了客户的搜索效率，既节省了时间又降低了交易成本，加快了信息及资金的流通速度。

随着我国存款利率的放开,我国利率市场化基本完成,资本市场也会在发展中不断完善,国内金融市场将会进入金融产品过剩的时代,届时,最重要的便是稳定的客户群体。互联网金融门户经过不断发展成为掌握客户资源的重要渠道,这样便反过来控制了上游的金融机构门户,站在了制高点上,使自己在以后的发展中更有竞争力。

第三节 互联网金融的发展历程

互联网金融的产生经历了十多年的时间,作为一个新兴的事物,其经历了从无到有的过程,在原有金融的体系框架中,很多从业者开始追求将网络技术和金融结合在一起,旨在发挥互联网技术的快捷性和便利性。互联网金融发展经历了三个阶段,在这三个阶段中互联网金融逐渐壮大成长,形成了不可阻挡的气势。

我国互联网金融的发展历程如图 1-5 所示:

起步期 2005年之前	发展期 2005年至2012年	腾飞期 2012年至今
阶段特点 在这一阶段,人们尝试将互联网与传统金融业结合,建立互联网金融平台,将部分金融业务搬到网上,实现了网上开户、查询、转账等业务。主要代表事件是1997年招商银行推出了国内第一家网上银行。	**阶段特点** 在这一阶段,第三方支付迅速兴起,并与各大银行、电子商务平台建立支付结算端口,凭借其方便、快捷的特性赢得了众多企业和消费者的青睐。此外,网络借贷逐步萌芽,2007年我国第一家网络借贷公司成立。第二阶段的平稳发展,为日后互联网金融的高速发展奠定了强有力的基础。	**阶段特点** 2012年至今,我国互联网金融得到了空前的发展。在这一阶段,P2P网贷、众筹、互联网金融理财等多种互联网金融模式蓬勃兴起,并凭借其成本低、效率高、操作方便快捷、信息公开透明等优势迅速占据金融市场,开启了互联网金融时代。

图 1-5 我国互联网金融的发展历程

一、互联网金融的起步期

第一个发展阶段是 2005 年以前,是互联网金融的起步期,也可以称为互联网金融的诞生阶段。在这一时期,互联网与金融的结合主要体现为互联网为金融机构提供技术支持,帮助银行"把业务搬到网上",还没有出现真正意义的互联网金融业态。虽然没有对传统的金融行业产生根本上的冲击,但是不同金融机构顺应发展潮流,首先建立了自己的电商部门,实现了金融产品的网络化销售。以中国人保电子商务平台为例,在这一阶段中保险的业务产品真正上线销售,用户只需要通过网络就能够购买保险业务,改变了传统的保险业务"人对人"的销售模式。

二、互联网金融的发展期

第二个阶段是 2005—2012 年后,为互联网金融的发展期。在这一阶段的短短几年内,网络借贷开始在我国萌芽,第三方支付机构逐渐成长起来,互联网与金融的结合开始从技术领域深入金融业务领域,互联网金融实现了真正意义上的脱胎换骨,其业务范围不断扩张,尤其是第三方支付平台的壮大,逐渐取代了银行的部分功能。同时国家法律正式牌照申请成功,互联网金融逐渐摆脱了无序发展的阶段,互联网技术和金融机构业务融合真正走向了合作阶段。

在 2006 年发生了一件具有深远影响力的事件,即 P2P 借贷平台开始了本土化的运营,虽然其发展模式和发展理念都借鉴了国外的元素,但是这意味着我国互联网金融真正走向了快速发展的历程。随后我国的互联网金融机构如雨后春笋般出现,从国家的统计数据中我们可以看到,截至 2014 年 6 月 31 日,P2P 借贷平台数量达到了 1 184 家,借贷人数达到了 19.5 万人。

互联网金融发展促进了传统商业银行业务转型,各大银行金融机构都开设了网络业务,通过网络覆盖将业务扩展到每一个领域,同时其业务种类较多,操作速度提升。在中国市场的带动下,参与中国金融行业的外资银行也开设网络服务,但是由于受到中国金融环境影响,外资银行的业务的开放性较低,对于业务风险的管控力度更强。

当前国内金融银行的互联网业务覆盖了账户管理、网络结算、个人投资、融资租赁、众筹集资、信贷业务、资产管理等多项业务,根据我国银行业相关的数据统计显示,2012年我国网上银行的业务交易量增长势头较猛,建设银行、商业银行的网上银行开户数量相较于2010年提升24.4%,这意味着我国大型商业银行在互联网金融中发挥着重要作用,在大银行主导的行业内,中小型银行的发展现状不容乐观,民生银行、华夏银行、招商银行仍有较大的发展空间。在这样的背景下,各大互联网金融机构纷纷角逐互联网领域,相应的金融风险监管势在必行。

三、互联网金融的腾飞期

互联网金融发展的第三个阶段是2012年以后至今,为互联网金融的腾飞期。2013年被称为"互联网金融元年",是互联网金融得到迅猛发展的一年。自此,P2P网络借贷平台快速发展,众筹融资平台开始起步,第一家专业网络保险公司获批,一些银行、券商也以互联网为依托,对业务模式进行重组改造,加速建设线上创新型平台,互联网金融的发展进入了新的阶段。

2013年6月13日,由阿里巴巴、支付宝在线和天弘基金共同开发的余额宝面世。2013年6月下旬,阿里信用贷款金额超过1 000亿元,价值客户超过320 000户,平均贷款40 000元。

2013年8月1日,根据国务院的有关指示,由中国人民银行、中国银行业监督管理委员会、证券监督管理委员会、保险业监督管理委员会、工信部、财政部、公安部、法制办组成"互联网金融发展和监管研究小组",对互联网金融企业进行调查和研究。互联网金融也首次在公开场合获得中国人民银行(以下简称央行)的肯定,央行认为现有的金融体系需要互联网金融作为补充。

2013年8月9日,中国第一家互联网行业组织——中关村互联网金融行业协会成立,会员单位包括许多电商巨头,如京东、当当等。8月13日,在北京举行的中国互联网大会论坛数据显示互联网企业的付款金额约6万亿元,同时披露了最新一批获得互联网支付牌照的企业名单,并揭示了互联网支付单一、支付金额小、交易量大的特点。

在监管层认可互联网金融发展的同时,支付宝也在做创新变革。2013年8月之前,支付宝用户使用支付宝必须绑定银行卡,但在之后,支付宝已具有线上信用卡功能,用户无须绑定银行卡就能够直接透支消费,授信额度最高 5 000 元。

在同年 12 月,为了支持和推广移动客户端,用支付宝在 PC 端进行转账将要收取服务佣金,每笔按 0.1% 来算,最低收费 0.5 元起,最高上限 10 元。

2013 年 8 月 19 日,支付宝官方微博公布了第一批国家可以实现支付宝支付学费的学院和大学的列表,包括北京、上海、杭州、重庆等城市的 29 所学院和大学。

近几年,随着经济的飞速发展,信息网络技术的逐步成熟,互联网金融迅速占据金融市场,并呈现良好发展势态。据《2015 年中国"互联网+"金融研究报告》统计,2015 年上半年中国互联网金融产品(服务)的网民渗透率为 68.1%,国内有超过一半的消费者使用过互联网金融产品或服务,普及率整体平稳上升。2015 上半年,我国第三方移动支付市场总规模 40 261.1 亿元,环比增速 24.8%。2015 年 6 月,全国共有 235 家众筹平台,正常运营的众筹平台 211 家,上半年共募集 46.66 亿元。P2P 网贷发展也尤为迅速,根据《2015 年 P2P 行业年度报告》,截至 2015 年末,我国 P2P 借贷行业累计交易规模约为 9 750 亿元,是 2014 年的 3 倍有余。2015 年参与人数首次突破千万。

在这一阶段,互联网金融发展从无序的行业阶段逐渐走向了行业内部自我规范,同时外部管理机构也在引导金融机构的健康发展,旨在能够合理规避风险的存在。

由于金融体系的复杂性较强,经济发展波动会产生激烈的动荡,同时网络技术带有虚拟性,这些都使得互联网金融发展面临着风险冲击。在 2012 年至今的这一阶段中,互联网金融开始逐渐走向正规,从业者和管理者也开始思考 P2P、众筹、网络保险等业务的健康发展,在对传统金融结构进行改造升级的同时,也注重互联网金融风险监管,互联网金融势必进入一个新的发展阶段。

互联网金融不仅为众多企业和投资者提供了一个更加广阔的平台,也促进了我国经济的繁荣,并产生了深远的影响。作为信息时代下的产物,互联网金融已不再是互联网与金融的简单融合,而是一个涉及经济、法律、政治、文化等多个领域的综合性产业。因此,我们必须站在整个民族发展的角度上,合理适度地推进互联网金融的繁荣发展。

第四节 互联网金融的未来展望

互联网金融具有门槛低、成本低、效率高、移动化、应用多样等多方面优势,对传统金融的大部分业务具有激励、重塑甚至替代性,对融资、投资、支付、担保和征信、第三方理财市场及证券保险等领域都会产生巨大冲击。

更为重要的是,互联网金融的日益壮大已经开始影响传统金融的"上层建筑"——货币政策、利率市场化、监管风控体系等,从而成为金融职能和监管部门在出台政策时不得不考虑的一个重要因素。

互联网金融具有如下发展趋势。

一、第三方支付将继续扮演基础性角色

目前互联网金融业态中发展最成熟、最规范、最有代表意义的是第三方支付。第三方支付最初仅仅是为了解决电商交易的信用问题而诞生的一种第三方资金担保方式。但是随着电商行业的大发展,第三方支付也呈指数级增长,并且开始逐渐进入银行通常不屑或者不能进入的应用领域。近年来,随着智能手机等移动智能终端的发展,第三方支付更是进入了一些场景支付领域(比如O2O市场等)。在未来相当长的时间内,第三方支付都将扮演着互联网金融最基础,也是最具客户黏性的角色。

二、P2P网贷和电商小微贷对传统存贷体系的影响将日益显著

在传统银行体系中,存款贷款是最基础的业务。互联网金融首先对贷款业务中的小微贷款构成直接冲击。

在2014年年底,美国最大的P2P网贷公司Lending Club挂牌上市,进一步刺激了国内网贷市场的发展。据不完全统计,国内的P2P公司累计超过2 000家。P2P在小微贷方面的优势非常明显,银行甚至不得不自己成立银行系的P2P公司来对抗竞争。

而基于电商平台的小微贷则在供应链金融方面具有银行无法替代的

作用。近年来,随着大数据技术的发展,沉淀在电商平台的海量数据成为其向上下游客户提供供应链金融服务的依据。正是因为有海量数据作支撑,电商平台的小微贷不仅放款速度快得令人咋舌,而且其不良贷款率也远低于银行。以阿里小贷为例,其不良贷款率都控制在1%以下。可以预测的是,基于电商平台的小微贷将是所有小微贷中发展最迅速,也是最良性的一种。

三、互联网担保和征信行业是未来最有潜力的业务之一

过去,几乎所有的征信资源都掌握在央行和各商业银行。因为央行和商业银行的触角无法触摸到小微法人和自然人,实际上很多金融业务无法针对他们展开。而随着互联网的大发展,许多互联网公司积累了海量的数据,配合近年来兴起的大数据和智能挖掘技术,使得小微法人和自然人的信用变现成为可能。2015年1月5日,中国人民银行印发《关于做好个人征信业务准备工作的通知》,批准了芝麻信用、腾讯征信、前海征信、拉卡拉信用、鹏元征信、中诚信征信、中智诚征信、华道征信八家机构开展个人征信业务。征信和担保是一体两翼、互为因果,所以基于线上数据的征信和担保业将是未来最重要的互联网金融方向之一。

四、互联网第三方理财业务将重塑传统理财业务版图

互联网理财在"碎片化理财"和销售渠道方面对传统第三方理财市场冲击尤其巨大。传统理财市场的主要特征是银行等金融机构把控高净值人群和销售渠道,几乎通吃了中间业务的全部利润。这也是过去几年来银行中间业务收入剧增的关键。但随着以余额宝为代表的碎片化理财产品的兴起,长尾理财市场的价值逐渐被发现,并将最终改变理财市场的传统格局。传统理财的渠道被银行掌控,产品发行方、代理方和投资者都无权决定产品的选择和渠道的费用。而互联网渠道的出现极大地改变了这种渠道霸权。东方财富网年销2000亿元基金产品的案例可能仅仅是开始。

五、互联网保险将在标准险、创新险销售方面起先锋作用

2014年年中,第一家真正意义上的互联网保险公司——众安保险

诞生,而且是由阿里巴巴、中国平安保险和腾讯联袂设立。尽管目前众安保险的业务主要集中在电商保险领域,对传统保险的销售未构成影响,但互联网保险的先天优势非常突出。主要表现在两个方面:一是在标准险的销售方面优势非常明显,成本低廉;二是互联网保险使得传统不可保风险变得可保,在个性险和创意险研发方面具有不可替代的优势。正是鉴于以上两点,互联网保险的前景非常乐观。

六、互联网金融的"革命基因"与"改良宿命"

在一个可预见的将来,深入金融行业的互联网公司很难完全替代传统金融机构的作用。互联网最终可能仅仅作为金融发展的工具或是技术手段。互联网金融的本质仍然是金融。尽管互联网企业已经深度涉足金融领域,但其与传统金融机构相比,在资本实力、信用基础和风险控制体系等方面相差很远。同时,互联网金融无法满足高端客户群体需要的面对面个性化服务,互联网企业更应作为金融服务商参与到金融业务中来,而不是作为传统金融机构的替代物。

七、互联网金融和金融的互联网化将相向而行

互联网金融的发展会推动金融脱媒、普惠金融及金融民主化进程。随着互换网技术、软件开发技术和智能手机技术的进一步发展,未来的金融交易将朝着更迅速、更方便、更安全的方向发展。同时大数据和智能挖掘技术的发展,不仅有助于准确反映市场供求的变化,实现资金供给与需求的最佳匹配,还有助于缓解信息不对称问题,更有效地满足市场的投融资需求。

与互联网金融相伴而生的是金融的互联网化,即传统金融机构向互联网领域的逆袭。尽管金融机构先天具有更保守、更稳健的特征,似乎并不适合向充满想象力和完全竞争的互联网市场进军,但是当互联网金融侵入自己传统领地的时候,金融机构似乎也别无选择。其实无论是互联网金融,还是金融的互联网化,都只是硬币的两面,最终的结局将是两者相向而行,高度融合。

第五节　互联网金融案例：阿里巴巴引领互联网金融创新

一、基本情况

阿里巴巴集团创立于 1999 年，是当前我国最具影响力的互联网公司之一。阿里巴巴早期专注于电子商务领域，但随着 2003 年淘宝上线以来，在线购物支付的安全信用问题日渐显露。为了解决这些市场信用问题，阿里巴巴于 2004 年 12 月开始推出第三方支付工具支付宝，在买卖双方之间保障交易正常运行。

在国内互联网金融中最具代表性的，同时发展较为成熟的就是支付宝。支付宝是全球领先的，同时也是最大的第三方支付平台，致力于为用户提供简单、安全、快速的支付解决方案。"支付宝钱包"是支付宝移动端的代表，也是独立的品牌。

2013 年，阿里巴巴宣布将以支付宝为主体，集中力量筹建阿里小微金融服务集团，服务对象主要为个人消费者及小微企业。次年 10 月，阿里小微金融服务集团通过蚂蚁金融服务集团（简称"蚂蚁金服"）的名义成立。蚂蚁金服致力于打造一个开放包容的金融生态系统，通过"互联网推进器计划"，助力金融机构迈向"互联网＋"的时代，为个人消费者和小微企业提供普惠性的金融服务。目前，蚂蚁金服旗下的业务板块有：支付宝、余额宝、招财宝、蚂蚁花呗、网商银行、蚂蚁聚宝、蚂蚁金融云、芝麻信用等。

支付宝作为一个"巨型"第三方支付行业，依靠一个强大的网络和电子商务平台，通过个人客户扩大移动支付应用的范围，其推出的二维码和声波付款一度被业内人士看作运营商及银行的"眼中钉，肉中刺"。支付宝首席财务官井贤栋表示"我们与银行的关系是合作大于竞争"。由此可见，不仅是支付宝，互联网金融的兴起与发展都离不开强大的网络平台。

据了解，在许多公开场合阿里巴巴合伙人之一，井贤栋多次从技术和数据两方面分析"合作大于竞争"的原因，"首先，以支付宝的信用卡还款服务为例，单单这一服务就帮助银行提高了信用卡的发行量，所以是支付宝和银行共同培育了如今的支付市场;其次,每个公司都会有自己的优势,支付宝拥有高稳定性支付技术,从不断推出的新品如声波支付等,用户就能看到支付宝的创新能力,同时支付宝对风险的控制能力也是佼佼者;最后,支付宝强大的账单数据可以让更多人了解自己的消费情况,了解哪些地区的消费比较火爆"。

随着电商平台的快速发展壮大,支付宝用户数和交易规模迅速膨胀,支付宝用户在生活各方面的需求使阿里巴巴看到发展的机遇,开始服务阿里电商外客户及开创其他业务领域。

经过不断创新和开发支付场景及支付技术,支付宝逐步实现电信充值、信用卡还款、教育缴费、罚款代办、医院挂号、转账、旅游预订等多项服务,整合各类在线生活支付场景资源。

支付宝在移动端支付的创新深得人心,如杭州乘客使用支付宝向出租车司机支付乘车费时,并没有遇到支付瓶颈,便捷的电子化操作省去了"买卖"过程中"找零钱"的麻烦,同时提高了时间效率。由于用户对支付技术的理解还比较浅显,使用移动支付的人并不多,但支付终端离散化依旧是未来移动支付的发展趋势,而支付宝也在为实现付款的自由化不断努力。

阿里巴巴集团旗下的余额宝自2013年7月问世以来,其用户数目和资金规模都呈现爆发式增长(见表1-2)。

表1-2 余额宝用户数目和资金规模的增长情况

时间	用户数目(万人)	资金规模(亿元)
2013年6月30日	250	66
2013年9月30日	1 300	557
2013年11月14日	3 000	1 000
2013年12月31日	4 303	1 853
2014年1月15日	4 900	2 500
2014年2月14日	6 100	4 000
2014年2月28日	8 100	5 000
2014年6月30日	10 000	5 742
2015年12月31日	26 000	6 207

从表1-2可以看出,余额宝仅仅上线18天,资金规模就达到66亿元,平均每天增长3.66亿元;2013年底,余额宝的资金规模高达1 853亿元,3个月增长了1 296亿元,平均每天增长14.4亿元;2014年2月底,余额宝用户数已然超过我国股民数,高达8 100万人,资金规模突破了5 000亿元,这意味着其管理方天弘基金成为国内管理资产规模最大的基金公司。2015年底,余额宝上线18个月,基金规模已经高达6 207亿元,用户数超过了2.6亿人,用户继续保持持续增长的势头,但资金规模增长趋于理性,主要受竞争加剧以及年化收益率下滑的影响。正因余额宝取得快速增长,也激发众多基金公司和互联网公司参与到理财领域。

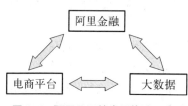

图1-6 阿里巴巴的发展战略示意图

2012年9月,阿里巴巴正式对外宣布其发展战略是"平台、金融和数据"(见图1-6),阿里金融成为阿里巴巴的三大核心业务之一,阿里巴巴基于支付宝和电商平台进入金融领域。阿里金融目前的服务对象主要有两类:一是支付宝个人用户,提供支付和增值金融服务;二是中小微企业,提供融资服务。

阿里巴巴2016年财报数据显示,阿里巴巴2015年交易额达9 640亿元。如今,阿里巴巴旗下蚂蚁金服的业务范围不断拓展,以支付宝为起点,以海量交易数据和信息为支撑,蚂蚁金服以服务者的姿态不断探索新领域,已涉及贷款、保险、理财、担保、虚拟信用卡、支付结算等。阿里巴巴已基本建立了以电商平台为基础、以支付宝为核心的金融平台,良好的阿里金融生态系统正在逐步形成。

如今,阿里巴巴的竞争实力不断增强,是当今互联网金融巨头之一,掌握着大量核心数据资源。我们可以说,阿里实际上掌握了游戏规则制定权。以阿里巴巴为代表的互联网金融企业,不仅是产业链的参与者,更是产业生态系统规则的制定者。

二、案例分析

电子商务在起步初期不被消费者广泛接受的重要原因之一就是诚信问题,阿里巴巴为了解决这个难题,设立支付宝,以第三方身份保证消费者的资金安全。支付宝的成功在于阿里巴巴深入挖掘普通用户的需求,从而产生了长尾效应。

支付宝在平台的搭建过程中一直以满足客户需求和完善客户体验为中心,最初只是为解决网络购物中的信用担保问题而设立,在逐步发展的过程中,支付宝看到用户在生活支付方面的需求,并对此加以重视,在完善支付体验、保障支付安全的同时,不断创新和开发应用场景。因此,不断满足客户需求、保障客户资金安全、优化客户产品体验成了支付宝日常经营活动中的核心要素。

阿里巴巴的商业模式就是建立开放的平台,通过打造内部和外部的生态系统,使得平台更加稳固和具有聚合力。在加强平台建设中,阿里巴巴始终将改善用户体验视为最关键的理念。淘宝网和天猫商城,都是通过为客户提供多样化产品、构建强大完整的物流体系,来提升服务客户水平;支付宝以解决网购中的信用问题为核心,通过金融技术手段不断完善客户的需求;阿里小贷则通过海量的大数据资源,建立信用体系,为小微企业提供风险可控的贷款服务。

传统金融领域里,银行和银联是规则制定者,互联网金融企业难以介入。然而,阿里巴巴依托电子商务和支付宝创造的全新的市场,改变了金融市场的规则,成为市场的新兴主体。如淘宝和天猫创造了新的交易场景,改变了买卖双方面对面交易的模式;支付宝通过虚拟账户,解决了电子商务交易中的征信体系问题,从此解除了对银联结算系统的依赖。

本章小结

本章是互联网金融概述。首先阐明了互联网金融的内涵及特征;随后分析了互联网金融所涉及的第三方支付模式、P2P网贷模式、大数据金融模式、众筹模式、信息化金融机构模式、互联网金融门户模式六种主要的业务模式,从起步期、发展期、腾飞期三个阶段介绍了互联网金融的发展历程,对互联网金融的未来进行了展望;最后,以阿里巴巴引领互联网金融创新为例,对本章内容进行了案例分析。

复习思考题:

1. 简要论述互联网金融的内涵及特征。
2. 谈谈互联网金融与传统金融的区别与联系。
3. 互联网金融的业务模式有哪些?

4. 如何看待互联网金融的未来发展趋势？

拓展阅读

微信和支付宝，谁才是支付领域的老大？

最近，艾瑞咨询公布了2017年二季度第三方支付移动支付市场份额数据，支付宝和财付通市场份额一升一降。两大巨头瓜分天下的局面依旧延续。

其中，支付宝市场份额占比从一季度的54%扩大到二季度的54.5%；微信支付背后的财付通则从上季度的40%环比回落至39.8%。

在此之前，业内曾有传言称微信支付或将于今年年内赶超支付宝，支付宝寡头地位正遭受威胁。

5年增长588倍！中国移动支付进入下半场

如附图1-1所示，自2011年以来，中国移动支付发展呈现快速上升态势，交易规模逐年翻倍增长，同比增长率快速上升，2013年达到707%，2016年移动支付交易规模更是达到58.8万亿元。据预测数据来看，2019年交易规模有望达到229万亿元。

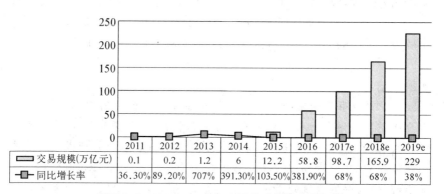

附图1-1 2011—2019年中国移动支付交易规模

从2011年0.1万亿元的交易规模，直至2016年58.8万亿元的交易规模，5年间增长588倍，这一数据仍呈上升趋势。

据统计，从2016年第四季度到2017年第三季度末，中国第三方移动支付交易规模同比增速逐步下降，但依然保持在较高的水平。增速下降是由于总量规模的增大使得增量在其中的占比缩小。而得益于移动支付不断拓展支付场景,同比增速依旧保持在高水平。

环比增速方面,2017年第二季度依然保持较高增速,这部分得益于6月电商促销活动的推动。

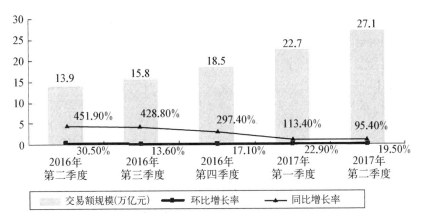

附图1-2 2016年第二季度至2017年第二季度中国第三方移动支付交易规模

中国移动支付市场与国外相比,优势明显,增速极快。根据统计,中国2016年移动支付市场规模为9万亿美元,几乎是美国移动支付市场(1 120亿美元)的90倍。2017年,仅4 810万美国人在过去6个月使用过近场支付,仅占智能手机用户的23.0%。而中国手机网上支付用户规模突破5亿,使用移动支付的比例达到69.4%。

根据预测数据显示,2020—2021年,中美移动支付差距将进一步扩大,中国移动支付市场交易规模将达到美国的168倍。

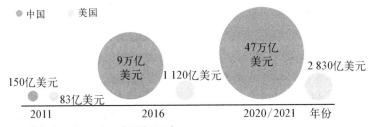

预测数据中国为2020年,美国为2021年。
资料来源:iResearch(中国),Forrester(美国)。

附图1-3 中国移动支付与美国移动支付对比

在中金公司分析师姚泽宇看来,当前,移动支付已经进入下半场,流量红利已经见顶,未来比拼的是"金融生态"。所谓"金融生态",本质上就是"支付带来的叠加价值",包括信用、理财、保险、信贷、营销等多种服务,在提供消费者便利的同时,引导商家更多地接入和使用。2017年以来,支付宝在战略上进行了一系列调整,摒弃社交回归支付,从而带来了市场份额的稳中有升。

支付宝 VS 微信:谁执牛耳?

2016年第四季度至2017年第二季度,支付宝交易规模市场份额均超54%,寡头地位丝毫没有变化。财付通在今年第一季度发起"猛攻",达到了40%,隐隐威胁着支付宝"老大哥"的霸主位置。

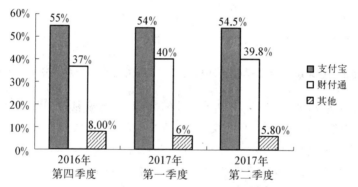

附图1-4　2016年第四季度至2017年第二季度中国
第三方移动支付交易规模市场份额

这场无硝烟的"战争"异常激烈。

据艾瑞报告数据显示,2017年第二季度,支付宝市场份额占比从一季度的54%扩大到二季度的54.5%,微信支付背后的财付通则从上季度的40%环比回落至39.8%。

总体来看,第三方移动支付第二季度交易规模达27.1万亿元,两家巨头份额相加超过94%。借助于淘宝网等线上交易,支付宝"老大"地位愈发稳固。而发力于线下小商铺的微信支付(财付通)份额虽然微跌,但实力依然不可小觑。相比之下,其他支付企业几乎无立足之地。

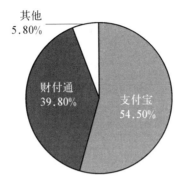

附图1-5　2017年第二季度中国第三方移动支付交易规模市场份额

2017年第二季度中国部分第三方移动支付企业交易规模

支付企业	交易规模（亿元）
支付宝	147 695
财付通	107 858
壹钱包	4 207.7
联动优势	2 095.6
连连支付	2 079
京东支付	2 068.2
快钱	1 592.4
易宝支付	1 439
银联商务	1 242.7
苏宁支付	799.7

资料来源：21数据新闻实验室。

最后，我们再来回顾一下这两家巨头支付公司的"简历"。

	支付宝（中国）信息技术有限公司	财付通支付科技有限公司
法定代表人	志云	马化腾
注册时间	2008年	2006年
注册资本	1 000万美元	100 000万人民币

续表

	支付宝(中国)信息技术有限公司	财付通支付科技有限公司
母公司	蚂蚁金服	财付通
主打场景	电商、网上购物为主	以小额高频的小商店为主
适用场景	用户的衣食住行各方面	用户的衣食住行各方面
资金交易规模	大	小
内容	以投资理财项目为关联项,引入资金流入	以资金流量切入,注重社交及用户体验
新开发场景	租房免押	乘车码

资料来源:21数据新闻实验室。

两大巨头瓜分天下的局面将会延续多久?让我们拭目以待。
(资料来源:《21世纪经济报道》,2017年10月28日。)

第二章　互联网消费金融

本章任务目标：
1. 掌握互联网消费金融的内涵及特征；
2. 了解互联网消费金融与传统消费金融的区别与联系；
3. 了解互联网消费金融的发展历程；
4. 掌握互联网消费金融的运作模式；
5. 了解我国互联网消费金融存在的问题及发展策略。

第一节　互联网消费金融概论

一、互联网消费金融的内涵

互联网消费金融是指商业银行、消费金融公司以及互联网企业等市场主体出资成立的非存款性借贷公司，以互联网技术和信息通信技术为工具，以满足个人或家庭对除房屋和汽车之外的其他商品和服务消费需求为目的，向其出借资金并分期偿还的信用活动。

2014 年，互联网电子商务公司进入消费金融领域，京东率先推出了"京东白条"，阿里巴巴集团随后推出了"天猫分期""蚂蚁花呗"。2014 年以后，网贷平台等互联网企业相继通过小额贷款和分期类产品进入消费金融领域，推动了互联网消费金融的快速发展。

在传统金融领域，资金供给方和资金需求方直接产生联系或者通过银行等金融中介机构产生联系。然而在互联网消费金融领域，资金供给方是互联网企业，资金需求方则是消费者。在它们之间起到联系作用的是依托信息技术和互联网技术的电子商务平台。

从风险规避、数据推广、移动 APP 信贷等方面看,互联网消费金融的优势日益明显,尤其源于信息技术的迅猛发展,为消费者提供线上到线下的全场景消费金融服务。

二、互联网消费金融的特征

随着互联网技术不断取得突破,以大数据为背景的金融科技在金融领域引起了惊涛骇浪,众多涌入者依据自己的优势推出相关的互联网消费金融产品,并呈现出以下技术特征。

(一)移动化

移动互联网技术不断改变着大众的消费模式,人们普遍使用手机消费,打破时空的限制,使随时随地消费成为现实。同时,微信、支付宝等第三方移动支付工具普遍使用,在小额转账汇款、网上购物支付、充值类、缴费类、娱乐类、旅游类等多种场景下远超其他支付方式;同时,新摩尔法则的运用和网络带宽的不断增加,使得通过网络随时申请贷款得以实现。信贷公司比如读秒之类的智能发放贷款只需要 10 秒,这提高了支付效率,扩大了消费场景,间接提高了大众的消费意愿。

(二)数据驱动

随着互联网、物联网、大数据在各行各业的普遍使用,数据不仅在量级上不断突破,而且在数据采集方面和数据维度的处理分析方面均取得了较大的进展。2016 年,零壹财金分析,数据可以分为三种类型:金融数据、消费数据、行为数据。金融数据是客户个人资金信息、信用数据,反映了客户的资金实力、还款能力及信用。消费数据包括消费品类、收货物流等相关数据,能够直接反映出一个人的消费能力、消费偏好及经济实力。行为数据是客户的浏览、点击、对比、登录时间、位置等信息,反映了消费场景及消费习惯,在互联网及大数据背景下,有助于商家有的放矢地推介商品,也有助于商家刻画用户画像。同时客户数据来源多样化,由客户数据自行积累、用户、第三方机构提交、合作商家等渠道获取海量的数据,经过清洗、处理后汇聚成一个数据库,通过数据挖掘技术,挖掘符合目标定位的客户,保留优质客户,淘汰劣质客户。技术驱动的消费金融边际运营成本快速下降,目前一些机构的单笔业务成本已经能够低至几分钱,只有传统消费金融的几百甚至几千分之一。因此,与传统消费金融相比,技术驱动的消费金融能够满足更加小额、分散、碎片化的需求,覆盖更多的长尾用户,发挥普惠金融价值。

(三)风险控制智能化

风险控制一直是互联网金融领域亟须解决的难点,风控技术一直在持续进步、快速迭代中。怎样控制公司的资产端风险,是互联网金融千方百计需要解决的环节。早期风控基本依靠人工审核,效率低而且主观性强,通过积累、分析数据,逐渐排除主观因素,由于数据量庞大、分析复杂、风控模型无法随机应变,业务受到限制。伴随着金融科技不断完善、人工智能的不断提升,各家消费金融公司借助海量数据及机器的学习能力,研发出多种风险模型;其模型不断在新的案例中自我更新、升级。他们通过人工智能和机器学习完成对风控模型质的飞跃,并结合业务完成动态分析,精确度和效率大幅提升,为后续风险分级和风险定价业务的开展奠定了基础。比如京东的司南体系,就是利用其风险控制模型通过数据不断更新,每月的数学模型不断在优化。再如读秒,通过数据挖掘分析,构建围绕消费信贷全流程的决策应用模型,包括风控决策,其智能技术实现自动化的欺诈识别、贷款审核、贷后监控、催收管理等。

三、互联网消费金融与传统消费金融的特性比较

互联网消费金融以产业链为依托,基于线上化的消费生态体系创造了大量消费金融需求;以风险控制为核心,应用新一代信息技术管控风险,推出小额、便捷的消费金融服务;以竞合为导向,不断拓展合作领域,积极构建互联网消费金融生态圈。互联网消费金融与传统消费金融在特性上有以下不同。

从业务模式看,传统消费金融与互联网消费金融业务的具体形式基本相似,但是业务与消费产业结合的方式存在差异。相对来说,互联网消费金融从业机构和汽车金融公司的消费金融业务与消费产业、商户、客户的联系更紧密。

从运营体系看,传统消费金融机构与互联网消费金融从业机构在风险控制体系、贷款审查和服务效率上存在差异。相对来说,互联网消费金融从业机构利用新一代信息技术构建了高效、多维的风险控制体系,具有更高的贷款审查和服务效率。

从市场环境看,传统消费金融机构与互联网消费金融从业机构主要在目标客户群体、监督管理、信息获取、资金支持等方面存在差异。相对来说,传统消费金融机构的目标客户主要偏向中高端,在业务、风险控制方面受到更多的监管限制,关键信息获取能够依靠人民银行征信系统,从正规银行体系获得融资的渠道比较通畅,可以获得更多的资金支持。而互联网消费金融从业机构的目标客户主要偏向低端,在业务、风险控制方面受到的监管比较少,从人民银行征信系统直接获取客户的信用信息比较少,能够获得商业银行的资金支持比较有限。

四、互联网消费金融对传统消费金融的影响

互联网消费金融的快速发展,虽然对传统消费金融产生了巨大的冲击,但也为传统金融机构创新消费金融产品和服务提供了机遇。

互联网消费金融秉持"体验为王、经营客户"的理念,迅速并持续地锁定广泛的消费群体,引起我国消费金融市场的激烈竞合,对传统消费金融产生深远的影响。

(一)积极影响

1. 互联网消费金融为传统消费金融提供有效补充

互联网消费金融与传统消费金融在监管制度、受众人群、风险控制模型、贷款审查时间、消费用途、地域限制、信贷额度和期限等方面均有较大差异,从而形成有交叉的错位竞合。传统消费金融市场主要是商业银行、汽车金融公司、消费金融公司为符合传统消费金融机构资质要求的消费群体,提供相对大额的消费金融服务。而互联网消费金融以其打破地域限制、客户和业务范围边界的特点,借助互联网、大数据技术快捷地为特定信誉、行为和场景的消费群体提供相对小额的消费信贷,弥补了传统消费金融机构贷款审查时间较长的不足,在地域、消费用途、信贷额度、期限、传统风险控制标准等方面限制较少,扩大了消费金融市场的受众面。

首先,消费金融市场发展不平衡的局面将得到改变。互联网消费金融将逐渐覆盖不同地区、不同收入的几乎所有网络人群,使发达地区和不发达地区、城市和农村消费金融发展不平衡的局面得到改善。由于消费金融的边际成本极低,原来被忽视但数量庞大的客户群体将受到关注,许多潜在的利基市场将被打开,处于不同细分市场的客户群体的需求都将得到较好满足。

其次,消费金融市场主体将呈现多元化趋势。在原来的消费金融市场上,市场主体以商业银行为主、汽车金融公司和消费金融公司为辅,而

互联网消费金融的发展将改变这种局面,使市场主体变得更为多元化。许多不同背景的互联网金融企业将进入消费金融领域,专注于在各细分市场提供专业化的消费金融服务。此外,传统金融机构和互联网金融机构也会加强合作甚至相互融合。

再次,消费金融市场创新产品将层出不穷。互联网为消费金融提供了强大的渠道挖掘能力和信息组合能力,使得各种创新产品的出现成为可能。从已有实践可以看到,互联网消费金融在支付、投资与理财、信贷等方面已经推出了许多创新产品,也具备推出更多创新产品的能力。此外,由于互联网消费金融往往是针对某个细分市场来设计产品,因而创新产品的质量会比较高而成本会比较低。

2. 扩大消费金融市场规模

从需求方面看,在网络消费逐渐成为主流消费模式、负债消费观念在更大范围内被接受的情况下,许多细分的消费金融市场将被打开,消费金融市场需求不足的局面将得到改善。不同收入阶层的人群都有消费金融服务的需求,当支付账户的开立和转账金额的大小不受任何限制、投资理财的门槛可以降到10元甚至是1元、消费信贷的金额可以低至几百元的时候,消费金融市场的需求自然会增加。

从供给方面看,互联网金融机构和传统金融机构都在发力消费金融市场,各细分市场的供给都将变得充足。几大电商巨头已频频动作,纷纷布局消费金融市场,尤其注重提供场景定制的个性化服务。传统的消费金融服务机构也在转变观念和调整定位,积极参与到互联网金融活动中,利用互联网进行各种创新,打造基于互联网的消费金融新模式。

从现在消费金融市场发展的情况来看,传统消费信贷将继续保持高速增长,同时互联网消费金融可能出现爆发式增长,因而整个消费金融市场的规模将会快速扩大。根据央行的统计数据,2014年我国包含房贷在内的消费信贷约占银行业信贷资产的18.8%,远低于发达国家30%以上的水平。因此,从长远看,我国消费金融市场的发展空间还很大。

3. 提高消费金融市场效率

一是互联网金融机构和传统金融机构相互竞争将使消费金融市场产品定价更为合理。传统金融机构提供支付、理财、信贷、信用卡等方面的消费金融产品,互联网金融机构也会以一种更"亲民"的互联网方式提供,这无疑会对传统金融机构形成压力,同时促使其对产品做出更为合理的定价。如互联网"宝"类理财产品大量出现后,其巨大的吸金能力抬升了商业银行的资金来源成本,一度给商业银行形成巨大压力,促使商业银行不得不去提高其对利率的定价能力。

二是采取线上业务模式将极大降低消费金融机构的运营成本。借助互联网开展金融业务的最大好处是可以极大降低成本,完全采取线上业务模式运作的金融机构不需要设立网点,所有消费金融业务都在网上进行,这无疑可将消费金融机构的运营成本降至最低。如开业不久的深圳前海微众银行就是一家这样的纯互联网银行。传统金融机构通过机构互联网化后,可采取线上和线下相结合的运营模式,也会大大降低其运营成本。

三是专注细分市场将增强消费金融机构的产品创新能力。互联网金融机构大多专注于细分市场,其好处是可以有针对性地开发创新产品,以最好地满足客户的需求。如京东针对校园、旅游等不同的消费场景推出不同的"白条"产品,对于消费金融公司来说,也需专注细分市场,以更好发挥自己的产品创新能力。

四是在贷款审查方面,信息技术使贷款审查去人工化而更迅速。传统消费金融业务审核流程较为烦琐,互联网消费金融平台让银行、消费者、经销商之间的互动更加灵活,贷款申请流程大大简化。尤其是对于消费者来说,可以通过平台实时监控贷款审批流程,甚至是即时贷款审查,改善用户体验。

五是运用大数据技术将提升消费金融机构的风险管理能力。互联网金融机构目前还不能像传统金融机构那样从人民银行征信系统获得个人数据,不过它们可以挖掘大数据这一宝藏,运用大数据技术来进行信用评估和风险管理。通过"描绘客户画像"的方法,精准定位用户习惯与需求,同时实时监测欺诈行为,在最大化控制授信风险的条件下,为用户提供便利的消费金融服务。随着征信体系的完善,互联网消费金融机构和传统消费金融机构都将可以利用大数据技术来提升自己的风险管理能力。

4. 互联网消费金融为产融结合开辟新路径

互联网消费金融的线上产业链金融开发较为完善,如天猫和京东,积聚了商品供销的上下游企业,形成了完整的产业链,不仅积累了各方信息,还通过无现金分期的消费金融方式,为客户提供精准、便利的消费体验,增强用户黏性,降低现金使用率,进一步促进产融结合。比如,京东自营产品的白条分期,借款人并没有得到消费现金贷款,但是得到了在线分期购买自营产品的权利。这种放贷方式不仅锁定了信贷用途,给京东提供了零风险的信贷收益,而且帮助商户提高了销售量,也为用户提供了消费便利。

(二) 消极影响

以上所述是互联网消费金融发展带来的积极影响,当然它也可能带来以下消极影响。

1. 互联网消费金融挤占传统消费金融的市场份额

互联网消费金融与商业银行信用卡业务、高端汽车金融公司业务尚未形成很明显的竞争。但对于消费金融公司业务、商业银行零售业务和部分支付业务而言,则构成了较为直接的竞争。由于传统消费金融机构在监管政策方面受限制,所以运用新一代信息技术的能力较为欠缺,导致互联网消费金融挤占了传统消费金融相当一部分的中低端客户市场份额。

2. 互联网消费金融野蛮生长,加剧系统性金融风险

网贷系消费金融平台野蛮生长,虽然拓展了消费金融市场,但是由于此类平台场景端的用户基础较为薄弱、平台风险控制能力不足、资金来源不稳定和债权转让风险高,都会给互联网消费金融体系带来风险。如果网贷平台出现大规模信用违约欺诈风险,将给此类消费金融平台及其用户带来很大的冲击,容易引发系统性金融风险和社会问题。

3. 互联网消费金融给金融业信息安全带来隐患

互联网消费金融发展高度依赖技术和网络,风险传递快,外部性传染强,信息安全问题较多。比如,2013年3月,仅谷歌搜索引擎就抓取了支付宝泄露的大量用户账户隐私信息,包括付款账户、收款账户、付款金额、收款人姓名及联系方式。我国互联网消费金融信息安全问题集中体现在业务系统安全风险较高、业务连续性不够、信息数据安全风险较高、客户端认证风险较高、信息安全应急处置水平较低、信息标准规范欠缺等方面。

另外,互联网消费金融将服务对象扩大到缺乏信用记录的人群或较低收入人群,消费金融市场的整体风险可能加大。又如,市场主体的多元化发展和各种创新的不断推出,无疑将加大对于消费金融市场的监管难度。

第二节 互联网消费金融的发展

一、发展背景

我国是在1997年亚洲金融危机之后正式提出发展消费金融的。1998年和1999年,中国人民银行相继颁布了《个人住房贷款管理办法》《汽车消费贷款管理办法(试点办法)》和《关于开展个人消费信贷的指导意见》,以指导商业银行为主的金融机构开展消费金融业务。2008年次贷危机爆发后,国家酝酿开办消费金融公司,2009年银监会颁布《消费金融公司试点管理办法》,批准北银、锦程、中银和捷信4家试点公司在北京、成都、上海和天津4个城市开展消费金融业务。2013年11月14日,银监会颁布修订完善《消费金融公司试点管理办法》,降低出资人准入门槛,取消营业地域限制,并将试点城市扩大到16个。

随着互联网金融兴起的浪潮,由于消费习惯、制度背景等特征,电商金融服务平台在中国的发展尤其迅速,其所代表的快捷、低价和直达等概念,不仅吸引了很多国内的消费者,更在国际范围内获得了广泛的影响。

2014年2月,京东推出互联网金融行业第一款信用支付产品——白条,进入消费金融领域;2014年7月,天猫推出"天猫分期",也进入该领域。在电商金融领域,最著名的平台包括阿里巴巴、京东商城等,尤其最近几年,这几大电商金融平台的兴起,已经深刻改变了中国产品供应商和消费者的行为模式,对社会的发展构成了深远的影响。

总体来说,电商企业进军互联网金融领域,呈现出以下一些特点。

第一,电子商务发展迅猛。随着互联网的快速发展和普及,电子商务发展十分迅猛。

第二,电商金融交易成本低。电商金融交易的实体网点较少,因此能够节约交易成本。以阿里金融的数据为例,其单笔信贷成本仅为2.3元,较传统银行的2000元成本有了大幅下滑。为了节约成本,电商金融从审贷、放贷和调研等多层次上进行贷款创新,有效提升了经营效率。

促进中国消费金融快速发展的核心因素来自以下几个方面。首先,居民收入水平、消费能力稳步提升。2007年以来,中国家庭人均收入稳步提升,其中城镇可支配收入年复合增速达11.8%,乡镇居民家庭人均纯收入年复合增长13.6%。2016年,消费对GDP的贡献首次超过了投资,对GDP的贡献占比是66.4%,且呈现继续走高的趋势。其次,政策推动。为了改善城乡居民生活水平,改善我国经济结构,中国政府先后出台包括家电下乡在内的诸多消费激励政策,对消费金融产业的发展有较强的推动作用。最后,金融体系日趋完善。伴随着中国经济的快速发展,中国社会融资渠道日趋多样化,金融创新速度和效率进一步提升。这为中国消费金融产业发展提供了基本的技术条件。

《2016年政府工作报告》指出:"在全国开展消费金融公司试点,鼓励金融机构创新消费信贷产品。"在当前的背景下,国家在大力提倡供给侧改革,消费金融能够扩大内需、调整供给结构。中国经济正逐步从投资拉动经济增长转型到以消费拉动经济。当经济增长的主要动力转向消费的时候,消费金融崛起正当其时。

2017年初,商务部、中央网信办、发展改革委三部门联合发布《电子商务"十三五"发展规划》,明确提出在依法合规的前提下,支持符合条件的电子商务企业通过设立金融机构、与金融机构合作等方式,规范开展消费信贷服务。这使得新兴的互联网消费金融领域蓬勃发展,进而不断推动GDP的增长以及消费金融业务领域的扩展。

二、发展阶段

互联网消费金融的发展大致可分为以下三个阶段:

(1) 2009—2012年是中国互联网消费金融的探索期,随着国家开始消费金融公司的试点,以及互联网技术的发展为机遇,各种主体开始逐渐探索互联网消费金融业务的新模式;

(2) 2013—2015年是市场启动期,大学生分期购物平台"分期乐"等成立;

(3) 2016年至今是中国互联网消费金融的高速发展阶段,阿里推出天猫分期、花呗,京东推出京东白条。

WIND数据显示,最近几年来,互联网消费金融交易发展迅猛。2013年互联网消费金融交易规模达到了45.6亿元,而2014年交易规模增长至96.9亿元,环比增长了112.5%,2016年交易规模达到4 367.1亿元,同比增长269%。

中泰证券预测,2017年我国互联网消费金融整体交易规模可增长至8 933.3亿元,到2020年,整个市场交易规模将会达到10万亿元。

国家金融与发展实验室于2017年4月25日发布的《中国消费金融创新报告》显示,我国消费金融市场规模估计接近6万亿元,如果按照20%的增速预测,消费信贷的规模到2020年可超过12万亿元。

由于居民消费观念的进一步升级,对提前消费的接受度越来越高,加上互联网行业进一步发展,人们对互联网消费金融服务模式也越来越认可,互联网消费金融在未来的几年时间内将继续保持爆发式的高速增长势头。

第三节 互联网消费金融的运作模式

目前消费金融业务不同的学者有不同的看法,总结起来可大致分为六类。第一类主要是以商业银行为代表的传统金融机构的消费贷业务互联网化;第二类是具有牌照的消费金融公司;第三类是互联网消费金融公司,他们是由电商平台或者P2P平台发起的消费金融公司;第四类是电商平台模式,是电子商务平台自身发起的消费金融服务;第五类是O2O消费分期平台,为消费者提供分期购物、消费分期;第六类是行业龙头公司模式,由教育、房产等垂直行业的龙头公司开展的消费金融业务。

一、传统银行消费金融模式

传统商业银行的消费金融主要是为他们的客户提供信用卡和消费贷服务。通过信用卡能够快速支取现金,客户受众也多,选择分期方式也比较灵活,能够最大限度满足客户的需要。消费贷则需要消费者去申请,通过银行的客户经理,贷款金额需要根据客户的情况决定,一般来说额度比较大,期限可以几个月到几年不等,但是费用也比较高,整个流程稍微有点复杂,放款周期相对于信用卡来说比较慢。

传统银行具有丰富的经营经验,具有许多其他机构不具备的核心能力。首先是银行的网点众多,信誉良好,能够覆盖到全国大部分地区的客户。其次是商业银行在风险控制方面具有很多先进经验,具有严谨的风险控制模型与系统,能够大幅度地降低金融风险。最后是银行的产品线丰富,能够提供多种多样的消费金融产品,还可以提供综合的个人金融业务。这些优势成为传统银行业发展消费金融的核心竞争力。

在面对互联网金融公司的挑战之下,传统银行也意识到单纯依赖于原来的线下渠道已经不能满足客户的所有金融服务诉求,于是纷纷开始发展自己的线上金融服务平台。通过软硬件加大投入,传统银行业正在逐步缩小与互联网金融公司之间的差距。

二、持有牌照消费金融公司模式

中国的消费信贷业务于1998年才出现,传统消费金融公司的定位是利用其单笔授信额度小、服务方式灵活的优势,在小额、分散、面向中低收入人群的消费金融服务中取得进展,但其业务范围窄、竞争优势不及商业银行,发展一直较为缓慢。为促进消费金融发展,银监会出台了《消费金融公司试点管理办法》,并于2009年成立了北银、锦程、中银和捷信4家消费金融公司在4个城市进行试点,2013年试点城市扩大到16个,2015年全国放开。

从持有牌照的消费金融公司的背景来看,大致上可以分为两类。第一类是银行类消费金融公司。银行类消费金融主要是为了满足客户的消费贷需求,扩大自己的贷款市场。银行类消费金融公司比较多,占据了市场的主流,比如说中国银行的中银消费金融、北京银行的北银消费金融、兴业银行的兴业消费金融等。银行借助于这些市场化的消费金融公司能够灵活开展业务,增大自己的市场份额。另一类是企业类的消费金融公司。它们能够整合自己的上下游供应链加速资金流通,从而增强自己产品的竞争力;从而其目标客户角度能够用更少的现金享受更优质的产品和服务。企业类消费金融公司能够对母公司的持续发展提供强有力的支持。

目前持有牌照类的消费金融公司开展业务的主要方式是与商户合作,设计具体的消费场景,让商户的客户能够在消费时就享受到消费贷款业务或者现金分期业务。另外的方式是消费金融公司直接受理客户的申请,通过内部审核以后将消费贷直接打入客户的银行账户中,该方式一般是在无法与商户合作的情况下,提供的更具一般性的消费金融服务。

消费金融公司为了能够扩大自己的市场,与银行展开了错位竞争。

消费金融公司主要是面向具有小额、快速、申请方便等需求的目标客户，这类客户的资金需求从几十元到几万元不等，在提供很少的证明材料的情况下，就可以给客户放款，业务非常具有竞争力。

消费金融公司在面临互联网消费金融公司的竞争中采用了合作的态度，通过签订战略合作等方式，消费金融公司从线下开始往线上渗透，未来前景可观。

三、互联网消费金融公司模式

我国从 2009 年开始启动消费金融试点，首批 4 家消费金融公司同年获批成立。这些公司的固有缺陷在于都是依附于银行导致现有产品与银行产品类似，缺乏特色。

2015 年 1 月 7 日，以重庆百货为主，与其他五家公司共同发起设立了国内首家互联网消费金融公司——马上消费金融股份有限公司。与传统消费金融公司最大的不同是，该公司搭建了互联网平台，这样在经营服务上实现"无边界、全渠道"。在了解客户的需求后，线下挖掘客户，线上互联网推广，从基础设施、平台、渠道、场景四个方面扩展互联网平台业务。总的来说，互联网消费金融公司未来需要更好地利用互联网的优势，打造线下实体消费金融+线上互联网的综合体。

四、电商平台模式

电商平台模式是电子商务平台自身发起的消费金融服务，比如说京东购物商城提供的京东白条、淘宝网提供的花呗，他们主要是给在自己平台购物的客户提供服务，所提供的资金也只能购买自己平台的产品。

在电商平台模式中，用户首先应开通消费金融服务，电子商务平台根据用户以前的消费数据，依托自有的授信模型计算出可以给用户提供的授信金额。在用户购买商品的时候，就可以直接选择使用消费金融服务。

（一）京东白条

京东白条是电商平台中相对较早推出的面向个人用户的信用支付产品，主要根据消费者在京东上的历史交易数据进行信用评估授信，最高授信额度 1.5 万元，消费者可选择最长 30 天延期付款（不产生费用）或 3~24 个月分期付款。白条的推出对整个电商消费金融服务产生了较大的影响，也促进了京东商城的交易增长。

（二）阿里系蚂蚁花呗

蚂蚁花呗是由阿里巴巴公司提供给消费者"这月买、下月还"的网购消费金融服务，阿里系旗下天猫和淘宝的大部分商户或商品都支持花呗服务，阿里旗下的天猫分期、去啊分期、花呗等共享消费信贷额度。在使用"花呗"消费后，可于下个月10日前对本月的消费金额进行分期还款，可用支付宝、储蓄卡还款。同时，花呗的逾期记录也将报送至阿里旗下的征信机构芝麻信用。

（三）百度有钱

2015年4月百度有钱APP正式上线，主打个人消费金融服务，个人授信最高额度5万元，最长可分12期，授信后可提现至银行卡。

百度有钱已率先登录百度传课，当前深耕教育贷款服务，已和清华大学、北京航空航天大学、华尔街英语合作，为学生提供学费贷款和创业贷款服务，并接入百度糯米等端口。

（四）腾讯微粒贷

腾讯旗下微众银行新开发贷款产品，产品定位为互联网小额信贷产品，贷款额度在20万元以下，单笔不超4万元，贷款期限不超过20个月，其授信依托腾讯QQ和微信等社交数据积累及央行的个人征信数据。因为央行征信约束，风控较好，一般来说，常用手机QQ或微信，且已绑定财付通的用户，更容易获得贷款资格。

随着用户向线上转移，京东、阿里、腾讯各电商平台经过10年的互联网改造，线上渗透率高，场景消费黏性强，交易数据沉淀多，客户基数大，形成强大的品牌优势，成为消费金融模式的代表。

五、O2O消费分期平台模式

（一）分期乐

分期乐创办于2013年，为大学生提供分期购物，同时向在校大学生提供小额现金贷款服务，现已进入了全国300个城市、2 000多所高校。

目前分期乐在线购物商城已经成为京东最大的分销商，获得了京东及多家投资机构的投资，分期乐的借款额度最高为3 000元，借款期限最多24期，审核后2个工作日内就会放款。分期乐分期消费模式的风险控制做得较扎实，实行线上和线下双重审核，控制了消费第一入口，构建了购买、风控、分期还款的闭环。

(二）买单侠

买单侠创立于 2014 年，定位于为全国 2.7 亿人左右的蓝领消费人群提供消费分期服务，采用线下到线上的模式。买单侠已和全国近万家 3G 手机数码产品连锁店合作，门店推销使用买单侠业务，用户申请后，经过 10 分钟左右的系统审核，就能获得 1 000～3 000 元的贷款，用于手机的购买支付，每单完成后连锁店、店长、店员均有提成。

买单侠目前的日订单已达到数千单，其资金来源主要为 P2P 或者信托机构，此类消费金融服务模式的消费入口是由渠道合作伙伴控制并引入，其面临的挑战是如何管理、激励渠道伙伴并平衡双方的利益分配，蓝领群体的信用风险控制也是重要的问题。

O2O 消费分期平台消费金融模式如图 2-1 所示。

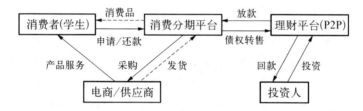

图 2-1　O2O 消费分期平台消费金融模式

六、行业龙头公司模式

旅行、数码、汽车、教育、房产等许多垂直行业的龙头公司纷纷利用自己的交易场景优势和销售渠道优势试水消费金融业务。

1. 房产中介——链家金融

地产中介龙头链家地产针对购房者、租房者和业主在房地产交易过程中的资金需求，推出了租金贷、首付贷、赎楼贷、装修贷、抵押消费贷、资金托管等一系列金融服务，顺势进入金融领域。2015 年链家金融进入了全国 24 个城市，一、二手房产交易额达到 5 000 亿元，累计发放信贷超过 350 亿元，其中一半资金来自链家理财。

2. 在线旅游——途牛金融

2014 年在线旅游龙头途牛成立金融事业部，针对旅游交易环节推出了旅游首付贷、旅游分期、出境金融等诸多消费金融产品。旅游金融的风控有优势，因为出境旅游人群有自己的护照和签证，护照和签证本身就是信用证明,其信息获取成本低,出行环节对客户的信息核实基本上是内嵌在整个交易环节,其金融产品上线以来,发展迅速,且坏账率极低。

3. 教育培训——达内科技

达内科技主要开展泛IT专业临毕业大学生及刚毕业大学生职业教育培训,与大学生签订合同,采用先就业后分期支付学费的运作模式,一年内分期支付比总体学费多 2 000 元左右,通过杠杆提升学生们的购买力并扩大自身业务规模,资金供给及风控审核等与宜信、中国银行等金融机构合作。

比较而言,行业龙头利用其对特定场景交易环节的把控和用户数据积累进入消费金融领域有优势,房产中介、旅游、教育等行业龙头公司一般通过自有销售或服务业务发现用户的资金需求,并与金融类专业机构合作开展消费金融端服务,但并不是所有细分行业的公司都有能力建设好资金渠道、数据沉淀和风控流程,风险控制仍是需要关注的问题。

第四节 我国互联网消费金融存在的问题及发展策略

一、我国互联网消费金融存在的问题

(一) 消费金融结构不均衡

中国消费金融产业依然以购房质押等中长期贷款为主。而购房贷款则主要依托于房屋质押形式,对于金融企业可有效规避个人信用风险。但这种经营模式对于中国消费金融产业整体的发展是极为不利的。伴随着宏观经济和市场的发展变化,房地产市场风险正在逐步增强,且受政策影响较大,长期依赖抵押、质押等风险控制模式难以实现金融体系、信用体系的完善与健康发展。

汽车贷款、信用卡以及其他消费金融模式虽然占比依然较低,但呈现较强的增长态势。其中,信用卡占比迅速扩大,从 2007 年的 2.3% 增至 2013 年的 14.2%。信用卡发卡总量从 2007 年的不足 1 亿张增长至 2013 年的 3.1 亿张,人均持有信用卡 0.3 张,呈现快速普及的态势。此外,艾瑞预计,其他消费金融市场也将迎来快速爆发的阶段,以电子商务

企业为代表的在线零售企业也将参与其中,互联网消费经济与互联网金融模式的结合将为市场带来新的发展动力。

(二)相关法律制度不健全

虽然 2015 年 7 月 18 日中国人民银行等十部委发布了《关于促进互联网金融健康发展的指导意见》(以下简称《指导意见》),为互联网金融不同领域的业务指明了发展方向。但是,现有的《商业银行法》《保险法》《证券法》都是基于传统金融业务,对于互联网消费金融的电子合同有效性确认、个人信息保护、交易者身份认证、资金监管、市场准入、个人征信信息采集及使用等尚未做出明确的规定。因此,在互联网消费金融的交易过程中容易出现交易主体间权利义务关系模糊等问题,不利于整个消费金融业的稳定发展。

(三)监管不到位

自 2014 年,互联网电子商务公司进入消费金融领域以来,消费金融业务量就开启了狂飙的模式。京东金融、蚂蚁金服等互联网企业所开展的金融业务均应纳入金融监管范畴,但从事这些业务的互联网企业实质上仍为商业企业。目前,我国的监管机构尚未有与企业贷款相同标准的监管措施,处在监管交叉模糊地带。例如,京东金融、蚂蚁金服等互联网企业从事的都是事实上的金融业务,但从事这些业务的互联网企业仍然被定义为商业企业,未被纳入金融监管范畴。同样,开展消费金融业务的商业银行、汽车金融公司、消费金融公司则受到《个人贷款管理暂行办法》等相关规章和规范性文件的限制。这种不对等监管使得互联网消费金融公司存在监管套利的可能,限制了互联网消费金融公司从事金融业务的一些权利。

(四)融资渠道偏窄

我国互联网消费金融的资金筹集主要依靠集团自有资金、小额贷款公司贷款、应收账款资产证券化、与银行合作放贷等方式。资产证券化的发行额有限,占其消费金融交易额比例较小。例如,京东白条年交易额达到 200 亿元,其应收账款资产证券化项目金额仅为 15 亿元。有限的融资渠道抑制了互联网消费金融的进一步发展。

(五)风险控制难度大

互联网消费金融普遍存在风控难的问题,比较典型的有信用风险和产品风险。

一是信用风险。我国信用环境尚处于落后状态,个人贷款违约风险较大,而且我国个人征信体系的建立仍有很长一段路要走。另外,随着行业主体数量不断增加,一个客户可以通过商业银行、互联网消费金融从业机构、电子商务平台等不同渠道,同时获得远超其还款能力的授信额度,而不同平台的贷款信息无法共享,容易产生多头重复授信的风险。所以,要开展互联网消费金融需具备较强的坏账控制能力。

二是产品风险。数据显示,目前国内银行发放的贷款中真正利用消费金融工具来进行日常消费的比例只占3%,这是由于中国人自古以来形成的消费观决定了其对提前消费的观念接受程度较低。尽管目前信用卡的普及度和人均信用卡持有量得到了很大的提高,让中国人认识到并逐渐接受提前消费的理念。但在实际使用上,中国人的墨守成规与被动性使消费金融的发展前路漫长。

二、发展趋势

(一) 流程与风控数据化

数据资产成为互联网消费金融模式的重要资产,从接入数据来源方面看,BAT等电商消费金融模式有天然优势,百度拥有海量的搜索数据,阿里巴巴拥有微博端社交数据及支付宝支付数据,腾讯拥有QQ及微信等社交数据。基于消费者行为,互联网金融企业通过大数据风控模型、机器学习、人工智能等技术开发出的模型,能够动态、实时、显化地展现客户信用等级变动,形成动态客户描述。从客户识别上实现对客户的精准预测和精准营销,业务流程上实现快速、高效流转和自动决策。消费金融服务从客户准入、授信审批、风险控制、还款催收的全流程都将通过数据驱动。

风险控制是开展消费金融的核心,而风控的核心是征信,主要包括身份认证和信用判断环节。传统商业银行主要依靠线下收集身份证明,依托人民银行征信系统做出信用判断。互联网金融更多地通过供求产业链、网络支付工具、移动终端等渠道获取网络浏览、网络消费、网络社交、网络搜索等信息,并运用数据挖掘技术将信用评估与用户进行对接,将风险识别、计量、监测和控制与相应业务流程的各节点密切联系,实现量化风控管理,将风管控制内嵌于业务流程,及时地消除信息不对称。

(二)消费金融场景化、垂直化

在消费金融产业链中,消费需求及消费行为应当先于消费金融服务,不少公司开始把消费金融的场景化作为发展重点,利用互联网将金融需求与人们的衣、食、住、行、娱乐、教育、医疗等交易场景融合并重构,实现信息、物流和资金的交易场景化、动态化和可视化,使人们在不经意中"被消费、被金融"。在金融场景化趋势下,为增加各个消费场景的实际消费转化率并促进消费者重复消费,以独特的消费场景体验树立自己的品牌,培养市场的消费心智、消费习惯,提升消费者消费黏性是各消费金融主体努力的重要方向。

尽管阿里、腾讯、京东等电商巨头凭借高度集中的零售场景优势占据了线上消费金融市场的大部分份额,但从细分的行业场景(行业垂直化)和细分的客户群体(用户垂直化)切入消费金融市场正成为大量创业企业的经营策略,形成了消费金融市场的一股重要力量和趋势。目前旅游、房产中介、教育、汽车等垂直行业的消费金融服务发展迅速,依据其所在细分领域的市场特点,另外根据客户的不同消费能力,推荐适合的消费产品。这为互联网消费金融赋予了新的方向,目标客户群的风险识别、触达能力、风险定价成为新进入该领域的互联网企业的重要竞争力。

在未来,互联网消费金融垂直性细分将会愈发明显,小平台面临被收购的浪潮。因此,消费者有理由期待一个更加便利快捷、安全低廉的互联网金融消费市场。

三、政策建议

(一)完善互联网消费金融体制机制

互联网消费金融作为新兴事物,它的发展需要良好的法制和政策环境。互联网消费金融的本质是互联网企业向消费者提供信用。监管机构应定期进行清理整顿和发布中期评估报告。互联网消费金融法律法规的统一是必要的,借贷行为应受相同标准的法律约束。

健全的法律法规是消费金融健康发展的根本保证,要完善法律及信用环境,建立个人信用体系。

首先,要完善互联网金融相关的法律法规。快速发展的互联网金融对社会和经济的影响越来越大,现有的法律法规如何适用、需要怎样修订完善以及是否需要出台新的法律法规等,这些都是需要慎重考虑的问题。

其次,要制定消费金融方面的法律法规细则,就包括互联网消费金融在内的消费金融业务运营以及消费者保护等做出明确规定,以保证消费金融在合法的轨道上健康发展。

互联网消费金融对风险控制的关键在于对消费者授信,因此完善信用体系、打造独特的信用评分体系与风控模型、制定个体差异化贷款利率成为重中之重。芝麻信用就是阿里集团基于如上考虑建立的信息征集体系,可以与央行征信体系形成有效互补。

在互联网金融背景下,我们需要基于互联网来完善现有征信体系。人民银行征信系统目前只收录了约24%人群的信用记录,并且数据还不够全面。互联网累积了大量具有信用价值的个人数据,这些数据对于不能接入人行征信系统的互联网金融企业来说非常重要,对于传统金融机构来说也具有重要的参考价值。因此,需大力发展互联网征信,将互联网数据纳入征信范围,提高征信服务质量。

(二) 鼓励探索各种互联网消费金融模式

一般来说,互联网消费金融机构有些采取纯线上模式运作,但也有些采取线上、线下相结合模式运作;传统消费金融机构则较多采取线上、线下相结合模式运作。应鼓励不同机构探索各种不同的互联网消费金融模式。

(三) 实行功能化和差异化监管

目前,我国消费金融机构多元化趋势比较明显。商业银行、汽车金融公司、消费金融公司、小贷公司以及各种互联网金融公司等都在提供消费金融服务。还有一些电商、零售商等非金融机构也在提供消费金融服务,例如它们为自己客户提供分期付款形式的零售信用,也属于消费金融范畴。在消费金融机构多元化趋势下,我们宜借鉴国外先进经验,采取功能监管为主的监管模式。这种监管模式既能保证监管到位,也比较有利于消费金融创新。

此外,对于商业银行、消费金融公司、提供消费金融服务的互联网企业等宜实行差异化监管。它们是经营范围不同且以不同模式运营的不同类型的金融机构,应有针对性地建立不同的监管标准,对市场准入、业务范围、风险控制、流动性管理等方面做出明确规定。尤其是尚处于试点阶段的消费金融公司和正在快速发展的互联网金融企业,宜通过制定差异化的监管政策来促进它们依法稳健经营,以更好地促进消费金融市场的发展。

第五节 互联网消费金融案例：京东金融

一、基本情况

京东金融是首家进入消费金融领域的电商生态企业,在互联网消费金融领域具有明显优势。2014年2月,京东金融推出互联网金融第一款面向个人用户的信用支付产品京东白条,用户可以通过京东白条购买京东产品,并可以分期形式进行按期还款。用户最高可获得1.5万元授信额度,产品服务费低于同等的银行产品。京东白条可在1分钟内在线实时完成申请和授信过程,而服务费用约为银行类似产品的一半,优势凸显。

狭义的京东白条服务于京东商城客户,主要是有卡客户,根据客户行为、历史消费、地址等个人信息进行授信,提供赊销额度,类似内部信用卡。另外,参照央行二类账户规定,京东和浦发银行、上海银行合作,做了手机闪付,在体外场景使用白条,借用银行的信用卡通道,但授信和资金由京东提供。京东白条100多亿元存量,年交易流水达到千亿元级别。京东白条的平均授信额度在几千元,上限为15 000元。

广义上的白条与外部的应用场景进行合作,覆盖旅游、教育、租房等各种生活消费场景。白条存量在20亿元以上,每月的流水几亿元。白条用户画像为35岁以下年轻人,刚毕业,可能尚未办理信用卡,收入在上升阶段,根据第三方数据整合勾画出用户画像,判断其职业和收入情况。白条的风险控制部门会综合评价合作渠道的资质、客户信用评分和共享黑名单。

京东白条的发展经历了三个阶段：第一阶段主要是为在京东商城购物的用户提供赊销服务;第二阶段是覆盖众多线下消费场景,走出京东商城,实现"白条+";第三阶段是建立京东白条的品牌效应,融合更多的消费场景。

京东白条涵盖了各个阶层、不同行业、各类人群、各式消费等,具有形式小巧、运作灵活、内容宽泛、个性服务突出的特点。用户申请京东白条需要提交姓名、身份证和银行卡账号等申请材料,接着京东会根据用户的消费记录、配送信息、退货情况、购物评价信息等数据进行分析并判断其风险级别,并据此授予用户相应的信用额度,最高为 1.5 万元,在京东网站使用白条付款最长可以享受 30 天的延后付款期或者 24 期的分期付款方式,分期费率为每期 0.5%~1.2%。

京东的市场优势与领先地位核心体现在以下几个方面。

(一)采用供应链金融模式

所谓供应链金融模式,是指核心电商企业依托自身的产业优势地位,通过其对上下游企业现金流、进销存、合同订单等信息的掌控,依托自己资金平台或者合作金融机构为其上下游的原料商、制造商、分销商以及零售商提供金融服务。供应链金融实现从供应链角度对上、下游企业进行综合授信,有助于加强供应链风险管理水平,打造电商供应链生态系统。

京东是供应链金融的典型代表,其做供应链金融有天然的优势基因。京东在电子商务领域经营多年,横跨电商、支付、物流三大产业,三方产业可在自身体系内部形成完好闭环,这是京东开展消费金融的核心优势。其业务模式决定其能够顺畅连接上下游的供应商和消费者,拥有丰富的市场资源,有利于其应用自身的金融平台,创造优秀的金融产品,满足广大客户的需求。京东供应链金融模式如图 2-2 所示。

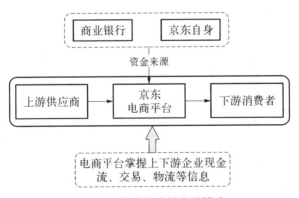

图 2-2 京东供应链金融模式

供应链企业在与核心平台企业合作时,一方面要保证供货,另一方面还要承受应收账款周期过长的风险,资金往往成为最大的压力。但是由于规模、资金等方面的压力,企业的银行贷款规模难以满足自身需求。

京东供应链金融是一款针对京东上下游合作商提供的快速融资的服务,通过联系中国银行、建设银行、交通银行、工商银行、华夏银行等为供货商提供订单融资、应收账款和协同投资等金融服务,京东以较低的贷款利率成功获得了超过50亿元的授信。此时,京东扮演受托人的角色,为企业提供信贷,便利了供货商的存货周转,提高了企业的经营效率。

(二)专业化的风险控制体系

京东会基于自身的信用评估体系对用户的信用能力进行基础的判断,对用户进行定向授信;京东可以监测到用户的实际购买行为,控制用户的资金使用方向;用户可以通过网银钱包进行自动还款,如果发生逾期行为,京东会通过短信、电话等形式进行催缴。所有的数据和用户的资金使用行为均发生在京东体系内部,增强了风险控制模式的有效性和可控性。

(三)京东金融提出打造金融快消品,变大数据为厚数据的概念

在消费变革的时代,手机、电脑、汽车等已从耐用品变为"快速消费品",京东要做消费金融领域的"金融快消品",为这些"快速消费"行业提供金融服务,并将大数据转变为厚数据分析,为用户提供更精准的金融服务。厚数据分析不仅包括用户消费记录,还可通过用户的消费轨迹等,更深层次地了解用户。京东金融通过对用户购买的品类、下决策的时间等厚数据分析,挖掘出用户对消费金融的不同诉求。

京东白条与银行合作的联名电子账户——"白条闪付"产品正式上线,该账户采用银联云闪付技术,可以在全国约1 900万台的银联闪付POS机上进行使用,共计覆盖800多万家商户,消费前景广泛且多元化,"白条闪付"线上实时开户、线下实时支付的功能使移动端消费金融支付体验得到极大提升。

二、案例分析

结合京东消费金融目前的发展状况和战略规划,认为消费流通企业在自身体系内部尝试消费金融的模式将成为未来的发展趋势,而互联网则大大提升了风险管理的效率和可靠性。对于电商企业,一方面,消费金融有效优化了用户体验,提升支付的成功率和用户的消费水平,对电商平台交易金额方面将有明显的促进;另一方面,这也是平台自身形成巨量数据积累后的又一数据价值变现方案。

京东消费金融对于传统消费金融的借鉴意义在于,一方面,多维度的数据积累将激活传统金融单一维度的数据价值,提升数据风险管理的可靠性,互联网化发展将是必然的方向与趋势;另一方面,加大与消费流通企业的合作,将自身的数据触角和范围进一步延伸,维持对于消费者消费行为的全方位把控,这对需求的发展和风险的控制都具有重要意义。

一个崭新而又富有生机的互联网消费金融时代已然到来,并在方方面面影响和改变着我们的生活。虽然互联网消费金融市场的发展还存在诸多问题,相关的法律法规也仍需健全,但凭借信息技术和金融的创新力,相信消费者会迎来一个更加繁荣便利的互联网消费金融市场。

本章小结

本章主要论述了互联网消费金融。首先第一节阐明了互联网消费金融的内涵及特征,对互联网消费金融与传统消费金融进行了特性比较,并论述了互联网消费金融对传统消费金融的影响;第二节从发展背景和发展阶段两个角度介绍了互联网消费金融的发展历程;第三节详细分析了传统银行消费金融模式、具有牌照消费金融公司模式、互联网消费金融公司模式、电商平台模式、O2O消费分期平台模式、行业龙头公司模式等互联网消费金融的运作模式;第四节论述了我国互联网消费金融存在问题及发展策略;最后,以京东消费金融为例,对本章内容进行了案例分析。

复习思考题:

1. 简要论述互联网消费金融的内涵及特征。
2. 简要分析互联网消费金融与传统消费金融的区别与联系。
3. 互联网消费金融的业务模式有哪些?
4. 互联网消费金融目前存在哪些问题?如何应对?

拓展阅读

互联网消费金融异军突起

《中国消费金融创新报告》显示,当前我国消费金融市场规模近6万亿元,互联网消费金融的交易规模达到4 367.1亿元,同比增长269%。业内人士认为,互联网消费金融发展面临很好的历史机遇,可以更好满足互联网金融和普惠金融的业务需求,科技更为互联网消费金融提供了广阔的发展空间。

1. 互联网金融发展突出

"中国经济结构近几年发生了翻天覆地的变化。消费对 GDP 的贡献，在 2016 年首次超过投资，对 GDP 贡献 66.4%，目前看来，这个比重还在提高。"中国社会科学院学部委员、国家金融与发展实验室理事长李扬在京表示，消费增长和消费金融的蓬勃发展是相辅相成的，消费金融的发展让广大低收入民众有了使用金融手段提升自己现实消费水平的机会。

李扬认为，金融服务于实体经济有三个支点：第一，金融活动一定要与真实的经济活动相关联；第二，金融活动应当与厂商联系在一起，不能只是与金融机构连在一起；第三，金融活动要基于互联网，线上线下相结合。他表示，金融是服务行业，当然要服务实体经济。现在消费在实体经济中占比很大，而且比重越来越高，所以，消费金融比重提高是一个合乎逻辑的结果。

而消费金融中发展比较突出的就是互联网金融。"因为消费活动的主体是中下层，但在过去的经济体系下，金融是高端人士的'玩意儿'，中低端对于金融来说基本上就是贡献者。所以，作为主体的普通消费者接触不到金融体系，但互联网经济的普及使情况发生了改变。"李扬表示，互联网降低了金融体系的进入成本，让更多人能够通过互联网了解到许多以前没机会了解的信息。这样，参与主体下沉，消费金融的覆盖面扩大。

根据最新发布的《中国消费金融创新报告》，当前我国消费金融市场规模（不含房贷）估计接近 6 万亿元（含房贷规模在 25 万亿元左右）。其中，互联网消费金融交易规模达到 4 367.1 亿元，同比增长 269%。

不论是从 P2P 转型而来，还是新型消费金融公司，基于互联网的消费金融业务与传统消费金融都体现出不一样的特点。以 2015 年的抽样调查数据为依据，互联网消费金融产品体现出明显的小额短期的特征。2015 年的样本机构中，全年新发消费贷款 119 亿元，平均单笔贷款金额 810 元。其中，3 000 元以上的笔数超过九成，而 10 000 元以上的贷款只占总笔数的 10.2%。从服务价格来看，年化利率水平在 5% 以下的占比 92.4%，呈现低利率的特征。

而在传统的消费金融业务中，"人海战术"仍作为主要途径。"近年来，随着互联网技术的发展，通过互联网渠道开展的消费金融业务，依靠覆盖广、成本低、可获得性强的优势，正逐步覆盖包括一、二、三线城市及县域居民、农户等所有社会群体,提供的产品和服务包括购车、租房、教育、旅游、健康、婚庆,以及消费品购买等场景的各种消费类支付和信贷服务,已成为普惠金融的重要组成。"中国互联网金融协会秘书长陆书春如是表示。

2. 基础设施与监管亟待完善

然而,在互联网消费金融快速发展的同时,也存在一些问题。陆书春指出:"具体到微观层面,互联网消费金融领域门槛低、机构多、增长迅猛,同时也暴露出过度借贷、重复授信、过高吸费、个人信息保护等方面的问题,将给未来造成不稳定因素。"

目前,互联网金融协会也充分认识到了这些问题,陆书春向记者透露:"目前,互联网金融协会已完成互联网消费金融信息披露标准的公开意见征求工作,将送专家评审后提交协会常务理事会审议,这将是协会发布网贷信息披露标准规范后发布的又一重要标准。同时,互联网金融协会还在组织研制债务催收自律规则,规范催收行为与个人信息使用范围,更好保护金融消费者权益,并希望通过宣传教育引导金融消费者理性借贷、合理消费。"

同时,基础设施建设是促进行业健康发展的重要抓手,针对信息孤岛造成的信息不对称问题,互联网金融协会此前建立了互联网金融行业信用信息共享平台。随着信用信息共享规模的扩大,未来共享平台可以有效帮助金融消费者解决问题,同时也帮助互联网金融机构提高风控能力。

3. 人工智能有重要价值

事实上,对于消费金融而言,数据和技术在一定程度上改变了风控和获客效率。在过去的20年间,传统金融机构倾向于做企业金融,为大企业投放贷款,而在3年前,消费金融逐渐火爆,其背后的原因不仅是政策红利,更是人们消费习惯的改变,金融服务变得越来越互联网化。

《中国消费金融创新报告》也认为,在消费金融领域,技术驱动将贯穿从资产获取到资金对接乃至用户体验的全过程。同时,数据驱动下的风险定价是消费金融企业的核心能力之一。

陆书春也指出,消费金融业务场景复杂、更加小额分散的业务特征,对技术提出了更高要求。未来如何通过人工智能、大数据分析等先进科技强化风控能力,成为消费金融机构在行业中"突围"的关键所在。

那么,人工智能将如何运用于消费金融?业内人士普遍认为,大数据技术将解决金融风控效率瓶颈,而数据模型和社交数据的运用归根结底是对人的属性的研究,消费金融本身也应该立足于为消费者提供金融服务,因此,人工智能未来在消费金融风控和反欺诈领域都将有重要价值。

中国银联北京分公司副总经理丘键分析称:"你需要在海量数据中找到相关性,在这个过程中,必然要避免数据缺失与工具性的偏差。在这种情况下,如果我们要对一种消费金融业务进行分析,就应该把它最有利的数据信息和最相关的信息抽出来。也就是说,无论是社交性信息数据,还是生活信息数据,对个人来说,浏览成百上千个网页,也不如你下单的那一刻。"

聚信立CEO罗皓指出,数据是否有价值需要考虑三个因素:一是数据的精度,二是数据的覆盖度,三是数据的有效性。

实际上,社交数据对于用户的信用分析依然有独到的价值。"有价值的数据与个人的长期属性相关,比如在某互联网公司工作过,或是做了十年的工程师等等,这些职业属性能与用户实际的消费能力产生较为紧密的结合。"脉脉CEO林凡说。

林凡认为,通过整个社交网络和个人信息数据的交叉验证,较易建立征信模型,而且这一模型的伪造难度很大。同时,人脸识别技术随着人工智能的成熟,已经普遍加入消费金融场景中了。"我预测,一段时间后,数据模型的准确性可能会超过现有很多成熟模型,三年左右,人工智能会得到很广泛的应用。"

罗皓也判断:"未来五年内,当数据孤岛包括数据的开放性以及数据的定价问题都逐步被解决时,当数据大范围丰富、硬件处理能力得到大幅度提高时,人工智能在消费金融领域会有更加蓬勃的发展。"

(资料来源:《上海金融报》,2017年5月9日。)

第三章 第三方支付与移动支付

本章任务目标:
1. 掌握第三方支付的内涵及类型;
2. 掌握第三方支付的盈利模式;
3. 掌握第三方支付的运作流程;
4. 了解第三方支付的发展历程及存在问题;
5. 了解第三方支付对银行支付的冲击。

互联网金融的发展对于传统金融行业的冲击不仅体现在银行赖以生存的存贷款业务上,以支付结算为主的中间业务也受到了来自互联网支付模式的巨大的影响。一方面,我国正处于利率市场化逐渐展开并推广的阶段,作为传统商业银行最主要收入来源的利差收入开始逐渐变窄,这就使得中间业务对于传统银行的重要性逐渐凸显;另一方面,互联网金融通过不断地金融创新将其业务领域延伸到传统商业银行的中间业务当中,大肆渗透、蚕食传统商业银行的中间业务市场。

在互联网金融模式下,支付方式主要有三种:网上银行、第三方支付和移动支付。在这三种支付方式中,网上银行支付虽然在支付手段上占了较大的比例,但是作为传统商业银行的网络化,其并非真正意义上的互联网金融创新。因此,本章主要以第三方支付和移动支付作为分析重点。

第一节 传统支付的运作模式

纵观历史,在人类漫长的进化史中,第一次出现的支付交易行为拉开了社会经济发展的序幕。从最原始的物物交换到后来出现的贝壳、珍珠、金银币等,生产力水平的逐渐提高对支付关系有了更高的要求,便捷的纸币逐渐成为支付的主要手段。第三次工业革命的兴起极大地促进了各国中央银行以及商业银行支付清算体系的建设与完善,票据与银行卡迅速兴起,成为现金支付的有益补充,并与现金一同构成了传统支付体系的根基。

一、现金支付方式

(一) 现金的概念

广义概念上的现金是指库存现金、银行存款和其他符合现金定义的票证,而所谓符合现金定义的票证,一般是指银行汇票、银行本票、信用卡等票证;狭义层面上的现金仅指库存现金,包括人民币现金和外币现金等。

现金支付是现代生活中人们非常熟悉的支付方式。现金的表现形式主要可以分为纸币和硬币两种,且现金的发行受到政府的严格监管。在我国,中央政府通过立法等方式授予了中央银行货币发行与国库经理等职权。纸币区别于货币,其仅作为一种较为通行的货币形式,扮演着货币流通手段与支付手段的角色,本身并没有被赋予价值尺度的职能。因此,现金公信力的核心在于其价值根植于国家信用。

(二) 现金的运作流程

"平等"是现金交易的核心原则,是撮合交易、获得认可、实现双赢的根本保障。买卖双方的信息均不需要向对方透露,包括交易双方的身份、诚信情况、交易目的等信息,因为现金本身是有效的,其价值是由发行机构加以保证的,而非由买卖的具体参与者认定。此外,便捷、高效、灵活等诸多优势也赋予了现金在日常生活中被广泛使用的可能性。同时,现金交易的流程较为简单——买方让出现金,获得商品或者服务;卖方出让商品或者提供服务,获得现金。由此可以看出,买卖双方交易目的可以通过现金与商品(或服务)的交换在短时间内实现。具体交易流程如图3-1所示。

图3-1 现金交易流程

二、票据支付方式

(一) 票据的概念

票据是指出票人依法签发的由自己或者要求他人无条件支付一定金额给收款人或持票人的有价证券,即某些可以在部分交易结算支付过程中代替现金流通的有价证券或相关凭证的集合。广义层面上,票据是有价证券或者相关凭证的集合,包含有债券、股票、国库券等;但从狭义的角度解读,票据实现了债权与信用的完美结合,社会信用与个人信用的逐渐完善奠定了债权转移的基础。遵从票据权利义务关系的界定,金钱实现了矢量流动,抹平债权债务,即出票人基于《票据法》的规定,承诺自己或委托他人无条件支付票据确定金额给收款人或持票人。在我国,票据即汇票,广义上包含银行汇票、商业汇票、支票、本票(即银行本票)等。

(二) 票据的运作流程

票据市场按照运作主体和具体功能的不同,划分为一级市场、二级市场、三级市场。

一级市场为票据的发行市场(即承兑市场)。一级市场作为票据诞生的源头,不仅实现了票据的融资功能,更重要的现实意义在于确定了票据的权利义务关系——给付对价关系或其他资金关系等。

二级市场为票据的流通市场(即贴现市场)。古罗马法关于债权物化的阐述,很重要的一点就在于债权与物权的分离,债权可以脱离物权的束缚,实现市场化的自由流通,这为现代票据的流通交易做了法理上的注脚。二级市场的本质在于为票据提供了一个可以交易流转的平台,在这个平台上,票据当事人、投资机构、中介机构等参与其中。同时,货币政策、央行干预、政府愿景、市场反馈、经济状况等因素都影响着票据二级市场。

三级市场为票据的再贴现市场。商业银行会因其业务运作策略、发展目标、头寸情况以及流动性要求等诸多因素到央行再贴现窗口申请再贴现。在这里,央行在票据三级市场上的操作,一方面为商业银行提供贷款,缓解市场上可能存在的流动性压力;另一方面,票据的再贴现利率是国家货币政策的重要组成部分,央行通过调整再贴现利率实现对货币政策的微观政策修正与宏观预期引导。

具体操作流程,以支票为例,如图3-2所示。

图 3-2 支票交易流程

三、银行卡支付方式

(一) 银行卡的概念

关于银行卡的定义,长期以来众说纷纭。这主要是由于随着金融领域的深入发展以及配套计算机技术、网络科技的突飞猛进,银行卡被赋予了越来越多的职能,其角色定位愈发广泛;此外,在以用户体验为核心的现代产业发展与演变理论的影响下,"一站式服务""体验式服务"等理念深入人心,银行卡与其他诸多领域的融合趋势日益明朗。所以,业界一直没有给出一个较为全面准确的定义。这里,本书认为,广义银行卡是指由商业银行、非银行金融机构或专业发卡公司(发卡机构)向社会发行的具有信用透支、消费结算、转账支付、存取现金等全部或部分功能的信用凭证和支付工具。狭义的银行卡特指由商业银行发行的银行卡。银行卡既可由发卡机构独立发行,也可与其他机构或团体联合发行。到目前为止,银行卡支付是日常生产生活中最主要的支付方式。

银行卡主要分为信用卡和借记卡两种。其中,信用卡主要分为两大类:贷记卡和准贷记卡,划分的标准是以是否需要向发卡银行预先交存备用金。其中,贷记卡允许持卡人透支消费,并在规定时间内补足金额。贷记卡是真正意义上的信用卡,具有信用消费、转账结算、存取现金等功能。准贷记卡不同于贷记卡之处就在于持卡人须先向发卡银行交存一定金额的备用金。借记卡按功能不同分为转账卡(含储蓄卡)、专用卡,与信用卡相比,借记卡并不具备透支功能。

(二) 银行卡业务的运作流程

银行卡业务,即依托于银行卡业务平台,银行可以为消费者和商户提供诸如短期借贷、透支消费、结算、清算、支付等多个种类的服务,其中主要部分是由参与机构(这里是发卡银行和收单银行)在银行卡组织(如中国银联、VISA、万事达等)提供的平台上向消费者和商户提供。因此,消费者、发卡银行、商户、收单银行以及银行卡组织都是银行卡产业市场不可或缺的重要组成部分,积极参与、协同合作、创新进取,银行卡市场的运作网络日趋完善。进一步说,商户和收单银行组成了收单市场;发卡市场则由消费者和发卡银行组成,它们共同构成了银行卡市场的运作网络,如图3-3所示。

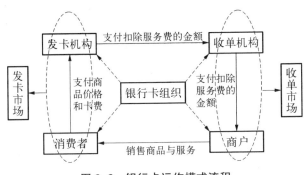

图 3-3　银行卡运作模式流程

从资金流方面来看,首先是消费者从开户银行获得银行卡,然后消费者在相关商户刷卡消费,在扣除相关费用后,发卡机构将剩余资金支付给收单机构;接下来,收单机构对收到的资金扣除相应费用后,将剩余资金支付给商户。

第二节　第三方支付的内涵及运作模式

一、第三方支付的内涵

第三方支付业务是现代金融市场重要的支付手段,也是在互联网金融高速发展下诞生的互联网支付方式之一。

第三方支付业务指的是互联网金融公司作为中介企业,提供线上的资金转移业务。具体而言,买卖双方首先在互联网上达成商品交易约定后,买方将货款支付给第三方中介机构,由第三方机构暂时保管,等到第三方中介机构通知商品卖家发货,买家收货并验收无误后,第三方中介机构完成付款,交易完成。若卖家发货出现问题或买方对货物不满意,则交易终止。

近年来,随着第三方支付的不断发展,除了较为传统的线上第三方支付中介之外,其业务逐渐拓展到诸如预付卡、移动支付、POS收单等线下领域,丰富了人们的支付渠道。

实际上,第三方支付的运作是通过在买卖双方之间设立中间过渡账户,实现资金的可控停顿,确保买卖双方的利益得到有效保全。这种付款滞后于货物发出的流程设计,突破以往网上支付所面临的瓶颈。一方面,第三方支付解决了小额支付所带来的银行卡不一致及可能面临的网络转账不便问题;另一方面,这类设计也大大缓解了网络交易所面临的信息不对称问题,避免了网络欺诈的发生,同时也保护了网购者的自身权益,极大地促进了电子商务领域以及互联网支付领域的健康发展。

二、第三方支付的一般流程

作为非金融支付机构的第三方支付,其一般的运作模式为:买家选购商品后,通过发卡行将资金支付至第三方平台账户;第三方支付机构收到货款后,通知商家履行其发货义务;买方持卡人在评估、确认其所获得的商品或服务符合商家交易前的承诺后,向第三方支付平台发出付款指令;资金从第三方支付平台划转至商家相关结算账户,完成资金支付。

第三方支付机构在这个过程中起到了信用中介的作用,其具体交易流程如下:

(1) 消费者登录电子商务网站,浏览相关商品信息,并确定购买细则;

(2) 电子商务网站将消费者浏览信息与商品选择信息等发送给卖家,并自动生成相关交易法律合约;

(3) 买家通过网银等方式向其开户行发出付款指令;

(4) 买家开户行将对应款项支付给第三方支付平台;

(5) 卖家在获得电子商务网站的指令信息后,开始发货;

(6) 物流配送网络将商品送到买家手中;

(7) 买家在检查其收到的商品具体情况后,确认无误,向第三方支付平台确认已收到商品;

(8) 第三方支付平台将商品对应的付款信息发送给卖家;

(9) 卖家向第三方支付平台发出划款指令;

(10) 第三方支付平台将交易款项划转至买家在开户行的账户。

其具体支付流程如图3-4所示。

可以看出,第三方支付机构独立于银行和商户,基于与商业银行达成

第三章 第三方支付与移动支付

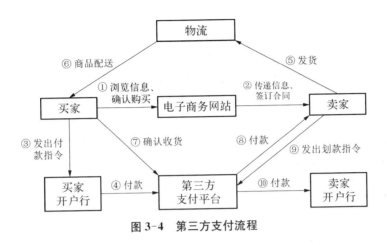

图 3-4 第三方支付流程

的协议，使得其与商业银行之间可以进行某种形式的数据交换和相关信息确认，最终实现商户和消费者之间交易资金的顺利划拨。

三、第三方支付的类型

源于消费者、商户、银行等对不同业务有着不同的考量与需求，第三方支付机构因此发展出多种业务模式，既丰富了支付产业的服务内容、扩展了涵盖范围，更迎合了国民经济在互联网金融领域的多样化愿景与需要。本书主要分析第三方支付的两大模式类型：从风险权责归属角度区分的银行网关与信用担保模式，以及基于服务内容区分的支付通道与资金托管模式。

（一）银行网关模式与信用担保模式

这一分类是基于第三方支付在交易中的法律风险责任归属（即当出现欺诈交易时，第三方支付平台是否应当对客户损失负责）的标准。

第三方支付银行网关模式是指银行与第三方支付服务提供商关于统一银行支付网关接口问题达成协议，第三方支付机构为消费者与商家提供支付网关服务，二者均可通过网关接口与网上银行进行直接联通，实现资金流动、信息传递以及数据共享等。这种模式下，商家的准入门槛较低，有利于活跃交易；此外，银行无须针对商户开发对应的支付接口和支付文档，不存在版本匹配与兼容性等问题，降低了银行的技术成本与运营成本，提高了银行参与的积极性。当然，这一单纯的"桥梁"模式，也意味着第三方支付机构只是充当了中介角色,并不对交易双方的真实信用、交易可信度等承担连带责任,主体风险责任并没有发生变化,这一模式以首信易支付为主要代表。

信用担保模式是第三方支付平台在提供银行网关接口服务的同时,还对交易本身做出担保承诺,即当双方出现交易欺诈等问题时,第三方平台需要对利益受损者进行补偿,具体是指当消费者购买商品后,商品支付款会进入第三方支付平台的账户,在商家发货、消费者确认无误之后,第三方平台才会将款项转至商家账户。例如,在此过程中,若商家故意欺诈或者商品以次充好,支付款会返还消费者。所以,以阿里巴巴旗下的支付宝为主要代表的信用担保模式有效提升了交易的可信度,减少了交易纠纷等。

此外,银行网关模式与信用担保模式在具体支付流程方面也存在诸多区别,具体如下。

(1) 银行网关模式流程:买方在网络商城选定商品后,向第三方支付平台发送支付指令;平台分析处理后,向买方开户行的网上银行发出转账指令;网上银行将款项划拨至平台的银行账户;平台与卖方进行资金结算、转账等操作;卖方在收到款项后,安排发货(如图 3-5 所示)。

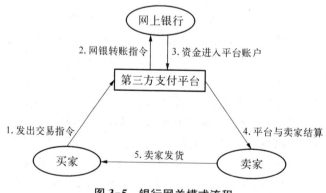

图 3-5　银行网关模式流程

(2) 信用担保模式流程:买方向平台发出支付指令后,平台与买方开户行进行信息传递与结算;平台暂存交易资金,并将支付信息传递给卖方,要求卖方及时发货;买方收到货物并确认后,将反馈信息传递给平台,平台最后与卖方进行资金结算、交割(如图 3-6 所示)。

第三章　第三方支付与移动支付

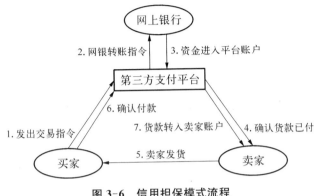

图 3-6　信用担保模式流程

(二) 支付通道模式与资金托管模式

这一分类方式主要取决于第三方支付平台提供具体服务的深度与广度。第三方支付通道模式，是指第三方支付机构只为交易双方提供网上交易的接口等服务，而不需要为交易双方建立特定的交易对接账户与监管账户。

这一模式下，整个交易过程可以分为两大部分：

(1) 买方与平台之间的交易结算和平台与卖方之间的交易结算。资金先进入平台的银行账户，再转入卖方的银行账户。第三方支付资金托管模式则对具体的交易账户、资金流动、操作步骤等有着更详细的要求。这一模式的最典型应用即为互联网金融创新之一的 P2P。

以 P2P 为例，借贷双方均需在第三方支付平台申请注册开立交易对接虚拟账户，投资者通过支付接口向其虚拟账户充值，并投资于某一理财产品。资金便从贷出方的虚拟账户转至借入方的虚拟账户，在资金总额达到标准后，资金即从借方在平台的虚拟账户转移至借方的真实银行账户。

(2) 借方将本金收益返还给投资者的过程。这完全是前一过程的"逆过程"：借方首先将资金充值到其在平台的虚拟账户，平台根据 P2P 网站的统计数据将资金分别划转至投资者开立的虚拟账户，投资者可以将这部分资金转至真实银行账户或者用于其他项目投资。该模式的最大优势在于实现了 P2P 平台与资金的隔离，有效避免了平台的"资金池"操作，而这一操作很容易带来诸如期限错配、利率错配、"庞氏骗局"甚至非法集资等风险。

四、第三方支付的盈利模式

第三方支付平台并不是独立的一个平台,它其实是银行网关的一个延伸,和商业银行一起搭建起来的一个支付平台。资金的往来都是通过商业银行的网银系统来完成,用户、第三方支付平台和商业银行形成了一个封闭的第三方支付生态。

第三方支付需要满足支付、结算、资金管理、反洗钱等要求,而且还要跟商业银行网银系统链接,三方支付面临很多风险的考验,所以第三方支付平台的盈利机制很复杂,要在兼顾风险和收益的情况下制订盈利计划。

图 3-7 可以很好地阐述第三方支付平台的盈利模式。

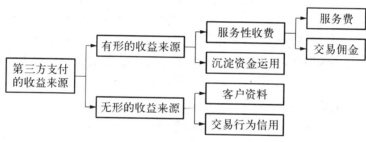

图 3-7　第三方支付盈利模式

第三方支付平台是消费者和商家之间的一座支付桥梁,这两类用户必须同时参与。参加的用户越多,那么三方支付平台的价值就越大,规模大、发展好也会带动三方支付平台推出更优惠的服务。用户数和规模的上升会吸引更多的商家入驻,那么将会有更多的用户因为支付便捷而加入第三方支付平台。所以只有商户和消费者同时参与进来,才有第三方支付市场的存在。

第三节　第三方支付的发展

近两年,中国互联网金融创新案例层出不穷,甚至让人眼花缭乱。作为互联网金融模式最主要也是目前发展最成熟的行业,在移动支付技术不断进步、O2O商业模式广泛运用的今天,我国第三方支付行业发展也出现了全新的变化。例如,腾讯微信推出了移动支付,苏宁、京东等电商开始进入第三方支付领域,跨境支付试点启动,支付宝与天弘基金合作开发的余额宝创造了货币市场基金销量的神话,等等。某种程度上,第三方支付机构所带来的产品与服务创新已经从各个方面改变了人们的生活,并重新塑造着整个支付清算体系。

2005年达沃斯经济论坛中率先提及第三方支付的概念。在目前国内征信系统不健全、信用意识不强、法制意识欠缺、营商环境不佳的情况下,第三方支付很好地解决了网上交易过程当中信息不对称以及欺诈问题。

简而言之,第三方支付平台为我国电商发展创造了崭新的契机。目前,学术界关于第三方支付的概念界定问题仍有许多争论。但一般认为,第三方支付是以非银行机构的第三方支付机构为信用中介,借助互联网平台与银行签订协议,最终实现在消费者和商家之间建立交易支持的平台。

中国人民银行于2014年7月15日发放了第五批第三方牌照,发牌数量为19家,使获得《支付业务许可证》的企业数量达到了269家。

表3-1 部分互联网企业获得牌照的情况

互联网公司	牌照类型
腾讯(财付通)	第三方支付牌照、基金销售支付结算牌照
新浪(新浪支付)	第三方支付牌照
东方财富网	基金销售牌照
阿里巴巴(支付宝)	第三方支付牌照、基金销售支付结算牌照
百度(百付宝)	第三方支付牌照、基金销售支付结算牌照
众禄投资	基金销售牌照
诺亚财富	基金销售牌照
苏宁云商(易付宝)	第三方支付牌照、基金销售支付结算牌照
生意宝(网盛融资担保)	担保许可证
好买财富	基金销售牌照
盛大(盛付通)	第三方支付牌照

从2005年开始,我国互联网支付经历了一个高速发展,增速平均都在90%以上。近几年我国第三方支付还呈现出一些新的特点:第三方互联网支付继续快速发展,增速有所放缓,移动支付领跑支付行业。整体第三方支付发展逐渐成熟,移动支付取得突破,由线上逐渐向线下渗透。

第三方支付可以分为线下收单交易、互联网支付和移动支付。2013年之所以成为中国互联网金融发展元年,主要源于以"宝宝集团"为代表的网络理财产品的井喷式发展及其所带动的互联网、移动支付业务的迅速膨胀。2013年我国第三方支付达到17万亿元。

近几年,一行三会等部门先后出台多项政策规定,对第三方支付相关业务做出了规定。

表3-2 近几年我国第三方支付相关政策

时间	条例	实施部门	相关规定
2010.12	《非金融机构支付服务管理办法实施细则》	人民银行	配合《非金融机构支付服务管理办法》具体规划落实
2011.11	《关于机构客户备付金存管暂行办法(征求意见稿)》	人民银行	明确沉淀资金的利息归属,制定备付金存管指定行相关制度,细化备付金账户相关规定
2012.6	《银行卡收单业务管理办法(征求意见稿)》	人民银行	意见稿明确和规范了资金转移清算、结算手续费和跨省收单问题
2013.1	《国家发改委关于优化和调整银行卡刷卡手续费通知》	国家发改委	下调餐饮百货和超市等商户发卡行手续费以及对应清算组织网络服务费等
2014.4	《关于加强商业银行与第三方支付机构合作业务管理的通知》	银监会、人民银行	对商业银行与第三方支付机构合作业务关系提出明确要求
2015.7	《关于促进互联网金融健康发展的指导意见》	人民银行等十部门	从业机构应当选择符合条件的银行业金融机构作为资金存管机构,对客户资金进行管理和监督,实现客户资金与从业机构自身资金分账管理
2015.12	《中国人民银行关于〈支付业务许可证〉续展工作的通知》	人民银行	要求非银行支付机构在"支付业务许可证"期满前6个月向央行提出申请续展,央行将根据相关要求进行核查,再根据核查结果决定是否予以延期

截至2015年底,全国共有270家企业获得支付业务许可证,2015年全年仅有广东广物电子商务有限公司于3月获得牌照,国家对第三方支付牌照的发放速度逐步放慢。从各区域分布来看,第三方支付牌照的分

布几乎遍及全国,除了西藏、青海、宁夏的近30个省的机构获得了支付牌照,他们主要分布在东部沿海的经济较为发达的省份,尤其是电商发展最发达的苏浙沪地区最为显著,整个长三角地区共计有98家机构,占获取牌照的总比近四成。在第三方支付平台当中,财富通、银联在线、支付宝、快钱、汇付天下等处于国内领先地位。

近几年我国电商迅猛发展,天猫、苏宁、京东等网上购物平台崛起,这种线上到线下的商业模式逐步开始影响我们的生活方式。同时,以支付宝、微信支付等为代表的第三方支付产业迅速崛起,为交易双方提供桥梁,建立了商家和消费者之间的信任,满足双方对安全的要求。第三方支付以其便捷安全的方式开始逐步为人们所认可,消费者在不知情的情况下,成为支付公司的资深客户。

第四节 第三方支付对银行支付的冲击

2013年3月初,阿里巴巴首次推出了支付宝的"信用支付"功能,额度最高5 000元,免息期长达38天。支付宝是基于其网络平台上的海量数据进行授信的,但其信用额度仅仅限于淘宝购物使用。信用支付的功能,实际上就是虚拟信用卡,它与实体信用卡一样,能够进行消费积分,通过积分兑换商品或优惠。

这一新功能的推出,实际上意味着近8 000万支付宝的用户以后可能需要逐渐适应给支付宝还款。信用支付功能有着自己独有的优势,其申请门槛要低于实体信用卡。阿里巴巴主要通过分析淘宝用户的支付信息等数据,来决定不同用户的授信额度。

许多银行专家认为,信用证支付或将掀起新一轮的金融革命,将对金融行业的模式产生深层次的影响。实际上,与支付宝相似的第三方网络支付平台早已经开始潜移默化地影响传统金融行业,对商业银行的地位造成了一定的威胁。这主要体现在以下几点。

一、移动支付的迅猛发展

手机市场逐渐被智能手机主导之后,基于智能终端的第三方支付也开始逐渐渗透到移动通信领域。阿里巴巴首先推出支付宝的手机与平板支付控件,同时支持浏览器界面的直接付款行为。另一方面,支付宝也积极拓展"摇一摇"支付、二维码支付等新型移动支付功能。中国拥有近10亿手机用户,移动支付领域有着广阔的市场,对未来支付市场领域格局有着深刻影响。

目前,第三方支付企业逐渐意识到移动支付是一块巨大的蛋糕,因此不断推出手机钱包、移动客户端等产品,试图抢先占领市场。

商业银行也开始转移自己的注意力。其中广发银行率先推出了SIM卡移动支付业务,进军移动支付行业。但是银行无线支付功能有较大的缺陷:与第三方支付企业的移动支付不同,其适应性较差,很难适应全部手机终端。

对比之下,第三方支付平台的优势就凸显出来,其对手机型号并无排他性,且具有便捷、开放等特点。第三方支付企业的移动支付凭借其强大的网络和超多用户,更易在该移动支付领域率先跑马圈地。

二、第三方支付应用多元化

第三方支付平台最初的业务主要是为买方与卖方作交易中介,但随着互联网金融创新的不断推进,第三方支付的业务范围得到了不断扩大。从互联网金融的现状来看,第三方支付目前涵盖快捷支付、银行卡收单以及互联网支付等领域,力求"一站式"满足客户需求。以目前国内最大的第三方支付平台支付宝为例,其具有信用卡还款、手机充值、转账以及购买车票、机票的功能,甚至在特定城市还可以网上预约专家就诊。除此之外,网上银行所能提供的业务,第三方支付平台基本都能够以更低的费用提供。例如,相比营业厅或网上银行的跨行、异地转账高昂的费用及烦琐的手续,支付宝能够随时随地免费完成此类业务。不仅仅是汇款业务,传统商业银行的结算、吸储功能都被第三方支付平台逐渐渗透。第三方支付凭借其更为便利、快捷、人性化的服务,逐渐弱化商业银行的中介功能,商业银行的金融领军地位正在受到极大的威胁。

三、对传统金融网点的影响

过去,网点是银行业务落地的基础,是银行最重要的资源之一。但是随着互联网时代的到来,银行组织架构的轻型化成为不可逆转的潮流,越来越多的业务开始呈现网络化与移动化的特点,仅仅依靠电子银行已经无法使银行赶上时代潮流,改变传统思维方式,接受互联网金融理念成为银行的无奈之选。

事实上,银行今天所面临的无奈之选对证券公司来说来得更早一些。证券公司发展早期,业务主要依靠现场交易进行,那时证券公司营业网点往往是较大面积,且装修豪华,位于闹市之中。伴随着证券业务逐渐开始向互联网偏移,证券公司物理网点的重要性逐渐丧失,物理门市的面积也大大缩小,往往退居成本较低的偏僻之地。现阶段,证券公司在网点的开设与选址方面更加谨慎。

四、对银行服务方式变革的推动

传统商业银行的服务体系由于互联网金融发展而受到了一定的影响。商业银行的服务场所开始逐渐向网络平台转换,而传统服务体系作用不断弱化。《2012年中国电子银行调查研究报告》数据显示,在一年之内,有接近七成的用户选择用网上银行代替传统柜台业务。更甚者,有些信息化工作推进较快的银行网银替代率超过85%。另外有数据显示,2013年网上银行累计成交金额突破900万亿元,相当于2013年中国GDP的近17倍,并且电子交易成本要远低于柜面交易成本。根据测算,电子交易成本约为实体网点交易成本的1/7。

网上银行业务的大发展显然有效地纾解了柜台业务面临的巨大压力。业务逐渐向网上银行转移也是未来商业银行发展的一个方向。无论是目前银行所看重的高净值人群,还是80后、90后所代表的新生力量,甚至包括正在不断推进互联网化应对市场竞争的企业客户,都对传统银行的互联网化提出了新的更高的要求。

第五节 第三方支付发展中的问题

第三方支付机构在提供多元化支付服务、降低社会交易成本、为商家和消费者创造便利的同时,也产生了诸如市场竞争鱼龙混杂、资金安全缺乏保障、支付系统运行不够稳定、消费者利益可能受到损害等问题,对支付体系和金融体系的稳定运行造成了冲击。加强对第三方支付机构的监督与管理，便成为各国政府的共识。

第三方支付行业的前置审批准入制度、日益完善的互联网经济形态、大众消费者观念的转变等都为第三方支付企业提供了一个难得的发展机遇期。未来，竞争、合作、创新、以人为本等都将成为第三方支付企业的核心经营理念。

一、网络安全风险威胁支付安全

随着互联网应用技术的日趋普遍，各种基于多样化需求的计算机应用程序、手机APP、网络工具等呈现"百家齐放、百家争鸣"之势，这在完善用户体验、满足消费需求的同时，也留下了巨大的安全隐患和网络风险。

2014年9月，美国多位好莱坞明星爆出艳照，警方调查认为，很有可能是黑客利用了苹果手机的iCloud云服务器上的漏洞，窃取苹果手机用户的个人信息，包括照片等。众所周知，美国苹果手机的操作系统是由苹果公司独立于世界上任何一种操作系统而开发出来的IOS系统，曾一度被认为是世界上最安全的操作系统，原因在于IOS系统在源代码兼容性、软件准入、APP开发以及功能实现等方面完全异于一般的开源操作系统，这给黑客设置了极高的入侵门槛。

当然，今天看来，即使安全如IOS系统，也存在诸多漏洞，更何况当前鱼龙混杂的国内网络市场。钓鱼网站、病毒木马、系统漏洞等都严重威胁着支付系统的安全。黑客通过盗取用户名和密码、非法转移资金、洗钱等方式，每年都给用户带来了巨大损失，这也是我国支付行业企业无法回避忽视的严重问题。

二、经营多元化带来的角色定位与专业管理问题

《非金融机构支付服务管理办法》的颁布实施是我国在第三方支付准入问题上实行前置审批制度的最佳体现。该管理办法在设立准入门槛的同时，也对相关企业给出了更高的发展要求、创新要求与运营要求。因此，当前第三方支付企业有意向多元化综合性经营的方向转变，开始试水拓展除支付结算以外的业务，诸如信用评级、担保咨询、交易经纪、商务服务提供等方面的业务，并涉足金融领域，借助当前互联网金融的热潮，实

现自身角色的转变。

人类商业史上,多元化的发展战略一直作为企业发展壮大的有效途径,为众多经济学家、工商界领袖所推崇。通过多元化的业务配置、资源分配与产业布局,可以有效规避单一产业的系统性风险、产能过剩风险以及市场饱和带来的营运风险等。

同样,多元化的发展策略需要企业储备多元化的管理人才,建立对应的管理制度与流程等。而目前,我国第三方支付企业多以重发展、轻管理的经营模式为主,风险防范意识薄弱,风险管控水平较低。

我们注意到,目前有不少第三方支付企业可以为普通消费者提供信用卡充值支付服务,而国家禁止信用卡充值套现操作。

因此,目前大多数第三方支付机构在人员配置、资源投入、内控机制建设以及风险管理等方面还无法迎合转型带来的多种需求。

三、分业监管带来监管重叠与缺失问题

2011年,中国支付清算协会正式成立,这是一家结合了行业自律与政策效果评估的组织,旨在推动我国第三方支付行业规范管理,活跃创新。此外,监管部门也先后出台了多部法律法规,进一步完善了监管机制。目前,政府监管、行业自律与企业自律三者互为补充,共同搭建了我国支付行业监管框架体系。

同时,我们也要注意到实行分业监管制度带来的种种问题。中国人民银行主要负责支付结算规定的制定,对结算组织的经营资格、资金安全进行监督管理;对第三方支付机构开展支付业务颁发许可证;出台相关第三方支付政策和管理办法;推动成立中国支付清算协会,并指导其工作。银监会负责对第三方支付机构与银行开展的相关业务进行监管。证监会则主要负责对与第三方支付机构合作推出的互联网基金销售、支付的监管。多头监督、分业监管带来的监管重叠与缺失等问题,影响了政策效果的发挥,不利于政策传导机制的高效运行。这一问题的核心在于各监管部门之间缺乏有效的沟通联络机制,而这一机制的完善尚需时日。

这些问题的解决,不仅需要借鉴国外的成熟经验,更要考虑到国情需要,在不影响第三方支付产业继续创新发展的同时,实现对第三方支付产业的合理引导与规划。

未来,我国第三方支付在法律体系、监管制度以及行业规范等方面的逐步完善与成熟,将继续推动第三方支付产业向更高层次发展,助力互联网金融惠及更多普通民众,彰显普惠金融的核心特质。

第六节　第三方支付案例:支付宝盈利模式分析

一、基本情况

电子商务的蓬勃发展不仅带动了网络购物的快速兴起,也促进了第三方支付平台的加速发展。第三方支付平台能否持续健康发展,关键是有没有持续的盈利模式。支付宝是第三方支付平台中的典型代表,为商家、消费者提供了网上交易支付平台。

支付宝的产生是我国互联网企业的一个伟大创举,它从本质上解决了长期困扰我国电商发展过程中的诚信、支付、物流三大问题。随着支付宝的快速发展,盈利模式呈现多元化的趋势,进一步拓展盈利模式的空间。

成立支付宝起初是为了解决淘宝网的线上交易问题。支付宝在交易过程中是商户与买家的信用中介。在我国信用体系不完善的环境下,支付宝的推出成功解决了网上交易的支付难题和信用难题。为我国电子商务的快速发展打下了良好的基础。

支付宝依托阿里巴巴发展成为领先的第三方支付平台,随着用户规模的迅猛增长以及交易规模的快速扩大,其盈利模式逐步清晰。

(一)广告费

支付宝用户登录到支付宝网页就可以看到各种广告,包括支付宝的主页上发布的广告,这种广告针对性较强,种类也多,包括横幅广告、按钮广告、插页广告等,广告费是支付宝最直接的盈利来源。

(二)手续费

支付宝向使用支付宝的商家收取一定比率的手续费,其中一部分作为支付宝与银行间的手续费,这一部分支付宝需要交给银行,而剩下的一部分手续费则作为支付宝的利润。一般来看,第三方支付平台主要是靠向商家和用户收取交易手续费。当前,第三方支付市场竞争激烈,支付宝、理财通、网银所占份额超过 90%,行业集中度高,巨头之间的竞争或许会更加激烈。手续费如果高了,就可能失去用户,支付企业之间拼手续费的方式是不可持续的。

(三) 服务费

1. 理财相关业务的服务费

2013 年 6 月 13 日,余额宝上线。余额宝是支付宝正式推出的一项全新的余额增值服务。其本质就是用户可以利用支付宝账户的余额去购买基金,收益率远远高于银行利息,还可以随时支取,并且不收取任何手续费,非常方便和灵活。对于基金公司,支付宝则向其收取服务费:支付宝销售 1 亿元以下的基金,向基金公司收取 20 万元服务费;销售规模为 1 亿~3 亿元,收 50 万元;销售规模为 3 亿~5 亿元,收 90 万元;销售规模为 5 亿~10 亿元,收 150 万元;销售规模为 10 亿~20 亿元,收 250 万元;销售规模超过 20 亿元,则收 400 万元封顶。

2. 代缴费业务服务费用

支付宝在许多省市都开展了代缴生活费用的功能,如水费、电费、燃气费等。用户只需登录支付宝网页或手机 APP,输入自己家的水、电、燃气账号,就可以在支付宝上直接缴费,不用去营业厅排队缴费。支付宝并不是免费提供这些服务,会向相关公司收取代缴业务的服务费用。

(四) 沉淀资金的使用带来的收入

消费者在网上下单付款之后,商品需要通过一定时间的物流运输才能到达买家手中,这使得买家付款和卖家收款之间有一个时间差,这样支付宝就会形成一个资金沉淀池,淘宝、天猫庞大的交易额就会形成巨大沉淀资金。支付宝通过使用沉淀资金,可以获取银行利息,也可以利用沉淀资金的优势向银行议价,获取相对便宜的银行支付转账的通道,从而进一步强化了第三方支付平台的盈利能力。对于像支付宝这样的第三方支付企业来说,做好对沉淀资金的有效使用,会获得相当可观的收入,而且这也是第三方支付企业盈利模式的主要来源。

(五) 大数据服务收入

支付宝经过 10 多年发展,积累了海量的数据。除了商户等静态信息外,还有商户和消费者在支付宝上产生的大量动态数据和信息,包括各种交易情况、支付情况等。利用这些大数据资源,一方面可以建立信用体系,另一方面可以为商户等提供定制数据服务,并收取一定的费用。

如今，支付宝凭借其业务特色与优势，已经与国内几百家银行以及国际的 VISA 组织等各大金融机构建立了战略合作，支付宝依托阿里巴巴电商平台的优势，发展迅猛，成为国内最大的第三方在线支付平台。

二、案例分析

从案例中我们可以看出，支付宝盈利模式呈现多元化态势，其成功建立在淘宝强大生态系统的基础上，目前支付宝已实现盈利。我们同时看到，目前还有很多第三方支付企业缺乏强大的电商平台和 O2O 模式等支撑，产品缺乏创新，一味打价格战，盈利模式单一，这会在很大程度上制约第三方支付的发展。支付宝的成功也对第三方支付企业进行多元化盈利模式的探索起到了十分重要的影响。

对于第三方支付的企业而言，只有不断强化平台经营，推进生态模式创新，做大规模和流量，才能真正找到适合企业自身发展的多元化的盈利模式。

未来，第三方支付企业作为资金收付服务的提供商，手中掌握着大量的交易数据，而这些数据的分析和增值服务将成为未来第三方支付企业的主要盈利点。随着大数据、云计算的发展，第三方支付平台将会更容易获取交易数据。第三方支付企业将凭借其跨行、数据信息积累与挖掘优势，准确把控客户的信用信息，推断商户的经营状况，并将收单业务与商户担保相结合，为商户提供信用支付和信用贷款等服务，这能有效降低金融风险。未来，第三方支付企业将为各种各样的金融机构提供风控数据的有力支持，以泛金融服务的方式提升资金流转效率，这也是我国第三方支付企业的一个发展趋势。

本章小结

本章主要论述了第三方支付与移动支付。第一节分析了现金支付、票据支付、银行卡支付等传统支付的运作模式；第二节阐述了第三方支付的内涵，分析了第三方支付的一般流程、类型及盈利模式；第三节回顾了第三方支付的发展历程；第四节论述了第三方支付对银行支付的冲击；第五节分析了第三方支付发展中的问题；最后，以支付宝盈利模式为例，对本章内容进行了案例分析。

复习思考题:
1. 简要论述第三方支付的内涵及类型。
2. 分析第三方支付的盈利模式。
3. 简述第三方支付的运作流程。
4. 分析第三方支付对银行支付的冲击。

拓展阅读

7%的竞争:中小第三方支付公司未来在哪?

中国的200多家第三方支付机构正在面临严厉整顿,它们中的大多数未来命运难测。

2017年6月26日,第四批非银支付机构牌照续展结果出炉,央行再次注销9家支付机构,2家被缩减业务范围。由此,市场支付牌照从最多的270张减少到246张。

此外,市场份额也在发生变化。2017年第一季度,中国第三方移动支付市场交易规模达到18.8万亿元,支付宝和财付通两家占据移动支付市场约93%。这意味着,剩余的所有第三方支付公司都在7%的市场份额中。

这其中有拉卡拉、易宝支付、联动优势、连连支付、平安壹钱包、百度钱包、京东支付和快钱等这些在市场上有些知名度的公司——他们也被称为第三方支付公司中的第二梯队。还有那些业务少甚至无业务,却拥有支付牌照的公司。

支付宝和财付通无可撼动,7%的空间内却拥挤不堪,谁能活下去?谁又能活得好?

B端突围

用易宝支付创始人唐彬的话来说,第三方支付公司除了提供第三方支付服务外,通过支付所产生的实际交易数据深入了解B端(企业端)需求,提供更多定制化服务才能在市场上走得更远。

连连支付,这家总部位于杭州的移动支付行业排名第四(根据易观智库2017年第一季度数据)的支付公司,正在把业务重心全力转移到B端,加速布局国际业务,转型成为一家以连连支付为主的金融控股集团,并开展与支付相关的大数据风控、前瞻性研究等支付衍生业务。

13年前,连连支付从一种名为"空中充值"的手机充值方式起家,是当时第三方提供话费供应的最大的供应商。经过2011年至2013年的准备期，连连支付逐渐建立起一套风控体系、合规系统，并从2013年正式进入移动支付。

如今，连连支付已经成为服务企业客户即B端客户的典型支付公司之一。这家公司服务的B端客户包括优步、京东、360等企业用户，并通过与贝宝(PayPal)等其他国际著名金融机构合作，为包括EBAY、亚马逊(Amazon)等国际电商平台上的中国卖家提供跨境收款等服务。

连连支付总裁朱晓松在接受界面新闻采访时曾表示："连连支付有三个行业定位，首先，我们的核心定位客户是B端用户；其次，战略定位上我们认为移动绝对是未来的发展方向；最后，坚持独立第三方支付机构定位，这个定位可以使一些与互联网巨头旗下子公司形成竞争关系的客户，出于数据保密、安全性等因素也会选择连连支付。"

另一家专业第三方支付机构汇付天下则起家于航空和基金销售领域的支付解决方案，成为深挖行业机会的代表性第三方支付公司。

2006年初创之初，汇付天下在航旅产业链中引入信用支付，为航空公司、机票代理商等提供垫付，提高分销链各个环节的资金周转效率，并从每一笔交易中收取支付交易佣金。通过这种独特的商业模式，其在航空支付的市场份额一跃成为业内老大，也收获了"第一桶金"。尝到甜头以后，汇付天下又将这种模式复制拓展到基金、商业流通、数字娱乐领域。

然而从2009年开始，越来越多的竞争者开始进入汇付天下开拓出的这片市场，并为追求交易量和客户不惜无限压低利润，汇付天下被迫打起价格战。

因此，从2011年起，周晔和他的团队急切地寻求新的发展方向。他们发现5 000万～6 000万家小微企业还是一块特别大的、没有被开垦过的处女地，因此就以为小微企业提供支付服务作为战略切入点。2013年，汇付天下从单纯的支付公司全面转型为新金融综合服务商。

汇付天下董事长周晔在接受界面新闻专访时表示："虽然支付宝和微信占据(支付行业)的平原，占据了绝大多数的高频场景，但并不代表这个世界被挖掘完了，依然还有很多新型行业需要去服务。"周晔也认为，支付大量创造客户，带来资金流，当能看到资金流、看到客户的行为意味着更多的业务机遇时，从支付升级到金融是大势所趋。因此，未来汇付天下将成为"一个支付作为核心产业，同时去架构一个包含财富管理和贷款的新金融集团"。

目前汇付旗下有信贷公司、财富管理公司,还有金融资产交易中心、科技公司和数据调查公司。

在支付机构的第二梯队,平安壹钱包是为数不多的以服务C端用户为主的支付机构。这家依托于平安集团的支付机构,在2013年被中国平安旗下创新投资基金收购后,2016年与万里通积分整合,后逐渐转型成为平安集团旗下的支付品牌。

据多家第三方智库报告,目前,平安壹钱包的市场份额仅次于支付宝、微信之后排列第三位,交易规模总额超过第四、第五名总和。同时,据平安集团官方数据,2016年壹钱包整体交易规模接近3万亿元,注册用户超过7 000万元,月活跃用户接近800万元,相较2015年初,两年内交易量翻了将近15倍。

如何看懂平安壹钱包的产品逻辑?背靠近6万亿元资产规模、个人客户数近1.31亿元的全牌照金融集团——中国平安集团成为平安壹钱包的最大王牌。

中国平安集团内部高管曾透露,平安壹钱包对于集团真正的战略价值在于打通集团内部的"任督二脉",通过支付体系将平安这个大平台的金融闭环打通,把传统险企庞大的线下获客网络逐步上移,并与多种业务获客渠道做嫁接,多方导流,也将成为平安体系金融向外部场景延伸拓展的利器。

从目前进度看来,壹钱包的插件支付业务已全面服务于平安集团旗下的寿险、陆金所等公司,在平安体系外部,已经与1号店以及一些线上线下平行运营的商城展开合作,以及商业地产项目推进。

平安壹钱包CEO诸寅嘉表示:"我们正逐渐把壹钱包的创新能力和产品通过支付插件输出到多种场景,如电商消费场景、线下购物中心消费场景等,最终构建起整个平安壹钱包的整体能力,高效连接金融和用户场景。"

牌照转让

在外界看来,现存240余家支付机构业务单一和同质化,支付行业需要挤出"泡沫"和"无效供给"。易观智库支付行业分析师王蓬博否定了这种看法。

他表示:"好的支付公司是能够持续在支付领域进行创新,包括与其他金融服务的协同能力、行业场景挖掘能力等,将会持续考验企业的创新能力。第二梯队支付机构在通过深耕垂直行业、积累行业数据和业绩品牌,巩固了自己擅长的领域,也拓展第三方支付的发展空间。因此,不同的支付公司在商业模式上差异很大。"

第三方支付公司有着互联网公司的特征,那就是强者通吃、弱者淘汰。也因此,一些实力和资源均不够的第二、三梯队公司选择出让牌照。

目前,市场上的支付牌照中,除类似联通沃支付、地方国有企业所有的支付公司外,实际可交易的可供全国范围内开展互联网支付业务的牌照约为20个。因此,部分第二、三梯队的支付公司,特别是第三梯队支付公司成为牌照交易的重要标的,一些迫切需要自己支付渠道的企业,选择直接收购支付牌照公司,可以省时、高效地弥补短板。

处于第二梯队的8家第三方支付机构,一半已经完成了并购交易。据界面新闻记者不完全统计,近年来,中国第三方支付牌照交易约40起,第三方支付牌照的交易价格从数千万到数十亿元不等。

2012年10月31日,京东获得网银在线100%股权,这是首例牌照收购交易。2016年1月,海立美达(002316.SZ)以30亿元价格收购联动优势,成为迄今金额最高的第三方支付公司收购交易。

除此之外,2016年11月,键桥通讯(002316.SZ)以溢价9倍共9.45亿元,收购第三方支付公司点佰趣45%股权;唯品会(NYSE:VIPS)收购浙江贝付(后改名为唯品会支付);2014年,快钱在被万达收购之后,成为万达金融版图中重要的支付入口,进行支付数据、消费金融领域的整合,也是业内著名的收购案例。

电子商务公司,以及开展类似O2O商业模式的互联网公司,成为支付牌照最大的买方。美团点评、京东、唯品会等已经在过去两年内纷纷把第三方支付牌照收入囊中。

"支付作为金融的基础服务,天生有切入其他金融服务的优势。这些公司可以通过第三方支付把自身业务形成一个完整的商业闭环。"王蓬博称,"此外,支付交易所积累的数据具有真实、高频和高质量的特点,可以作为金融交易数据的必要补充,从而丰富数据维度,提供精准营销、客户管理、信用评级和金融产品推广等增值服务。"

在第三方支付的四项经营业务中(互联网支付、移动电话支付、银行卡收单、预付卡业务),互联网支付成为第三方支付机构时下最受重视的业务。据界面新闻记者了解,拥有全国互联网支付业务一项的裸牌照的价格约在4亿~6亿元人民币。

在近期一起第三方支付公司收购案例中,国美控股旗下港股上市公司国美金融科技发布公告,宣布以7.2亿元收购银盈通支付有限公司,价格再次上涨。

王蓬博表示:"一些合规经营的第三方支付牌照价值依然很大,现在牌照价格依然没有见顶。未来,携程旅行、摩拜单车,甚至滴滴等迫切需要支付接口的科技公司都将会是第三方牌照的潜在竞购方。"

(资料来源:新浪网,2017年6月28日。)

第四章　P2P 网络贷款

本章任务目标：
1. 了解 P2P 网络贷款的发展背景及发展历程；
2. 掌握 P2P 网络贷款的定义、特点及在金融市场中的作用；
3. 掌握 P2P 网络贷款的交易流程及业务模式；
4. 了解 P2P 网络贷款存在的问题及趋势。

第一节　P2P 借贷的基本概念

一、P2P 网络贷款的发展背景

P2P 借贷（Peer to Peer Lending）是一种古老的资金融通方式。传统上的民间借贷多是一个人直接向个人借款，借贷行为是点对点的，不经过任何第三方机构（如银行）。在这种形式下，借贷的价格（利息）由借贷双方参考一般的市场行情进行约定，交易达成速度快、成本低。然而，传统点对点的民间借贷具有范围受限、需求匹配难、风险高的特点，一般只能局限于熟人圈子，市场规模受到限制。

随着工商业的发展和银行业的兴起，借贷大都通过银行或类似的金融中介机构进行，民间借贷只能在有限范围内发挥补充作用。但随着互联网的发展和信用环境的成熟，互联网的连接作用使得数量众多的借款人与放款人（投资者）能够建立跨越地域和熟人圈子的联系，点对点借贷关系的发生范围被极大扩展，基于互联网的 P2P 借贷应运而生。

最早的 P2P 借贷行为发生在英国。2005 年 3 月，网络借贷网站"Zopa"在英国开通，互联网开始影响人们的借贷行为和生活。随后，2006

年2月,美国第一家P2P借贷平台Prosper上线运营。紧接着,中国第一家P2P借贷平台拍拍贷在2007年8月成立,但是直到2011年,中国的P2P借贷市场才开始爆发式增长,平台数量和年度总交易额均以每年4~5倍的速度递增。

二、P2P网络贷款的定义

P2P网络贷款源于英文Peer-to-Peer Lending,即点对点信贷,或称个人对个人信贷。Peer-to-Peer Lending网贷模式的发源地在英国,后来日本、加拿大、美国等国家也出现了该模式。P2P最典型的经营模式是提供互联网P2P平台,需要借钱的人群可以通过网站平台寻找到有出借能力并且愿意出借的人群,网贷平台帮助确定借贷的条款和准备好必需的法律文本,平台为借款者和投资者撮合,并达成交易。交易达成之后,投资人按照一定的期限获取利息收益,同时也要为自己的投资承担风险;借款人要向网贷平台支付相应的服务费用,到期之后要向投资者偿付本金,并支付协议规定的利息。

三、P2P借贷的主要特点

就起源而言,P2P借贷属于金融脱媒。通过P2P借贷网络平台,出借人可以自行将资金出借给平台上的其他人,而平台则通过制定各种交易规则来确保放款人以较好的方式将资金借给借款人,同时还会提供一系列服务,帮助更好地进行借款管理。总的来说,P2P借贷具有以下5个特点。

第一,P2P借贷是基于特定信息中介的,该信息中介多以网站的形式存在,直接展示所有的借款申请,投资人可主动选择出借对象。借款需求达成后,借款人了解资金都来源于和人,投资人也了解自己的资金都出借给何人。借贷双方的信息基本对等,尤其是投资人大致能够知道每一笔投资的风险,在一定程度上消除了信息不对称。

第二,P2P借贷平台(信息中介)只从用户审核、借贷需求审核和资金定价的角度间接控制全局性风险,不介入单笔借贷风险的经营;既不事先归集资金,更不进行金额与期限的错配,与传统银行吸储、放贷的模式存在显著区别。

第三,由于是点对点的直接投资,风险只在借款人与投资人之间传播，P2P借贷平台不再是风险的聚集和承担中介，因此它不需要为每笔贷款计提风险准备金，也不用遵循有关银行资本金充足率的要求，更不必为了防止挤兑而配置大量流动性、低收益的资产。这是P2P借贷业务的本质特点，有利于降低总体资金成本，同时提高资金利用效率。

第四，P2P借贷具有细微、密集的特点，其风险分布总体上符合大数定律。而P2P借贷平台的风险控制，主要体现在自动化的模型与算法，批量处理借款申请的审核与定价问题，是指能够从总体上逼近期望的回报率即可。

第五，由于边际成本较低，P2P借贷平台可以充分发挥借款人与投资人的双边网络效应，即借款人的数量越多，借款需求越旺盛，就会吸引越多的投资人，反之，投资人的数量越多，投资需求越旺盛，就会吸引越多的借款人。在双边网络的激励之下，平台用户的数量及交易额可以实现指数级的增长，进一步降低平台的运营成本，提高资金的利用效率。

总体来说，基于互联网的P2P借贷改变了基于传统银行界的间接资金融通方式，形成了新的借贷模型，使得长期隐藏于地下的民间借贷获得新生。然而，基于互联网的P2P借贷并不仅仅是民间个人借贷的互联网化，它更深层次的意义在于"金融脱媒"，即采用新型的技术手段与去中心化的思想改变风险传播模式、使金融中介扁平化，提高资金使用效率，让借贷交易双方都能够从中获益，衍生出金融普惠和金融民主化价值。

四、P2P网络贷款在金融市场中的作用

P2P借贷行业在中国的民间金融市场发挥着越来越重要的作用，具体表现在：

第一，中国的主流金融机构难以覆盖全国市场，大量消费者、个体工商户和小微企业的借款需求无法得到满足。P2P平台的存在能为这类群体提供一定的资金供给，又可以通过适当的方法控制风险，使得总体信用环境有所改善，从而实现帕累托改进。

第二，征信数据稀少是中国P2P借贷业务的先天不足，但是P2P借贷业务的开展有利于这一状况的改善。通过大量尽职调查，大量借款人的信用数据被汇集，信用档案得以建立，为其日后的信用活动奠定了数据基础。今后，通过建立信用数据共享机制，将分散的借款人信用档案进行汇集，可以在很大程度上弥补央行征信和商业征信的不足。

第三,将借贷人的信用状况同其借贷成本相结合,对信用良好的借款人给予较快速和较低成本的民间借款,这不仅有利于整体信用环境的建设,而且有利于对投资者进行市场教育,提高其风险选择和风险自负意识。

第四,规范运营的P2P借贷平台通过对空白市场的开拓获取立足点,经过数年的经营,已经逐渐建立面向小微信贷市场的核心金融能力,在用户筛选、信用评估、风险发现、风险控制和风险缓释等风险管理的诸多方面积累了丰富的经验,日益向正规化发展。

第五,核心金融能力的增强和信用数据的积累已经使得部分P2P借贷平台具备独立开展征信工作和标准化小额信贷技术输出的能力。通过开辟第三方征信业务、强化数据审贷技术等工作,传统金融机构的负担有所减轻,使其能更专注于核心业务,为在更大范围内改善金融市场效率提供了可能性。

第六,P2P借贷市场正逐步表现出利率市场化的趋势,对于不同区域、行业、信用资质的借款人,平台给出的综合借款利率各不相同,并受到平台之间竞争的影响,这种局部的利率市场化将为未来的全面利率市场化提供一个近距离观察窗口。

第二节 P2P网络贷款的交易流程及业务模式

一、P2P网络贷款的交易流程

P2P借贷作为一种基于网络平台的点对点借贷模式,至少包含了三个参与方:借款人、平台和投资人。除此之外,还涉及第三方支付、征信系统等。

国外的平台大多从网络上直接获取借款人和投资人,直接对借贷双方进行撮合,不承担过多的中间业务,模式比较简单。

相对而言,国内的P2P借贷行业则相对复杂。首先是网贷平台提供网络平台,借款人和出借人需要在网贷平台上进行注册,并提供身份证、手机号码、电子邮箱等用于核实真实身份,绑定同名的银行账号用于资金划拨。网贷平台对上述信息审核后,借款人和出借人才有资格进行借贷。

借款人发布自己的借款需求(包括金额、利率、期限、用途等),待网贷平台审核后在网贷平台上予以发布(即发标)。而出借人可以自行判断,并进行投标(当然,投标前要先通过第三方支付,将款项打入平台指定账户)。资金募集完成后,该借款标募集结束。资金从出借人账户转出,转入到借款人账户,然后借款人将资金从平台提出使用,同时生成电子的借贷合同。之后,借款人按照约定的时间还本付息,出借人得到相应的本息。

上述流程是网贷交易的基本流程,因为各个网贷平台在具体运营时的模式有所不同,网贷交易的流程也就略有差异。基本流程结构如图 4-1 所示。

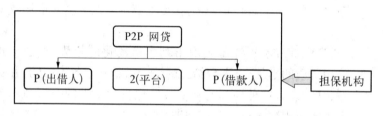

图 4-1　P2P 网络贷款结构

二、P2P 网络贷款的业务模式

相对而言,国内的 P2P 借贷行业则根据具体国情、地域特色和平台自身优势,对 P2P 借贷的各个环节予以细化,形成了多种多样的"P2P 借贷"模式。

目前,在行业汇总被广泛采用的业务模式主要包括纯线上、债权转让、担保/抵押、O2O、P2B 和混合模式。

(一) 纯线上模式

这种模式的最大特点是借款人和投资人均从网络、电话等非地面渠道获取,多为信用借款,借款额较小,对借款人的信用评估、审核也多通过网络进行。这种模式比较接近于原生态的 P2P 借贷,注重数据审贷技术,注重用户市场的细分,侧重小额、密集的借贷需求。纯线上模式承担的风险较小,对借贷技术的要求较高,但由于运营难度较大,故存在一定的局限性。比较典型的是拍拍贷。

(二) 债券转让模式

这种模式在借款人和投资人之间存在着一个中介——专业放款人。专业放款人可以起到提高放贷速度的作用,其运营方式是:先以自有资金放贷,然后将债权转让给投资者,紧接着再使用回笼的资金重新放贷。其经营模式类似于资产证券化,只是转移标的不是资产,而是债权。这一转让模式多见于线下 P2P 平台,但是由于其债权转移的规模大、信息不透明,因而蕴含着巨大的金融风险。目前,其较多以理财产品为包装,宜信便是一种典型的债权转让平台,如图 4-2 所示。

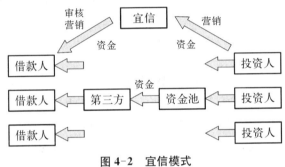

图 4-2　宜信模式

(三) 担保/抵押模式

该模式或者引进第三方担保公司,或者要求借款人提供一定的资产,因而其发放的不再是信用贷款。一般来说,此项 P2P 平台运营模式对于担保公司的经营要求较高,若担保公司能够满足合规经营的要求,采取合适的手段和方法,降低担保、抵押资产的风险,提高资产流动性,此时投资者的借贷风险会显著降低。但是,由于存在第三方担保公司,此种模式的 P2P 借贷平台的业务流程会有所延长,综合费用率和融资效率均会受到挑战,不利于整个金融体系的顺畅运行。目前,典型的担保/抵押模式包括陆金所、开鑫贷和互利网等。

(四) O2O 模式

该模式在 2013 年引起较多关注,主要特点是借贷平台和借款人由投资人和小贷公司分别开发,前者专心改善投资体验、吸引更多的投资者;后者专心开发借款人,业务规模可以迅速扩张。但是,这种模式容易割裂完整的风险控制流程,导致合作双方的道德风险,容易造成平台为吸引投资人而忽视借款客户审核,以及小贷公司全力扩大借款人数量而降低审核标准。典型的 O2O 模式平台包括互利网、向上 360 等。

(五) P2B 模式

该模式在 2013 年获得较大发展,其中 B 指的是企业(Business)。这是一种个人向企业提供借款的模式。P2B 模式的特点是单笔借贷金额高,从几百万元至数千万元乃至上亿元,一般都会由担保公司提供担保,而由企业提供反担保。该模式需要 P2P 借贷平台具备强大的企业尽职调查、信用评估和风险控制能力,否则即使有担保、有抵押,单笔借款的违约可能就会打破担保公司的保障能力。同时该模式不再符合小微、密集的特点,投资人无法做到分散投资、分散风险,相关压力转移至平台,对平台的风险承受能力提出了更高的要求。典型的 P2B 模式平台有爱投资、积木盒子等。

(六) 混合模式

许多 P2P 借贷平台对借款端、产品端和投资端的划分并非泾渭分明。例如有的平台既通过线上渠道开发借款人,也通过线下渠道开发;有的平台既撮合信用借款,也撮合担保借款;还有些平台既支持手工投标,也支持自动投标或定期理财产品。这些平台可统称为混合模式,典型代表为人人贷。

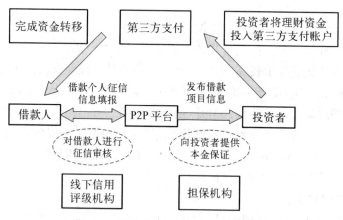

图 4-3 目前中国 P2P 的主要业务模式

总的来说,纯线上平台的数目较少,线下平台多采用债权转让模式;大量线上平台都采用担保/抵押模式;真正的 O2O 模式平台数量不多,但是同时承担线下开发借款人、线上开发投资人职责的平台极多;第三方交易平台刚刚出现;P2B模式平台数量不多,发展速度极快;混合模式平台的数目增长也较快。

上述模式之间也经常存在交叉,尤其是与担保/抵押模式形成交叉,例如P2B模式平台和O2O模式平台大都会引入担保/抵押机制。

第三节 我国P2P网络贷款的发展

我国P2P网贷平台数量近年来呈现爆发式增长。从2007年我国第一家网贷平台拍拍贷成立以来,短短几年时间,平台数量就迅速突破2 000家。截至2015年6月份,我国共有P2P网贷平台2 028家。

2014年,我国网贷行业的贷款余额将近2013年的4倍,达到1 036亿元。虽然贷款余额的快速增长表明我国网贷行业的规模迅速扩张,但是与其他投资市场相比(不含存款),规模仍然还很小,未来仍有十分广阔的发展空间。

截至2015年6月底,我国网贷贷款余额居前六位的省市分别为北京、广东、上海、浙江、江苏和山东。截至2015年6月底,我国网贷贷款余额在20亿元以上的平台有13家,贷款余额在5亿元以上的达48家,陆金所、红岭创投、人人贷贷款余额位居前三位。目前,一些中小平台寻求快速扩张,网贷贷款余额一路攀升,年底面临高兑付压力,待收风险不断涌现,许多平台出现提现困难。

单月活跃投资人数和借款人数分别超过154.36万人和33.04万人。2014年度,我国P2P网贷综合收益率为17.86%。从2014年3月起,网贷行业综合收益率不断下滑。截至2015年6月底,网贷综合收益率跌至14.17%。

在我国,经济越是发达的地区,民间借贷越是活跃,这些地区的P2P网贷平台的分布也比较密集。截至2015年6月,广东拥有349家P2P网贷平台,浙、京、鲁、沪、苏分列第二位至第五位。这六省市平台数量的总和占全国总数的71.3%。广东省的网贷平台主要位于深圳,深圳的金融和IT行业比较发达,给P2P行业的发展创造了优越的环境。随着网络贷款越来越为人们所熟知,安徽、四川、重庆等内陆省份的网贷行业也得到了快速发展。

P2P 在中国的发展主要分为三个阶段。

一、初始发展期(2007—2011 年)

这一阶段主要开展信用借贷。拍拍贷作为我国第一家网贷公司,于 2007 年 8 月份在上海成立。同年 10 月宜信网贷平台上线。2010 年人人贷上线。这些网络借贷平台的先后成立,标志着中国 P2P 借贷的基本模式确立,但平台数量不多,交易额不高。在发展初期,网络借贷平台学习国外经验,以信用借贷为主,平台不承担借贷风险,只提供资金转移的中介和信息发布的平台。这一时期,全国网络借贷平台数量为 20 家左右,活跃的平台不到 10 家,截至 2011 年 12 月底成交额 5 亿元左右。在我国征信体系不健全的现实情况面前,以信用借款为主的网络借贷平台面临着较高的风险。

二、迅速发展期(2012—2013 年)

这一阶段采取线上融资、线下放贷的模式。2012 年 P2P 网贷平台得到迅速发展,拍拍贷获得了著名风投红杉资本的投资。为适应我国实际情况,促进 P2P 在我国的健康发展,P2P 网络借贷开始向线下延伸,借款对象以本地人为主,对还款来源、抵押物和资金用途等进行实地考察,以此来控制风险。2013 年后,有些平台开始激进式发展,以高息吸引投资者,以虚假项目融资后偿还银行贷款、高利贷等。在资金链断裂后,平台出现倒闭。更有甚者,某些以诈骗为目的的 P2P 网络借贷平台融资后直接"跑路"。

三、以规范监管为主的调整期(2014 年至今)

经过一段时间的疯狂发展,随着问题平台数量的增多,P2P 网络借贷模式在中国的发展进入监管调整期。

第四节 P2P 网络贷款存在的问题及趋势

一、P2P 网贷存在问题

基于互联网的 P2P 借贷模式传播到中国后,在 2011—2012 年开始经历了爆发性增长,主要原因在于其能够提供更为低廉的利率和较高的回报,而作为一种创新性的互联网金融模式,简单、便捷的特点也为其在国内的发展壮大奠定了良好的基础。但是与国外 P2P 借贷平台完全依靠网络、借款利率略低于银行同期水平不同,国内 P2P 借贷平台大多深度依赖线下渠道(包括借款人开发和审贷,乃至投资人的开发),借款利率也显著高于同期"银行利率"。

但是,中国基于互联网平台的 P2P 借贷模式存在着客观上的先天不足,重点表现在数字化、自动化审贷技术的缺失。国内征信体系建设严重落后,表现为征信数据分散、稀少,可用程度低。尤其是在监管缺失、信用环境差的情况下,一些平台借 P2P 借贷之名进行诈骗,另外一些平台忽视业务风险"野蛮"发展,导致从 2013 年下半年开始,大批平台或倒闭,或遭"挤兑",或被公安部门调查。

为了控制风险,P2P 平台必须花费人力和财力组建销售与风控队伍,这不仅极大地增加了 P2P 平台的业务成本,也不利于 P2P 借贷平台的顺利发展。

另外,因为信用数据的缺失会导致借款申请拒绝率的高企,在国内信用环境较差、借款人违约成本很低的环境背景下,P2P 平台提高了综合借贷费用率,这无疑又进一步推升了借款人的违约风险。可以说,信用数据不健全和信用环境较差的问题制约着中国 P2P 借贷平台的发展和完善。

尽管 P2P 平台在中国的发展遇到了很多的问题,但是由于中国金融市场的特殊发展阶段以及中国企业和消费者特殊的融资偏好,P2P 借贷行业在中国的民间金融市场发挥着越来越重要的作用。

P2P 借贷在进入中国之后产生了较大的变化,这一变化由中国的特殊国情决定,虽然存在明显不足,但是也表现出巨大的发展潜力和价值。国内 P2P 借贷的高成本和高风险依然是时刻悬在行业头顶的达摩克利斯之剑。采取有效措施降低 P2P 借贷平台的融资成本和潜在风险,这将是中国 P2P 借贷业务发展的关键所在。

二、P2P 网贷发展趋势

随着人们对于 P2P 借贷的了解、接受程度增加,大量新进投资人进入 P2P 借贷市场,资金供给充沛,加之平台竞争加剧、老平台业务能力增强,一些借款人开始获得更多的议价权,P2P平台的借款利率会有所下降。但是,由于平台数量、借款期限和平台风控能力等原因,P2P平台的市场竞争加剧,经营不善的平台会逐渐丧失业务,因此P2P平台蕴含着较大的市场风险,其信用问题依然受到质疑,其与商业银行的合作与共赢将成为P2P借贷发展的重要选择。可以预见,在未来几年,P2P平台的发展趋势可以涵盖以下几个方面:

第一,借款区域由大中城市向中小城市扩散。目前,一线城市的市场竞争已经非常激烈,北京、上海、深圳的P2P借贷平台数目均超过20家,广州也在10家以上。大部分平台正在二、三线城市抢夺增长点。未来几年,更多的P2P借贷平台会介入三、四线城市市场。

第二,借款者由个人向企业扩散。P2P借款人一般分为普通个人或个体工商户、小微企业主,单笔借贷金额低,信用评估主要针对个人。从2012年开始,部分P2P借贷平台开始向中小型企业主提供贷款。2013年,这一趋势得到明显增强,成立了一些专门向中小企业主提供贷款的平台,信用评估主要针对企业,单笔借款额达到数百万乃至数千万人民币,业务增长率显著高于整个行业。2014年至今,此趋势愈演愈烈,一些老平台也开始介入此项业务。无论是第三方支付公司、担保公司还是机构投资者都对该业务表示出强烈的关注。

第三,市场细分与整合两种趋势并存。信用风险是所有借贷业务的核心风险之一,在中国的现实国情下,为防御该风险,P2P借贷平台经常需要承担线下销售与尽职调查工作,造成极高的运营成本。为降低该项成本,一些新平台将对市场进行细分,专门为某一区域、行业或特征的人群提供借贷服务,利用对该类人群的良好了解、经验积累和更具针对性的信贷技术,实现更具性价比的风险管理效果。

第四,领先的P2P平台重视征信技术并向正规化发展。领先的P2P借贷平台将着力强化征信技术,包括征信渠道的多样化、征信数据的综合化、信用评估的自动化,并强化风控流程的各个环节,形成正规的金融队伍。

第五,泛平台属性增强,部分P2P借贷平台将拓宽业务范围。一些平台将向纵深化发展,尝试涉足第三方征信、信贷技术输出、第三方支付等业务。而另外一些平台将横向拓展业务范围,把自身转化为连接资金供给方与需求方的泛平台,而不仅仅局限于P2P平台。

第六,民间金融线上化趋势。除了小贷、担保公司开始向 P2P 借贷靠近、转型,其他民间金融机构也开始关注 P2P 借贷,希望能够打开新的资金渠道。

第七,机构投资趋势。"网贷组合"预示了 P2P 借贷的机构投资趋势,这一趋势在美国的 P2P 借贷平台上已经成为现实,并占据主流。

第八,投资便捷化、移动化。为了满足投资人的胃口,P2P 借贷平台纷纷加强投资端产品的设计,强调投资的理财化、便捷化,甚至以定期、不定期理财产品作为包装,帮助投资人自动投标。一些平台开发了手机应用支持投资人随时随地抢标,进行"碎片化"理财。

虽然,P2P 平台的发展已经取得了相对乐观的成就,但是随着 P2P 平台的发展,其内在蕴含的风险也越来越大,主要包括以下几个方面:

(1) 小额信贷技术风险。P2P 平台的发展时间较短,仍然处于摸索之中,其信贷方向、审贷标准等仍需更加关注。

(2) 中间账户监管缺位风险。P2P 平台收到的监管依然属于真空状态,尤其在第三方监管机构监管力度不足的情况下,其风险水平会显著提高。

(3) 财务风险。主要指 P2P 平台的财务披露水平较差,报表、财务指标等作假可能性较高,由此会带来较高的财务风险。另外 P2P 平台的风险还包括洗钱、欺诈等带来的信誉风险和个人信息丢失所带来的信用风险等。在未来的 P2P 平台发展中,需要不断重视消费者权益的保护,通过对 P2P 平台的审慎监管,制定完善的法律体系和技术监督手段等,不断削减 P2P 平台所内在的各项风险,紧跟 P2P 平台的发展趋势,实现互联网金融这一创新业务的进一步完善。

第五节 P2P 网络贷款案例:陆金所

一、基本情况

在上海市政府的支持下,上海陆家嘴国际金融资产交易市场股份有限公司(简称"陆金所")于 2011 年 9 月在上海注册成立。注册资本为 8.37 亿元人民币,属于中国平安保险旗下,总部位于上海陆家嘴的国际金融中心。同时,平安集团还成立了一家"平安融资担保(天津)有限公司",这家公司的成立是专门为陆金所提供担保服务的,用于为陆金所的P2P投资项目与理财项目提供全额本息担保。

(一)项目来源

陆金所的网络投融资平台严格遵循P2P点对点借贷模式,项目既有来自融资者的网上个人贷款申请,也有很大比例来自平安集团的子公司。个人借款者如果想要筹得借款,除了要在陆金所的平台上提出申请,还要在线下进行实地的资料认证。由于平安集团已经通过收购深圳发展银行获得了银行牌照,因此可以调用银行信用体系来评估借款人的还款能力,确保申请项目风险较低,这是其他任何P2P平台都不具备的天然优势。

(二)收益及期限与投资门槛

陆金所的零活宝实现了1元起投,几乎是不存在门槛,并能够随时($T+1$,提出申请后一天内到账),同时承诺收益率$>4.7\%$。从期限来看,陆金所提供的项目的期限并不相同,短的为一个月,长的达两三年之久。

(三)品牌信任度

陆金所是平安集团的全资子公司,而平安集团是国内知名的大型综合金融集团,早在1988年就已经创立。相比于年轻的P2P同行们,平安集团旗下的陆金所更容易获得投资人的广泛认可。陆金所依靠平安的品牌,迅速获得了投资人的广泛关注,并在此基础上将规模迅速扩大。

从短期来讲,平台本身的品牌美誉度、对投资客户的获取能力、用户体验是竞争热点;从长远来看,对优质资产的开发能力和平台风控能力,将成为企业最终制胜的关键。

(四)风控体系

陆金所风控体系如图4-4所示。

1. 拥有国际化专业团队

陆金所的团队成员拥有国际化的专业水平。成员都是来自全球各地的经济领域、法律领域、金融领域、电商领域的精英。

2. 倚靠平安集团,多年金融经验

陆金所的母公司平安集团,是世界500强企业,具有毋庸置疑的雄厚

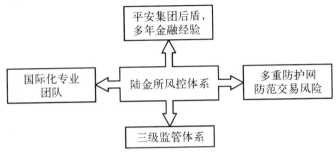

图 4-4　陆金所风控体系

实力。平安集团也是国内第一个拥有金融业务牌照的金融集团。平安集团在金融业内数十年的行业经验也为陆金所的经营夯实了基础。

3. 三级监管

第一级：出于对投资者利益的保护，陆金所综合平安集团多年来的从业经验，从流程、系统、制度方面建立其自身的风险控制系统。

第二级：陆金所作为平安集团子公司，受到母公司体制内完善的内部控制和稽查体系的严苛监控。

第三级：接受政府有关部门的指导和管理。

4. 多重防护网防范风险

一个投资项目如果要在陆金所的平台上发布，首先要通过陆金所严格的审核，与此同时，该项目还需要找到担保公司或资信较高的企业为其进行担保。不仅如此，如果项目的风险较大，那么陆金所会适当提高对投资人和筹资人的审核标准。

(五) 陆金所的优势

1. 陆金所网络投融资平台的成本低

在美国，不管是通过信用卡还是通过各类传统金融产品融资，整个融资成本可能达到 4%～5%，在中国这个数据还要更高。而陆金所借助互联网平台，不受或较少受到人力成本、管理成本等影响，总体融资成本可能只有传统融资的一半。

从市场规模上看，交易成本能够下降一半的影响非常大，市场覆盖面会比较广阔，能覆盖到很多中小企业和小微企业，有效解决它们融资难的问题。通常情况下，有些小微企业有时往往只需借款 3 万～5 万元,如果通过传统银行融资,银行会觉得5万元的贷款成本太高,不划算,所以不会贷,而互联网金融企业就可以做到。陆金所网络投融资平台正是为解决那些中小企业和小微企业融资难而存在的。

除此之外,成本低可以反过来给投资者较高的回报。以往传统金融机构要销售理财产品,通常要开分行、设网点、付佣金等,这些成本会占到总成本1%~15%。而通过互联网,陆金所可以把这些成本降低为银行总成本的1/5。这中间的利差,陆金所把其回馈给了投资者,保证投资者年化收益率达到8.6%。

2. 陆金所网络投融资平台的流动性高

传统金融是B2C的概念,而陆金所网络投融资平台是N对N的概念。N对N的意思是,所有客户都可以参与,客户今天是借钱方,明天可能就变成投资者,这样就会产生流动性。流动性越活跃,融资成本就会下降;流动性越大,系统上的风险就越低。

3. 陆金所网络投融资平台是很好的资源分配工具

据陆金所网络投融资平台官方数据显示,向陆金所借钱的客户,从地域上看,很多来自二、三线城市,比如台州等地区或者是西部中小企业比较多的地方;而到陆金所进行投资的客户,60%~70%是来自北京、上海、广州、深圳等富裕程度高的城市。通过陆金所牵线搭桥,有钱的地方可以把资金借给需要钱的地方,资本在全国范围内得到合理分配,服务时间也是24小时撮合,资源配置效率比较高。

作为全球领先的综合性线上财富管理平台,陆金所一直保持高速增长。2016年中国平安业绩报告显示,陆金所零售端交易量1.54万亿元,同比增长137.5%,期末零售端资产管理规模达4 383.79亿元,较2015年底增长74.7%,继续保持行业领先地位。此外,2016年零售端通过手机移动端进行的交易占比超过82%。2016年底,陆金所平台注册用户已经超过3 000万人。2015年12月,陆金所获得《每日经济新闻》2015年金鼎奖"年度最佳风控理财平台"奖。2016年3月,陆金所当选中国互联网金融协会第一任常务理事。

除了通过陆金所平台交易的资产规模保持高速增长以外,陆金所还推出了业内独树一帜的投资者适当性管理体系——KYC 2.0系统。该体系主要包括投资者评估(Know Your Customer,KYC)、产品风险评估(Know Your Product,KYP)、投资者与产品风险的适配、信息披露、投资者教育五方面内容,最大的特点就是更多地利用了大数据技术、机器学习等在资金端对投资者进行"精准画像",并提供智能推荐服务,能实现投资者风险承受能力与产品风险的精准匹配,"将合适的产品卖给合适的人"。

二、案例分析

任何一个行业的发展大都经历一段时间的默默无闻、一段时间的预热,然后进入火速发展阶段,再经历激烈的竞争。通过一系列整合后,大浪淘沙后留下的企业形成基本稳定的行业格局,进入稳定成熟期。我国的 P2P 网贷度过了默默无闻的阶段,这几年正逐渐进入现在火爆发展的阶段。陆金所无疑是这其中的典型代表。

目前,我国的 P2P 行业正处在市场培育和规范管理的关键时期,市场上平台的种类繁多,鱼龙混杂,投资者并不能做出准确判断。随着监管的加强,行业将越来越规范,违规担保、建资金池、违法集资这样的现象也会逐渐被清理。P2P 网贷行业的监管部门和行业协会将作为 P2P 行业的监管和自律的主体出现。随着监管趋严,具有资金、技术和人才优势的陆金所将更加巩固其领先的市场地位。

本章小结

本章主要论述了 P2P 网络贷款。第一节介绍了 P2P 网络贷款的发展背景,给出了其定义、特点,分析了 P2P 网络贷款在金融市场中的作用;第二节阐述了 P2P 网络贷款的交易流程及业务模式;第三节回顾了我国 P2P 网络贷款的发展历程;第四节分析了 P2P 网络贷款存在的问题及趋势;最后,以陆金所为例,对本章内容进行了案例分析。

复习思考题:

1. P2P 网络贷款的定义和特点是什么?
2. 简述 P2P 网络贷款的交易流程及业务模式。
3. 论述 P2P 网络贷款在金融市场中的作用。
4. 分析 P2P 网络贷款未来的发展趋势。

拓展阅读

P2P网贷繁荣背后，你必须知道的五个问题

P2P网贷平台诞生以来，鲜花与掌声齐飞，质疑和争议共舞。如今跑路乱象丛生，现存的P2P平台更显得独善其身，弥足珍贵。

据2015年移动金融国际峰会发布的《中国P2P借贷服务行业白皮书》显示，2014年，扣除问题平台后，正常运营的平台数接近1 575家，年度增长率达到166%。

但随着P2P平台的超高速发展，加上相关监管的严重缺失，平台间对资产和资金的争夺激烈，经营和管理等各类风险已呈现加速累积态势。白皮书认为，2015年该行业处于风险高发期，表现为更多平台倒闭、跑路，甚至部分老牌平台、知名平台也可能出现严重的兑付危机，对行业产生重大影响。

随着问题P2P平台接二连三地跑路、倒闭，不少借款人和投资人吃一堑长一智，摒弃尚未完结的黄粱美梦，重回现实，继续脚踏实地，投资理财也变得更加谨慎与理智。

理财与购物类似，品牌的魅力不可估量，大品牌已不单单是地位、档次的象征，更多的是其所展现的权威性及所带来的安全感。

在几千家P2P平台中，大公司是较好的选择，行业权威机构对P2P平台不断进行评定排名，因为评定标准不同，排名亦有变动。但综合各种排名不难看出，位居榜首的无非就是以下几家：陆金所、人人贷、宜人贷、积木盒子、微贷网、投哪网、你我贷、拍拍贷、有利网、红岭创投等。

万物皆有两面性，选择大公司的同时应全面了解其优缺点，可以信赖，但不可完全依赖。再严格的管理、再完善的行业规范、再自律的职业道德，也不可避免其问题的衍生，更何况是一个还处在监管灰色地带的新生事物。

一、现存P2P平台的坏账风险

P2P网贷平台为吸引更多人投资，通常会夸大自身的风控能力。即使某项目已出现逾期坏账，平台为掩盖风险，仍然可以拿新进入资金池的资金代偿坏账。也就是说，投资人的钱根本没有用在所投的项目上，而投资人完全看不出来，这样就会造成种种假象。一旦出现风险事件，给投资人带来的损失也是巨大的。

所谓"拆了东墙补西墙"正是如此,此做法不但不能从根本上解决问题,反而会形成恶性循环,最终几败俱伤。

另有借贷方无法如期偿还,平台自行填补亏损的坏账风险。对于借款人的还款能力主要依靠其财务实力来判断,外界无从知晓这些企业的销售、现金流等关键还款能力指标,这也是目前国内 P2P 平台披露信息不够透明的通病。

例如创下 P2P"最高坏账"记录的国内知名 P2P 平台红岭创投。2014年 8 月,因其向广州四家纸业借款本金总额 1 亿元可能无法到期偿还,全部到期借款将由红岭创投提前垫付。涉事企业可能欠银行近 20 亿元贷款,企业负责人或跑路。

二、期限错配危机不容小觑

P2P 平台资金池有三条定义,分别为"对象错配""期限错配"和"资金大小错配",任意一条出问题,都等于形成了资金池,而这在中国是非法的。

如果风险缓释的期限比当前风险暴露的期限短,则产生期限错配。通俗地讲,就是现金流入流出不匹配,想用钱的时候没有钱。

如果财务状况良好,完全可以依靠自身储备资金来缓解还款压力,最多算是短暂的财务危机;但如果平台没钱,部分平台就会发布新标来募集资金,再用募集资金去偿还已到期项目的待还本息。一旦这种模式不能及时依靠正向资金流来解决,就会形成长期滚雪球模式,即"庞氏骗局"。

以人人贷为例。人人贷属于线上线下互为补充的模式,是一种线上开发投资者与线下开发信贷同步进行的网络 P2P 平台,主要服务于小额贷款客户领域。其采用风险备用金来提高资金安全性,但借款人的出借完全由系统自动投标,这加剧了期限错配等风险。

通过对以往问题 P2P 平台的观察不难发现,诱因主要为平台的不合规操作,如自融、期限错配。

目前存在提现困难的平台主要是因为期限错配。2014 年宜人贷提现困难问题爆发,许多投资者焦虑无助。更有甚者,2013 年 10 月,已陆续有 20 家网贷平台资金链出现问题,发生提现困难。

这与期限错配有着千丝万缕的联系。

期限错配会产生流动性风险,这是平台不可预见的。多数出身草根的平台团队,并不具备这种实力。在人气脆弱时,一些平台为吸引投资人,会发布密集高息天标甚至秒标,流动性风险骤然放大。虽能缓解短期资金紧张,但不能从根本上解决问题,反而可能引发资金链断裂问题,造成致命之击。

虽然担保企业愿以债转股形式处理红岭创投 1 亿元的债权,但总体来看,这些贷款实际很可能成为不良贷款,收回可能凶多吉少。

三、资金池成为投机工具

资金池本无不妥,金融机构形成自己的资金池是自然而然的结果。在保险、基金等比较成熟的行业,它的存在是必然的。但是现实中有些动机不纯的,将资金池作为投机工具甚至纯粹存在诈骗行为,造成了不少悲剧。

2014 年 9 月,银监会明确表示,P2P 机构不能持有投资者的资金,不能建立资金池。投资人的资金应进行第三方托管,不能以存管代替托管,避免非法集资的行为。

部分平台通过把大量资金储蓄起来,灵活运转,就能有相当可观的收益。所以他们一般会将筹标期未满标的资金投资项目二次放贷等,当项目满标后需要放款时,其他处于筹标期但未满标的资金就可以先行放款,如此一来二去积累的巨量资金就会为平台带来巨大的收益。

当然,这种模式风险也相当大,一旦遇到期限错配或者用户挤提,平台无法及时抽调资金应对,将随时面临崩盘的风险。

另外还有一个更大的隐藏风险,即平台跑路。频繁曝出的 P2P 平台跑路事件,无不是采用资金池的模式,所有资金都归拢在平台上,卷款跑路易如反掌。

为避免资金池的形成,第三方托管机构显得尤为重要。

目前主要提供 P2P 平台账户第三方管理的以银行和第三方支付公司为主。银行由于受到银监会的严格业务监管,一般不对 P2P 平台提供严格意义上的账户托管服务,即便有,也是少数的几个银行旗下或者是有银行资源背景的 P2P 平台,如开鑫贷和包商银行的小马 Bank。

部分 P2P 平台为了增加其权威性和可靠度、吸引用户,通常会宣称某知名银行为其第三方托管机构,若事实并非如此,则出现虚假宣传、恶意营销乱象,从而扰乱行业发展秩序。

四、恶意营销后果严重

各行各业都提倡良性竞争,损人利己的恶意营销更为人所不齿,P2P

行业的炒作功力丝毫不亚于娱乐圈。

前有投哪网捆绑招商银行发行联名卡炒作，遭招行辟谣，后有赢多多宣称在银监会办公，银监会迅速澄清，P2P平台通过抱监管、银行大腿蹭知名度的行为，显得越来越厚颜无耻。

2015年5月，投哪网对外公布其获得B轮融资，并表示将与招商银行推出联名卡。但招商银行相关负责人对此进行了辟谣，投哪网与招行合作推出联名卡的消息失实，实质上双方没有联名卡这个合作，只是其工资卡是招行的。

此前平安银行也遭遇过类似事件。多家P2P公司高调宣布与平安银行合作，开展资金托管业务。但平安银行实际上系为合作的P2P平台提供资金存管，而非托管。平安银行回应称，并未向任何一家P2P网贷平台提供资金结算和清算服务，也未与任何一家P2P网贷平台进行平台交易系统和银行结算服务系统的对接。

此外，蹭股价、上市公司与P2P相互炒作更是屡见不鲜。准备收购"你我贷"的熊猫金控股价节节攀升，彼时你我贷却在其官网发布消息称，拟终止资产重组，但上市公司的股价已经翻番。

相较之下，利用搜索引擎的竞价偷竞争对手流量、雇用网络水军等则显得不再那么高明。

若此现象一直存在，行业的有序发展将逐渐变成奢望。与擅长炒作、懂得利用监管灰色地带进行强势营销的平台相比，一些重视业务开发、稳健经营的P2P平台往往处于弱势。此类不正之风若不及时制止，所造成的损失也许无法估量。

五、信息不透明下的任性操作

互联网时代信息的获取极其重要，信息不对等造成的损失更是不可估量。某些P2P平台打着保护用户隐私的旗号封闭借贷双方的必要信息，从而私下操作，将资金任意支配。

曾有P2P行业生力军搬金网公开指出该行业某些平台存在此类问题，如人人贷。

人人贷的100%本金保障看起来即使没有盈利也没有亏损，但保障背后暗藏有限赔付条款，其赔付时间、次序、赔付比例等都有限制。其实赔付多少还是由人人贷决定，如果出现问题，投资人的资金安全将难以保障，这根本就是无效担保。

再如陆金所。搬金网指出，平安旗下陆金所仗着平安旗下产业多，进行关联交易，交易的借款人为平安聚鑫，贷款人平安银行，担保人平安担保，都是平安旗下的"亲戚"，这种"近亲繁殖"的投资项目明显就是骗人的局。

另如宜信宜人贷，其采用"多对多"形式以及风险金模式，但借贷双方不互通信息，因而巨大利率差被宜信收取，在没有大额逾期的情况下，公司可先行垫付资金。

这几家平台暴露出的问题皆为信息不透明所致，这似乎已成为问题P2P平台的死穴所在。从当下的市场现状来看，不少P2P平台在项目真实性、资金去向及借贷方的匹配度、数据的清晰程度等方面都有不够规范之处。

P2P网贷平台作为新兴事物出现不足十年，经历过快速发展的鼎盛，也遭遇过频繁跑路的低谷。就现在的互联网大环境而言，P2P平台还有很长的路要走，机遇与挑战并存。

作为互联网金融中的重要一环，P2P行业整体还处在初级阶段。行业规范的不完善，相应监管措施的缺位，使得P2P平台处于法律监管的灰色地带，自由权限过大。

行业的规范仅靠自律与职业道德是不够的，在巨大的利益诱惑面前，自我约束没有任何说服力。监管的牵制、风险的有效防控、加快P2P行业风险信息的共享机制建设才是王道。

（资料来源：新浪财经，2015年7月14日。）

第五章 众筹融资

本章任务目标:
1. 掌握众筹融资的内涵、特点及参与主体;
2. 了解众筹融资的发展过程;
3. 掌握众筹融资模式及运作原理;
4. 了解我国众筹融资存在问题、风险及发展趋势。

第一节 众筹融资的基本概念

一、众筹融资的内涵

众筹(Crowdfunding),在中国台湾地区称为群众筹资,在美国有时也叫作众投(Crowdinvesting),通常是指人们在互联网上的一种合作行为,汇集一定的资金以支持其他人或组织发起的某项努力。其与P2P网络借贷平台的不同之处在于,众筹模式的服务与融资方更多地是通过众筹平台对项目进行宣传,希望通过介绍、宣传等吸引公众关注,从而获得资金支持,不仅创新了小微企业的融资渠道,而且对传统的金融模式构成了很大的冲击。

更多地服务于融资方是众筹与P2P网贷的最大区别。融资方在众筹平台进行众筹主要有两个目的:第一,吸引关注,获得融资;第二,通过众筹平台对自己的创意或者产品进行宣传、推销。从功能方面来讲,众筹的作用体现在两个方面:一是创业企业通过众筹把社会上大量分散资金集中起来,完成初期发展所需的资金;二是对于创新产品,众筹相当于提供预先检测市场反应的平台,可以通过众筹平台了解消费者对新产品感兴趣的程度,预测市场对新产品的反应,在一定程度上对新产品进行了宣传。企业可以把产品需要的基本费用在众筹平台完成筹资之后再进行生产和市场拓展。

众筹模式作为一种新型的网络融资手段,能够有效满足个人和中小企业的资金需求,支持多样化的筹资意图,从灾难捐赠到图书出版,从艺术家狂热的粉丝支持,到政治竞选、筹钱创业等。这种模式的兴起打破了传统的融资模式,资金的来源者不再局限于风投、银行、资本市场等渠道,而是来源于大众,开创了人人皆可成为投资人的新模式,不仅降低了创业者的融资门槛,而且为企业的市场营销提供了新的手段。

二、众筹融资的参与主体

一般来说,众筹模式属于平台模式,众筹平台主要由筹资人、出资人和众筹平台这三个有机组成部分。其运作模式是典型的双边市场,而其利润则与众筹平台所提供的服务的差异化程度成正相关关系。筹资人越多越能吸引众多的出资人参与投资,众筹平台越有价值,其平台的知名度也不断提升。

众筹融资的参与主体主要包括:

(1)筹资人。一般来说,有资金需求的创业者或小微企业,为了给自身的投资项目进行融资,会主动以项目发起人身份对自身的投资项目进行推广和宣传,以从公众用户取得资金支持。

(2)出资人。其主体是互联网用户,其对自己感兴趣的项目进行小额投资,公众所投资的项目筹资成功后,出资人会获得实物回报,可能是一个产品样品,也可能是会员卡或者演唱会门票,但不会是资金回报。

(3)众筹平台。有资金需求的小额借款人为了获取资金支持,需要通过众筹平台获取资金,并将投资项目的信息、实施结果、筹资情况等通过众筹平台发布,众筹平台会收取一定比例的手续费。

目前,我国的众筹平台多数带有公益和慈善色彩,其典型代表在国外有Kickstarter,在国内有点名时间、众筹网、追梦网等。

表 5-1 Kickstarter 已完成项目募捐前十名

排名	美元总额	项目名称	创设者	分类	募捐率(%)	募捐人数	募捐结束日
1	10 266 845	Pebble	Pebble Teclmology	设计	10 266	68 928	2012年5月18日
2	8 596 474	OUYA	Ouya Inc	电视游戏	905	63 416	2012年8月9日
3	5 702 153	电影美眉校探	Rob Thomas	影视	285	91 585	2013年4月12日
4	4 188 927	Torment	InXile Entertairunet	电视游戏	465	74 405	2013年4月5日
5	3 986 929	Projectetemuity	黑曜石娱乐	电视游戏	362	73 986	2012年10月16日
6	3 429 235	收割者的微型骨骼(游戏)	Reaper Miniatures	游戏	11 430	17 744	2012年8月25日
7	3 336 371	双人真实冒险	Double Fine	电视游戏	834	87 142	2012年3月13日
8	3 105 473	"希望我在这里"	Zach Braff	故事片	155	46 520	2013年5月24日
9	2 945 885	FORM1	Formlabs	技术	2 945	2 068	2012年10月26日
10	2 933 252	Wasteland2	InXile Entertainurent	电视游戏	325	61 290	2012年4月17日

资料来源：杨倩、盛佳、柯斌，《众筹：传统融资模式颠覆与创新》，机械工业出版社2014年版。

三、众筹融资的特点

在互联网飞速发展的时代，融合了互联网基因的众筹平台对草根青年就业者来说，在以下几个方面具备巨大优势。

（1）传播性。创业者可以把梦想展示在很多人面前，而每一个看到的人又都有可能成为分享信息的新节点。理论上创业者可以让全世界人都看到自己的方案。

（2）互动性。在互联网众筹平台上，项目发起人可以随时分享项目的进展，对项目感兴趣的人也可以和发起人就项目进行讨论。双方通过互动可以保持较高的黏合度。

（3）高效性。传统路演，创业者只能接触较少的投资人，投资人也只能接触有限的几个项目。通过互联网众筹平台，一个项目每天都会被数以万计的人看到，投资人更是可以方便地从几百上千个项目中进行筛选。

（4）多样性。项目包括科技、音乐、影视、作品、设计、游戏、漫画等，合格出资人可以根据自己的偏好自由选择、自由投资。

（5）创新性。众筹融资充分体现了对创新的支持和容忍，为拥有创意项目的中小企业或者拥有创业梦想的个人提供了一种很好的发展机会。只要项目能被社会大众认可，项目发起人就可以获得低成本的项目启动资金和免费的市场推广，融资来源不再局限于风投等机构。可以预期，众筹将成为一种重要的小微企业创新平台。

（6）大众性。众筹融资参与门槛低，对项目发起人的资质要求较低，而且过程比较简单、透明；对出资金额要求也较低，使得社会大众对众筹具有良好的参与性，进而能够有效集聚众多互联网网民的富余资金，积小成大、积少成众。

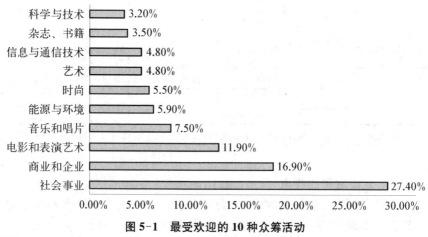

图 5-1　最受欢迎的 10 种众筹活动

资料来源：杨倩、盛佳、柯斌，《众筹：传统融资模式颠覆与创新》，机械工业出版社 2014 年版。

正因为众筹模式具有这些优势，近几年，从点名时间、积木到 Jue.So、众筹网，大量"发布创业梦想、进行网上融资"的众筹平台如雨后春笋般成长起来。

第二节　众筹融资在中国的发展和突破

前几年，众筹模式还是新生事物，如今众筹模式已遍地开花，令人瞩目。国内首家众筹网站平台是 2011 年 4 月成立并于 2011 年 7 月上线的点名时间(2014 年 4 月对外公布放弃众筹,转型成为首发预售平台)。之后,我国众筹网站平台进入发展快车道,以天使汇、众筹网、淘梦网、乐童音乐、3W 咖啡、大家投等为代表的众筹平台陆续上线。

中国作为发展中国家,基本沿着发达国家的资本市场结构和监管体系运作,但通过众筹,发展中国家可能会反超发达国家。中国可以利用新技术和流程打造更高效的创业融资体系,实现企业融资模式的跨越式发展。

作为互联网金融的融资模式之一,众筹有巨大的想象空间。一方面,移动和互联网技术的普及,建立了投资人和项目发起人有效的实时沟通渠道和平台,这将贯穿整个众筹项目周期。在这个过程中,众筹项目能够构建起有效的在线社会化网络,使投资人和项目发起人能形成社区,并传递信任,而这个在众筹项目完成过程中积累的社区,也将是一个无形的珍宝。

另一方面,众筹的蓬勃发展也将在整个社会建立创业文化,包括推进共享办公室(蜂巢)、孵化器、加速器等,提供辅导和互相学习机会,以及创造与投资人的沟通桥梁。

众筹平台由于进入的门槛并不高,因此有大量的投资者进入该行业。此外,传统的互联网企业也积极进入该行业,例如淘宝众筹、百度众筹、京东众筹、腾讯乐捐等,所以众筹平台的数量也呈快速增长的态势。而众筹平台的发展和众筹行业本身的发展就是一种良性的互动。

如果众筹未来可以提供线下交流互动,融资效果可能会更好。这包括信息披露、融资方面进展的披露、产品版本的完善、线下面对面的接触,以及线下的众筹等,现在已经有一些这方面的尝试。对于众筹来说,线上是一种传播信息的渠道,包括互联网、移动终端、交互设计、云、大数据等工具可以把信息比较清楚、完善而且有交互性地传递给信息接收方。信息接收方可以是专业投资人,可以是普通投资人,也可以是用户。而线下的主要工作是建立信任。

众筹的未来也可能会有本地化、移动化、两极化、垂直化等发展趋势。如咖啡馆、园区、老年活动中心等带有公益性质、被公众所使用的项目,可以进行本地化的众筹。而移动端目前开发得还不够多,过去认为中决策主要在 PC 端,而轻决策主要在移动端。但随着移动端的不断完善,未来将逐渐向移动端靠拢，尤其是金额较小的投资，未来可能通过移动端完成。两极化包括两个引申含义：一个含义是优秀的项目有可能会被疯狂地投资，相对弱的项目就无人关注；另一个含义就是部分众筹平台单纯地做中间人的角色，而另一些众筹平台则由风险投资人主导，带有半私募半公众的性质，其中有许多活跃的天使投资人。

目前，众筹还出现了许多新的概念。众筹最初的目的是让中小型企业和好的创新企业能够进行融资和生存，但现在来看，还需要解决相关的市场、税务、人才配备、法律等问题以及整个公司建设过程中遇到的问题，这就提出了众建（Crowd Building）的概念。另外一个概念是领投（Leading Investor）+跟投（Following Investor）。

通常，投资者分为普通投资人和合规投资人，合规投资人中还分为对某个领域非常了解的专业投资人，以及专业方面相对逊色但是在风险控制方面有丰富经验的投资人。领投就是由专业投资者进行尽职调查，决定投资，其他人跟着投入资金，以私募基金、特殊目的实体（SPV）、有限合伙公司等方式共同完成资金募集。该种模式信息披露在网上进行，而资金的周转小部分在线上，大部分在线下。在一条龙服务中，如果相应的其他网络没有建立起来，将会存在信息不透明、中心化的现象。

尽管困难重重，但作为新型金融模式，国内众筹的发展方式和理念与国民进步、经济环境进步、法律法规进步的步调一致。不断提升的全民素质、日趋完善的金融市场体系、对创新包容性的提高，都为国内众筹模式的发展提供了强大的宏观环境支撑。至于众筹模式的完善与行业发展，则需要每一个主体——项目方、支持方、平台方的共同努力。

第三节　众筹融资模式及运作原理

一、众筹融资模式

目前国内众筹平台的发展受到国外的影响较大，各类众筹平台从文化创意、科技硬件、股权融资、实业众筹等方面将众筹平台进行细分，深度挖掘众筹平台的市场。总的来说，众筹的活动主要涵盖社会事件、电影和表演艺术、商业和企业、时尚、能源和环境、信息和通信技术等，其主要模式可分为以下几类。

（一）公益众筹

公益众筹简单地说就是网络上的微型公益平台，它是基于公益和慈善筹资，投资人对项目或创新产品进行无偿捐赠，不期待任何回报。这一类平台在美国、英国、日本等国家有一定的发展，美国发展尤其成熟。这与美国税收政策和公益性文化背景相关。比较著名的公益众筹平台有 Gofundme 和 Crowdtilt。

这种模式的投资者就像"慈善家们"，让众筹更像是街头"每日一捐箱"的线上版本，捐助额度从几元到几万元不等。其运营模式主要有以下三种。

其一，由用户个人发起公众募捐。但是根据《中华人民共和国公益事业捐赠法》，个人向公众募捐都是"不合法"的。但个人向企事业单位募资不违法，"不合法"和"违法"中间往往有灰色地带。比如腾讯公益有一个项目，就是利用朋友圈的个人关系为需要帮助的人募集捐款。

其二，有公益众筹平台根据《基金会管理条例》设公募基金会，代替有资金需求的一方向公众发起募捐。但公募基金会申请门槛较高，据说非常难以获批。

其三，微公益模式。由有公募资格的 NGO 发起、证实并认领，公益众筹平台仅充当纯平台作用。腾讯和淘宝已有类似模式的产品（"乐捐"和"有求必应"）。

（二）回报众筹

回报众筹属于先筹资后回馈的模式。创业者起初只有一个想法，想法与消费者之间还有一条很长的资金链。回报众筹可以让创业者的资金来自购买产品的人，这一融资安排缩短了资金链。当前，比较著名的回报众筹平台有 Kickstarter、Indiegogo 和 Fundable。一部分影视文学产品往往通过回报众筹模式筹资。

（三）产品众筹

产品众筹是指创业者将产品项目通过互联网平台面向公众进行筹资，以促进产品更好地发展。对于想通过众筹模式来创业的企业来说，先使用产品众筹的形式作为初创阶段的尝试，待产品和商业模式都形成并且相对稳定后，在考虑使用股权众筹来进一步募集更多的支持。

当前,众筹模式中产品众筹模式较为普遍,如 Kickstarter 就是一家以产品众筹的网站,截至 2012 年 10 月,在 Kickstarter 上发布的产品数量累计达到 76 909 个,其中 44% 成功地募集到了期望的资金。

(四) 股权众筹

股权众筹是指筹资人在向社会公众进行招商时,会以公司的股份作为回报。这一安排有利于为前景较好的项目进行融资,同时也能更好地吸引投资者。

著名的股权融资平台有 Circle Up、Angel List、Wefunder 和 Fundable。目前,国内股权众筹的领军企业网信金融,2013 年 12 月原始会平台上线,用了 5 个月的时间,目前已拥有 500 多个注册用户、300 多位个人投资人、100 多家机构投资人,上线了 60 多个创业项目,并完成了 1 亿多元的融资额。

在中国,股权众筹对于完善多层次资本市场体系、拓宽中小微企业融资渠道都具有积极意义。但发展股权众筹最大的问题是存在非法集资的法律风险,股权众筹最容易触碰擅自发行股票的红线,这也是股权众筹在发展中需要考虑的政策因素。

(五) 产权众筹

房地产众筹模式与股权众筹模式类似,在美国刚刚兴起,其操作模式同样依托于美国的 JOBS 法案。一般来说,房地产投资回报率较高且稳定,但因为投资门槛比较高,流动性、变现能力较差。产权众筹的出现则可以有效解决这一问题,让用户能凭借前期的产权比例获取相应的利息回报。

作为一种新型投资模式,产权众筹企业会选择与多家房地产公司和其他第三方公司合作,将想要购置的房源放到自身产权众筹平台上。众筹的资金规模不大,主要针对的是收益稳定的商业地产,房源购置后可以用来出租,也可以出售,投资人投资的资金按照房源估值获得相应比例的价值,也就是房屋的产权。

中国发展产权众筹的障碍首先来自国内资本市场的严格管制,其次是国内商业地产价格较高,房地产众筹模式属于高风险资产类别,收益将没有法律保证。

另外,众筹的模式还包括债权众筹,其本质类似于 P2P 网贷平台,在本部分就不再赘述。

二、众筹融资运作原理

众筹平台之所以快速发展,是因为它是具有解决融资信息不对称、降低交易成本的运作模式。首先,项目发起人向众筹平台提交详细项目计划(包括预先设定的融资目标、出资人回报等)。其次,众筹平台对发起人及项目资料进行审核,提出对项目计划的建议,向潜在投资人发布通过审核的详细项目信息。再次,在众筹平台上,众筹出资者自由地搜寻符合自己偏好的创新项目,对项目的创新性、市场前景等做出评价,进而进行项目投资,成为项目支持者。最后,在设定期限内完成其事先设定的融资目标后,众筹平台将资金划转给项目发起人,项目发起人启动和实施项目,并向出资者给予实物、服务、作品、股权等形式的回报;未按期限达到融资目标的项目,给出资人返还所融资金。

如果项目成功众筹,那么投资者的钱会转到项目发起人的账户;如果该项目没有成功众筹,投资者的钱会退回。项目成功众筹之后,平台会收取一定比例的服务费。

在众筹融资的运作模式中(见图 5-2),参与者有项目发起人、出资者(项目支持者)和众筹平台,其中,项目发起人有创意但缺乏资金;出资人(项目支持者)有投资能力和风险承受能力,而且对项目的创意和回报感兴趣;众筹平台对项目众筹融资进行全程管理,如接受审核和发布项目信息、整理出资人信息、监督所筹资金的使用、辅导项目运营和公开项目实施成果等。众筹平台起到了减少项目发起人和出资者之间信息不对称的重要作用,一般会收取交易成功项目总募集资金的 4%~10% 作为服务费。为了获取利润,众筹平台会努力吸引优质项目,从专业的角度给潜

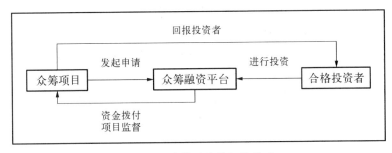

图 5-2 众筹融资的运作模式

在出资人推广项目,提高项目交易成功率。

第四节 当前我国众筹融资存在的问题、风险及发展趋势

一、众筹融资的问题

针对筹资人、投资人和众筹平台三方来说,相对于国外市场的发展,我国国内的各个众筹模式网站还处于初期阶段,未来还有较大的发展空间。

就目前的众筹运转模式来看,主要以奖励回馈模式为主,少量机构开展股权众筹。除了目前市场呈现的网站同质化程度高、融资规模不大、法律风险大等外部因素,市场的起步对众筹项目发起方、支持方,以及平台均提出更高的要求。

（一）众筹项目发起方：经验不足,盲目乐观

首先,创业者及项目发起者大多经验不足。项目发起方对产品的质量、投放市场的方式、产品的宣传推广方面均缺乏独立运作的能力。众筹网站需要在项目发起人的培训与项目的宣传推广上投入大量精力,帮助发起方推动目标实现。

其次,项目发起方对预期始终良好。这种乐观不仅体现在对项目是否成功的预判上,也体现在最终是否能够完成项目并提供预期的回报上。但实际情况是,60%以上的项目无法完成融资。而根据2012年的一项研究,Kickstarter上科技与设计领域的项目中有75%的项目不能在众筹成功后按时兑现回报。因此,在项目过程中,稚嫩的市场和信用体系需要平台方加强过程中的管理和监控力度。

再次,项目版权问题。目前国内立法在知识产权保护、市场参与者意识上,还处于一个有待大力发展的阶段,创意项目的投放无法真正规避迅速被抄袭的问题,也导致"劣币驱逐良币"的现象。

（二）众筹项目支持方：习惯买家角色而非投资者

文化、环境、经济、国民教育等各个方面的因素,以及国民收入、对众筹的认知程度等,都对众筹困境有较大影响。实际上,众筹是偏中高层认

知水平的融资模式,部分众筹项目的回报不是真金白银,却更有意义和价值。

国内用户习惯于买家角色而非投资者,其对物质产品更感兴趣,很少对企业家精神和创新精神提供支持。多数项目支持方缺乏判断项目的能力,对众筹模式有可能出现的无明显利益回报的模式缺乏天然的兴趣,众筹模式在这样的投资环境里实施难度较大。

(三) 众筹项目平台方:面临多重挑战

首先,要求具有市场的敏锐度和多种行业经验。在市场不成熟、支持方的辨识能力尚不充分的阶段,平台方需要具备对不同领域项目的筛查、市场敏感度。加强对新发明的捕捉和对法律法规的把握能力,在保证平台的吸引力的同时,使项目本身具备众筹价值和一定的市场认可度。

其次,需对项目方进行风险控制。作为平台方,需要不断对平台系统进行优化,对众筹的项目发起人进行严格审核,确保发起人信息的真实性。同时,项目的行动管理也是一项挑战,项目发起方如何保质保量地反馈支持方权益均是一个不断完善和摸索的过程。

再次,要承担更大的行业推动责任。国内的众筹模式还处于稚嫩阶段,一方面需要保护行业的发展,鼓励多样化的众筹经营;另一方面需要众筹平台不断培育市场,带动更多人接受和认同这种新理念,同时不断推进对项目方、支持方的众筹意识培养。

二、众筹融资的风险

由于众筹模式在中国的发展处于起步阶段,尽管拥有良好的发展前景,但是众筹模式还是存在着一定的风险。

(一) 法律风险

众筹是一种崭新的融资模式,从现有法律体系和监管制度中很难找到适用的法律法规。由于众筹立法速度严重滞后于众筹的发展速度,因此众筹在发展过程中产生了诸多的法律风险。法律风险的涵盖范围主要包括非法集资风险、知识产权保护和信用环境等很多方面。

1. 非法集资风险

非法集资风险发生于金融监管的灰色地带,由于没有明确的法律对其进行界定,因此很容易产生违法行为。根据《最高人民法院关于审理非法集资刑事案件具体应用法律若干问题的解释》第一条,向社会公众(包括单位和个人)吸收资金的行为同时满足"未经有关部门依法批准或者借用合法经营的形式吸收资金,通过媒体、推介会、传单、手机短信等途径向社会公开宣传,承诺在一定期限内以货币、实物、股权等方式还本付息或者给付回报,向社会公众即社会不特定对象吸收资金"四个构成要件,应当认定为《刑法》第一百七十六条规定的"非法吸收公众存款或者变相吸收公众存款"。众筹平台通过互联网向社会公众推介,其运营的合法性还没有在法律上得到认可,而且股权类众筹和奖励类众筹都承诺在一定期限内给予股权和物品回馈。众筹融资的这种运营模式与非法集资犯罪的认定标准高度吻合,在利益驱使和监管缺位的共同作用下容易涉嫌非法集资。

2. 知识产权风险

众筹融资容易产生项目侵权问题,该问题主要发生在奖励类众筹模式中。奖励类众筹以创新性项目为主,有些项目还是没有申请专利的半成品创意,难以得到知识产权相关法律保护。在筹资过程中,如果将产品的外观图片、设计思路、使用详解等最重要的创新性内容充分在众筹平台上发布,这些众筹项目很容易被盗版商仿造和率先在市面上销售。另一方面,法律体系对于知识产权的有效保护是一个项目能够真正获取收益的根源所在,若知识产权保护较弱,便会导致很多好项目难以通过众筹平台募资。

3. 信用风险

信用环境也是制约众筹模式发展的法律因素之一,较差的信用环境会导致筹资人的违约成本变低,降低广大公众的参与热情。由于这些风险,出资人权益难以得到法律保障。

信用风险是影响众筹模式发展壮大的关键因素。每种类型的众筹模式都存在信用风险。众筹信用风险包括项目发起人的信用问题和众筹平台自身的信用问题。

项目发起人的信用问题主要表现为项目发起人使用虚假身份问题和项目资金募集成功后项目发起人不兑现承诺问题两方面。究其原因,主要是现行法律对于项目发起人的资格条件和信息披露没有专门规定,众筹平台对于项目发起人的身份真实性没有严格的核查,对于募资成功的众筹项目也缺乏后续的监督,尤其是对资金流向的监督管理。

众筹平台自身的信用问题主要表现在众筹平台的项目审核和资金管

理上。目前情况下,众筹项目的资金流转过程既没有实行第三方存管,也没有监管机构监管,主要依靠自身信用来管理募集资金,投资人将资金划拨到平台账户,募集成功后再由平台转账给项目发起人或者募集不成功退还给投资人。此外,项目的风险评估、募集金额、信息披露基本上由众筹平台决定,项目上线与否存在较大弹性的操作空间。一旦众筹平台出现信用问题,投资人的合法权益将很难得到保障。

(二) 众筹模式的非标准化风险

目前,众筹模式的发展还处于初级阶段,众筹平台的建设、出资人的标准审核、筹资人的借款信用等都还存在很大的随意性,所以相对于众筹这一新型的互联网金融模式来说,其审核标准、信用贷款数据库建设等尚有很大的改善余地。

(三) 投资所得的使用缺乏监管

众筹模式是通过网络平台集资,在一个虚拟环境如何保证诚信,是任何一个投资者首先需要解决的问题。但是,由于众筹模式主要由民间自发形成,较少受到正规金融体系的监督,因此其资金运用存在较大的漏洞。

(四) 社会风险

众筹平台还属于一种新型的互联网金融模式,无论是出资方还是筹资方,对其都缺乏必要的了解,明显存在准入门槛、监管不足问题。在准入门槛上,成立众筹平台的门槛相当低,只要进行工商登记和网站备案,没有批准设立、业务经营范围许可等方面的要求;在监管上,目前没有专门针对众筹平台的监管部门和监管法律法规。在低准入门槛和监管缺失的情况下,众筹平台非常容易变成诈骗或者洗钱的工具。加之众筹平台的投资门槛并不高,更易于吸引中小投资者的参与,其蕴含的社会风险往往更加巨大。

此外,众筹网站没有统一的技术标准,技术水平参差不齐,系统安全存在隐患,客户信息安全方面也存在风险问题。

三、发展趋势

(一) 股权众筹将成为众筹的主要形式

作为互联网金融的重要类别之一,众筹具有很大的发展空间,其发展潜力远未得到释放,而股权众筹又将是未来众筹发展的主要形式,其最主要的原因是，小企业规模小、经营信息不足等特点使其难以在严格的金融监管制度下通过公开的渠道获得融资，而资金正是小企业发展的最大障碍。因为这些融资的信息披露义务繁重，融资成本较高，并且中小企业通常很难满足银行的放款要求。同时，以银行为代表的融资机构缺乏竞争，对风险控制复杂的中小企业的贷款意愿不足。其次，数量庞大的民间资本苦于找不到合适的投资项目，由于民间资本较为分散，且单笔数额较小，致使其达不到行业准入的标准。这是两个奇怪的矛盾，问题的产生原因主要在于文化和制度的障碍，而解决这个问题的关键就是在制度下采取合理的措施打通两者之间的通道。

股权众筹直接切中的就是小微企业的融资需求，进行股权众筹的往往是难以获得资金支持的初创企业，这些企业通过利用众筹平台进行信息传播，吸引民间资本，投资人可通过平台选择优质的企业，最终使得民间资本投资和优质小微企业资金需求对接的渠道得以畅通，实现资源的合理配置，增加经济活力，提高就业水平。

（二）垂直化是众筹平台未来的发展方向

众筹平台已经逐渐由早期的综合型平台向垂直型平台转变，即变成专注于某一行业领域众筹的众筹平台。众筹平台的垂直化发展主要基于以下原因。

首先，专注于某一行业的垂直型众筹平台有利于聚集该行业内的各种资源，包括具有从业经验的项目筛选人、更具专业背景的投资人、更加关注行业产品或服务的消费者等。项目发起人能够更加专业地介绍项目的创新之处，支持者或消费者可以更加便捷地找到自己所关注行业内感兴趣的项目，专业投资机构也可以从中挑选优质的项目进行孵化。

其次，垂直型众筹平台可以花费更少的资源集中于某一领域进行宣传和推广，而达到想要的宣传效果。

再次，诸多众筹平台之间差异化竞争的需要也催生了众筹平台的垂直化发展。

最后，现代消费者的需求越来越趋向于个性化、精细化、创意化、差异化，垂直化的众筹能够更好地挖掘行业内产品创新的潜力，从而更好地适应市场需求。

从理论上来说，垂直型众筹平台可以专注于任意一个行业领域，就当前发展的实际来看，文化创意类、高科技产品类、医疗行业类、公益类等领域的垂直型众筹平台要领先一步。在国内,点名时间2013年7月转型为"中国最大智能新品限时预购网站",腾讯乐捐主打公益众筹,乐童音乐、5sing众筹网专注于音乐领域的唱片制作、现场演出、音乐出版及音乐周边等领域的众筹项目,淘梦网、得募网专注于以微电影为主的影视文艺类项目,海色网、觉JUE.SO等平台侧重于创意类产品类别,天使汇、原始会等平台致力于股权众筹项目的开展。

(三) 众筹平台将走向服务化

众筹平台的服务化是指众筹平台不仅仅作为众筹的一个简单的中介平台,还要作为众筹项目的孵化器,不是简单地完成项目的资金筹集活动,而应该要为项目的成长和发展提供帮助和服务,提高项目的成功率,进而提高投资人的收益达成率和收益率。

众筹平台的服务化是众筹平台之间竞争加剧的结果,众筹平台只有提供更多服务,才能吸引优质的众筹项目;只有辅助项目成长,提高项目成功率和收益率,才能吸引更多的投资者。形成一定的规模后,众筹平台才能形成合理的盈利模式,在竞争中脱颖而出。众筹平台的服务化也是众筹平台向垂直化、行业化发展的延伸,众筹平台垂直化的发展趋势必将聚集更多的专业行业资源,在此基础上提供专业服务也就成为一种可能和必然。众筹平台的服务化对于股权众筹尤为重要,因为股权众筹涉及更多专业的投融资技术操作知识,这些知识对于初创企业来说往往难以掌握,而且通过众筹平台的服务,初创企业可以更加专注于项目本身,从而保证项目的实施。总的来说,众筹的众多发展趋势共同决定了众筹平台在今后需要提供更多的专业服务,不仅仅对接资金,还要对接媒体推广、项目设计、供应链管理、股权设置等资源。

众筹平台的服务可以来自平台本身的资源,也可以是平台整合后的资源,而提供的服务内容可以涉及以下方面:在项目构想环节,针对项目的创业辅导,包括项目可行性、项目团队、项目进程、项目募资方式、项目可能涉及的法律制度问题等内容;在项目众筹环节,提供辅助筹资成功的项目营销、推广服务等;在项目的实施环节,提供制造服务、供应量管理服务、流程管理服务等;在项目的成长环节,提供市场营销、商业咨询、电子商务、风险投资、职业管理、资产处置等服务。众筹平台的服务化可以根据平台的定位和资源整合能力做出对应的选择。可以预见的是,在这一方面,众筹平台有很长的路要走,也将大有可为。

（四）众筹平台国际化与本土化的共生

众筹平台的国际化是众筹的特点带来的一种必然，而国际化可以让项目得到更广范围的推广和支持，平台可以整合全球化的资源，从而更加有利于众筹活动的成功。众筹的开放性让众筹项目的发起人和支持者并没有地理位置上的限制，来自不同地区的发起人和支持者都可以进行众筹。当前世界的互联网化及移动互联网的发展更是为具有网络基因的众筹活动的发展提供了技术上的支持和传播上的便利。

众筹的国际化表现在众筹平台的国际化扩张和众筹活动的国际化开展。作为众筹平台国际化的先行军，类似于在国外众筹平台发起项目或者支持国外众筹平台上的项目等众筹行为已经出现得越来越多。这些行为一方面为这些众筹平台的国际化培育了一定的市场基础，另一方面也为平台国际化后的众筹活动开展提供了一定的经验和借鉴。众筹平台的国际化正是这些众筹活动国际化的结果。

众筹平台的本土化则是其国际化过程中需要持续关注的问题，本土化不会随着国际化消失，本土化和国际化将会是一种共生的状态。中国的众筹平台的运营模式最早就是来自国外的经验，但是，经过一段时间的发展后，直接使用国外的模式越来越难以获得成功。众筹平台运营涉及投资文化、经济发展水平、制度法规完善程度、投资服务配套等因素，其中，尤其是投资文化因素的本地化特征往往非常明显，这些都要求众筹平台进行本土化的运营调整。

第五节 众筹融资案例：天使汇

一、基本情况

著名的"嘀嘀打车""黄太吉"等最初都是通过天使汇平台获得融资的，它们的成功也提高了天使汇的影响力。

天使汇成立于2011年11月，是国内首家发布天使投资人众筹规则的平台，其作用是能让初创企业快速找到天使投资，让天使投资人发现优质初创项目，能实现创业者和天使投资人的快速对接。天使汇能让好的想法迅速变成现实，让融资变得快速简单，让靠谱的项目找到靠谱的钱。

天使汇的出发点是多名投资者联合起来,共同向中小企业提供天使投资。与传统的线下约谈不同,创业者可以通过这种方式一次性完成融资,不用向传统方式那样挨个约谈投资人。这种方式也能帮助创业者尽量避免风险投资条款中不平等条款和陷阱合约,企业也能更加便利地获得资金以外的其他资源。

在天使汇出现之前,我国的大多数创投企业都是在线下寻找投资项目。创业者也很难联系到理想的投资人。这种线下寻找的方式大大降低了创投企业投资的效率,也使得拥有好项目的创业者苦于找不到投资人。而天使汇的出现恰恰解决了这个难题。

天使汇自 2011 年 11 月上线运营到 2013 年 10 月短短两年时间,累计已有 25 000 位创业者注册,7 986 家企业登记,3 900 位投资人注册,800 位认证投资人,并且已有 70 多家企业通过天使汇平台完成融资,总融资额已超过 2.5 亿元人民币。

到 2015 年 7 月,已经有 400 个创业项目在天使汇成功融资,创业项目总共获得了将近 40 亿元人民币的融资,平台注册创业者超过 10 万名,登记创业项目 33 000 多个。天使汇已经成长为国内众筹融资平台的领军企业。

在我国大力鼓励创新创业的政策环境下,国内创新创业企业对创业投资的需求十分旺盛,同时也存在天使投资找不到好项目的情况。但由于信息不对称,信用体系、激励机制不完善等问题,创业投资市场没有真正得到释放。天使汇利用互联网思维,搭建互联网众筹平台,一方面解决了创业者的融资问题,另一方面也活跃了天使投资的市场。天使汇除了能帮助融资者和投资者解决投融资问题,它也是一个社交性质的网络平台,创业者既可以接收到平台自身提供的有关公司治理和估值的相关咨询,又可以向平台上的其他成员求助解决问题,帮助自己成功获得融资。

二、案例分析

天使汇的繁荣,让股权众筹不再是一个概念,它不仅改变了投资人以往的投资方式,也改变了中小微企业融资难的困境。天使汇是一个创业服务平台,创业者可以在天使汇上实现价值创造,投资者可以在天使汇上实现价值发现。在天使汇上,每个人都可以成为天使投资人。随着天使汇知名度的不断提高,将会有越来越多的天使投资、创业者或创新项目进入天使汇平台,未来天使汇必将发展得更好,诞生更多的成功创业公司。

众筹的诸多优点及其互联网金融的属性使其拥有非常好的应用前景,除了一直以来应用于文化创意类产品、创新科技类产品和公益项目之外,迄今为止的很多应用案例显示出众筹在其他不同的行业中都可以得到充分的应用,而这种应用在众筹活动越来越规范、风险控制越来越有效、传播效果越来越明显的条件下,将会得到更多行业的支持和欢迎。

基于众筹本身的互联网基因、大众化投融资等特点,再加上以美国2012年由奥巴马总统签署的乔布斯法案(Jumpstart Our Business Startups Act,《促进创业企业融资法案》,简称 JOBS 法案)为标志的众筹法律环境、市场环境的不断完善,众筹行业迅速发展是一个必然趋势。

本章小结

本章主要论述了众筹融资。第一节论述了众筹融资的内涵、特点及参与主体;第二节回顾了众筹融资在中国的发展和突破;第三节分析了众筹融资模式及运作原理;第四节分析了当前我国众筹融资存在的问题、风险及发展趋势;最后,以天使汇为例,对本章内容进行了案例分析。

复习思考题:

1. 简述众筹融资的内涵、特点及参与主体。
2. 分析众筹融资模式及运作原理。
3. 论述众筹融资的发展趋势。

拓展阅读

众筹在中国怎么变味了?

作为国内互联网金融的主要类型之一,众筹目前的行业发展规模虽然不大,与动辄数千亿元的P2P资产规模、动辄万亿元的平台电商交易额相比,确实还像是襁褓中的婴儿,有很长的路要走。但就是这样一种新颖的投融资服务模式,在国内本土化的过程中,已经出现了各种形式的变异。这里的"变异"并不含有褒贬之义,而是对其适应本土化具体环境的一种表述。

众筹为什么会有这么多的变形?从最开始的股权众筹,到电商实物众筹、会员众筹,还有公益众筹,乃至于你去进行一场旅行,开一个派对都可以说是众筹？难道众筹作为一种舶来品在适应本土化的环境中已经彻底没有了自己的定义？但凡是能够与众筹搭上关系的产品营销、市场开拓、活动组织都可以用众筹来冠名？

到底什么才是真正意义上的众筹？从字面意义上看，众筹就是众人筹集之意，也就是集合大家之力来完成一项具体的融资活动。这里的众筹本质意义上是指小额、零散的，以支持具体的小型创业、经营性项目为依托的一种融资服务。也就是说，众筹其实是一种带有民间意味的金融投融资活动，只不过金额较小，参与人数较多，门槛可以降低，而且对小微企业或者是创业类小项目而言，可以降低融资方面的风险成本。

这里就需要认识到两个特点：众筹是小额、零散，并且是低门槛的；此外，众筹也是具有一定风险的，不能保证每个众筹融资类项目都能最后走向成功，孵化出一个大型企业，最后上市，当初的众筹者获得数百倍、千倍的回报。在这两个前提下，众筹参与者需要明确自身众筹的目的与意义，一方面是鼓励、参与了支持他人的创业类和融资类的服务，另一方面是在不影响自身经济和收入能力的情况下将众筹视为一种多元化的投资理财手段之一。

说到这里，你应该明白，众筹（这里指股权众筹）本身在中国就缺乏深厚的生存基础。为什么？中国现有的整体信用环境是不完善的，国外比较流行的股权众筹往往需要较高的社会信用约束，因为理论上股权众筹是一个高风险的投资项目，本金收不回来的可能性是很大的。

而国内的信用是不完整的，投资理财大多还以刚性兑付以及保本的承诺为前提。因此，股权众筹一开始引入中国的时候，投资者、理财者并不"感冒"，因为很难保证创业类或者是小微企业作为融资方能够勉力推动项目发展，信息披露和风险管理也很难保持沟通顺畅。

所以，国内玩股权众筹的最开始是一些做风投基金或是玩创业类项目孵化的人，将手上的小项目放到几个比较知名的众筹平台上筹集资金。当然，要通过限定参与人数或者是线下的股权转让协定来规避证监会不能超过200人的监管底线。

但是大众的参与度并不高，一方面是缺乏专业的项目甄别能力，二是谁能保证这样的股权众筹，最后不会让自己的资金打了水漂？对于投资者而言，投资股票、基金，甚至P2P或许都比股权众筹来得实在。因此，专业的股权众筹要么是业内人士在玩，要么是一些小范围内兴趣爱好共同的人在玩,并不能走进社会大众。

那为什么现在会出现各种类型、花样烦琐的众筹?房地产公司开始众筹房产,航空公司开始众筹机票,影视公司开始众筹拍戏,电商平台开始众筹实物。众筹是不是开始没底线了?只要是个活动,能够让更多人来参与,享受份额收益,就可以成为众筹?

其实,众筹本身没有好坏,也没有对错,各种类型的众筹也并非没有市场,而是在当前特定信用环境下的一种渠道嫁接。因为直接的股权众筹很难产生实际的效果,投资者不敢也不会轻易进入,运营平台方也难以长久盈利,那么与其这样,不如换一种思路来进行众筹。

股权众筹的标的物其实是一个具体的创业或者是融资项目,这个项目是不提供保本承诺的;而目前市场上各种众筹的形态其实是一种以明确的收益作为回报的众筹,也就绕过了项目标的,而是以具体的实物或者是投资收益为回报。

这样,众筹就基本上可以绕过股权众筹的"阴影",开始另一种"新生"了。只要有了明确的可以预期的收益,不论是有折扣的房子,还是电影票,或是智能家居、会员服务,只要能让众筹者享受到一定投入成本带来的具体收益或者是服务回报,基本上就可以以普通的电商或者服务的交易来替代众筹的股权交易逻辑。

也正因为这一招妙棋,众筹这盘棋谱在国内才开始慢慢激活起来。

中国证券业协会于2014年12月发布的《私募股权众筹融资管理办法(试行)》(征求意见稿)更像是一个"高冷"的股权众筹管理意见参考,并没有涉及公募的股权众筹。因为真正想要让大众来参与股权众筹,准入门槛太高,风险承受能力太弱,搞不好还会闹出社会事件。

所以,众筹在中国也就只好唱这一出"智取威虎山"了,以其他各种类型的众筹提供实际的收益或者实物回报为标准,让更多的人来参与、感受,并且分享,或许终有一天,"曲线救国"能够实现,真正意义上的股权众筹也会走进寻常百姓家。

(资料来源:新浪网,2015年1月30日。)

第六章　互联网金融门户

本章任务目标：
1. 掌握互联网金融门户的内涵、特点及类型；
2. 了解互联网金融门户的产生背景和发展历程；
3. 掌握互联网金融门户对金融业的影响；
4. 掌握互联网金融门户的运营模式。

第一节　互联网金融门户概述

一、互联网金融门户的内涵

互联网金融门户是指利用互联网提供金融产品、金融服务信息汇聚、搜索、比较及金融产品销售并为金融产品销售提供第三方服务的平台。

互联网金融门户多指一些金融综合服务类网站，他们自身并不参与金融业务的往来，而是提供信息资讯，扮演"信息中介"的角色，如融360、平安陆金所、好贷网等金融门户平台。在这种模式的核心是"搜索比价"，用户通过贷款金额、期限、职业身份和用途等限制条件进行筛选，之后选择出适合自己的金融服务产品，这种模式也使互联网金融企业拓宽了自身的营销渠道。

互联网金融门户模式能够大大节约时间成本，快速比对金融产品信息，锁定目标金融产品。该模式在今后的发展中，应该不断扩大金融产品信息和业务范围，只有在海量信息的基础上，才能够满足客户的检索需求，平台的价值才能体现出来。接下来，互联网金融门户模式未来将向金融产品多元化的方向发展,从单一化垂直的简单搜索向综合化垂直搜索转变,切实满足客户的需求。同时,可以适当加入互联网金融信息披露、资讯浏览、政策宣传、数据分析等方面内容,推动互联网金融行业的创新发展。

二、互联网金融门户的本质

门户网站的发展经历了从综合门户到垂直门户、从通用搜索平台到垂直搜索平台两个重要阶段。而互联网金融门户便产生于第二阶段,即垂直门户的快速发展时期。此时,随着国内互联网逐步向分众渗透,网络应用逐渐深化,网络服务垂直化已成为重要的发展趋势,为互联网金融门户的产生提供了可能性。它的核心就是"搜索+比价"的模式,采用金融产品垂直比价的方式,将各家金融机构的产品放在平台上,用户通过对比挑选合适的金融产品。互联网金融门户多元化创新发展,形成了提供高端理财投资服务和理财产品的第三方理财机构,提供保险产品咨询、比价、购买服务的保险门户网站等。这种模式不存在太多政策风险,因为其平台既不负责金融产品的实际销售,也不承担任何不良的风险,同时资金也完全不通过中间平台。

互联网金融门户最大的价值就在于它的渠道价值。互联网金融分流了银行业、信托业、保险业的客户,加剧了上述行业的竞争。随着利率市场化的逐步到来,随着互联网金融时代的来临,对于资金的需求方来说,只要能够在一定的时间内,在可接受的成本范围内,具体的钱是来自工行也好、建行也罢,还是来自 P2P 平台或小贷公司,抑或来自信托基金、私募债等,已经不是那么重要。

三、互联网金融门户类别

(一) 从金融产品销售产业链的层面进行分类

根据相关互联网金融门户平台的服务内容及服务方式不同,互联网金融门户分为第三方资讯平台、垂直搜索平台以及在线金融超市三大类。

1. 第三方资讯平台

第三方资讯平台是为客户提供全面、权威的金融行业数据及行业资讯的门户网站,典型代表有网贷之家、和讯网以及网贷天眼等。

2. 垂直搜索平台

垂直搜索平台是聚焦于相关金融产品的垂直搜索门户,所谓垂直搜索,是针对某一特定行业的专业化搜索,在对某类专业信息的提取、整合以及处理后反馈给客户。互联网金融垂直搜索平台通过提供信息的双向选择有效地降低信息不对称程度,典型代表有融360、好贷网、安贷客、大家保以及国外的 Ehealth Insurance、Insurance Hotline 等。

传统的借贷模式有着太多的限制,通过在垂直搜索平台进行搜索,可以大大减少信息不对称的情况,让找到适合自己的理财融资渠道。如今,金融搜索族越来越多,通过金融搜索和推荐服务获得的融资贷款案例也越来越多。随着互联网金融的深入人心,这类垂直搜索平台会越来越多。

3. 在线金融超市

在线金融超市汇聚了大量的金融产品,其在提供在线导购及购买匹配,利用互联网进行金融产品销售的基础上,还提供与之相关的第三方专业中介服务。该类门户一定程度上充当了金融中介的角色,通过提供导购及中介服务,解决服务信息不对称的问题,典型代表有大童网、格上理财、91金融超市以及软交所科技金融服务平台等。

从产业链角度分析,第三方资讯平台在产业链中充当的是外围服务提供商角色,垂直搜索平台在产业链中充当的是媒介角色,而居于两者上游的便是在线金融超市,该类门户在产业链中充当的是代理商角色。三者均为产业链下游客户服务,而处于三者上游的企业便是金融机构。

(二)从互联网金融门户经营产品种类的角度进行分类

互联网金融门户又可以根据汇集的金融产品、金融信息的种类不同,将其细分为 P2P 网贷类门户、信贷类门户、保险类门户、理财类门户以及综合类门户五个子类。其中,前四类互联网金融门户主要聚焦于单一类别的金融产品及信息,而第五类互联网金融门户则致力于金融产品、信息的多元化,汇聚着不同种类的金融产品和服务信息。

四、互联网金融门户特点

(一)搜索方便快捷,匹配快速精准

互联网金融门户打造了"搜索+比价"的金融产品在线搜索方式,即采用金融产品垂直搜索方式,将相关金融机构各类产品集纳到网站平台,客户通过对各类金融产品的价格、收益、特点等信息进行对比,自行挑选适合其自身需求的金融服务产品。

具体来看,从互联网纵向分层的角度上分析,互联网金融门户的重要革新主要集中在搜索层,即对海量金融产品信息进行挖掘、甄别、加工、提炼的过程和服务。互联网金融门户通过网络内容挖掘和网络结构挖掘,对各类金融产品信息等原始数据进行筛选和提炼,建立符合其经营产品类别的金融产品数据库,以便客户对金融产品进行快速、精准的搜索比价。同时,互联网金融门户还可以通过网络用法挖掘,将客户在网络交互过程中的网络行为数据抽取出来,进行智能分析,以便更好地了解客户的需求倾向。

(二)顾客导向战略,注重用户体验

互联网金融门户的另一核心竞争优势是顾客导向型战略,即通过对市场进行细分来确定目标客户群,根据其特定需求提供相应服务。其宗旨是提升客户在交易过程中的用户体验度,通过产品种类的扩充和营销手段的创新,动态地适应客户需求。

从经济学角度分析,互联网金融门户注重用户体验的原因在于网络金融产品和服务具有规模经济的特性。具体来看,虽然互联网金融门户额外增加一个产品或提供一次服务的边际成本较低,而且随着门户规模的扩大,其平均成本会随着产品供给的增加而不断下降,但互联网金融门户获取规模经济的先决条件是掌握大量的客户资源。因此,顾客导向型战略可以使互联网金融门户根据客户的行为变化及信息反馈及时了解客户实时需求,为其提供差异化金融服务,甚至可以协助金融机构为其设计特定金融产品,更好地满足客户特定需求,从而使互联网金融门户进一步扩大市场份额,赚取更多的利润。

(三)占据网络入口,凸显渠道价值

从产业链角度分析,互联网金融门户的上游为金融产品供应商,即传统金融机构,下游为客户,而作为中间桥梁的互联网金融门户,其最大的价值就在于它的渠道价值。渠道通常指水渠、沟渠,是水流的通道,被引入商业领域后,引申为商品的销售路线、流通路线,指厂家的商品通过一定的社会网络或代理商卖向不同的区域,达到销售目的。

第二节 互联网金融门户的发展

一、门户变革

在互联网发展初期,雅虎凭借其著名的搜索引擎、丰富的内容以及独特的营销策略,迅速成为网民进入网络世界搜索信息的重要途径,开创了互联网发展史上的"门户时代"。随后,雅虎的成功使得门户模式被国内众多网站争相效仿,其中,以新浪、网易及搜狐最为典型,这三大综合门户在其成立之初便吸引了大量的用户。

然而,伴随互联网的迅速发展,网民数量急剧增多,网络信息也呈现出几何级数的增长趋势,具有特定需求的网民想在信息极度过剩的互联网上找寻到符合自身兴趣爱好的信息需要耗费大量的时间,过程十分烦琐。显然,此时面对特定群体的特定搜索需求,综合门户已经不能满足人们的需要。因此,一批能够满足特定群体信息检索需求的垂直门户应运而生。

国内垂直门户的产生还要追溯到房地产行业,1999年、2009年先后出现了搜房网、新浪乐居等家喻户晓的垂直门户网站。随后,随着网络技术的不断精进,垂直搜索引擎的出现推动了门户的进一步发展。在垂直门户的基础上,衍生了许多依托于垂直搜索技术的垂直搜索平台。

垂直搜索平台是一种新型的搜索引擎服务模式,相对于通用搜索平台的信息无序化,其搜索结果更加专注于某一特定行业,搜索相关性要高于通用搜索平台,因此,其最显著的特点就是搜索结果的专业、精准以及深入。此外,垂直搜索平台往往为某一特定领域中的特定人群服务,客户可以在平台上进行信息反馈,因此,垂直搜索平台还带有浓厚的社区化特点。总而言之,垂直搜索平台的本质依然是垂直门户,只是依托垂直搜索技术对垂直门户信息提供方式进行了一次优化整合。

二、互联网金融门户的产生背景

近年来,伴随着金融市场化进程、金融创新步伐的加快,信托投资和私募基金行业快速发展,各类信托产品、阳光私募基金、私募股权基金(PE)等层出不穷,给投资人带来丰富的投资理财产品。与此同时,这类投资理财产品合约条款复杂,投资收益起伏不定,加上投资人受到专业知识和投资技术的限制,面对多元化的投资理财产品,很难做出明智选择,形成最佳投资组合,甚至因对其中隐藏的风险不了解而受到损失。

正是在这样的背景下,不同于银行、信托机构的第三方理财专业机构及其开展的第三方投资理财网上服务平台应运而生,更有少数机构发展成这一领域有影响力的互联网金融门户。如成立于2007年的北京格上理财顾问有限公司,其作为独立的第三方理财机构,提供高端理财产品的投资顾问服务,现已成为国内领先的第三方理财服务平台。

为适应中国保险行业的发展和老百姓对保险保障的需要,一些专门提供保险产品咨询、比价、购买及全程服务的互联网保险网站开始形成。以大童网为例,这家由北京大童保险经纪公司创立的交易平台,已引进超过40家保险供应商的1 000余种金融保险商品。

2012年3月上线的平安陆金所,则是中国平安集团投入4亿元打造的网络投资理财平台,平安集团希望在这一领域做到国内最大,这也是平安集团综合金融服务方面的一大创新尝试,即用互联网的方式提供类似金融服务。未来陆金所将努力成为独立的第三方投融资平台。

互联网金融门户多元化创新发展的趋势呈现"现在进行时",银行等传统金融巨头应当充分利用目前线下渠道还暂时占据的绝对优势,一方面进一步巩固优势领域,同时积极拥抱互联网、拥抱互联网金融,依托线上、线下平台,快速、便捷、持续地为客户提供优质服务。

格上理财网站、陆金所这类互联网金融门户,因为满足了投资人的理财需要,将来会有更快的发展,而且为阳光私募基金、信托产品等理财与资产管理行业提供了销售、交易的渠道,可以形成平台、行业和投资人三方共赢的格局。

三、互联网金融门户的发展过程

门户网站的发展经历了从综合门户到垂直门户、从通用搜索平台到垂直搜索平台两个重要阶段。而互联网金融门户便产生于第二阶段,即垂直门户的快速发展时期。此时,随着国内互联网逐步向分众渗透,网络应用逐渐深化,网络服务垂直化已成为重要的发展趋势,为互联网金融门户的产生提供了可能性。

首先,网络营销逐渐成为金融领域重要的营销途径之一。随着互联网的发展,越来越多的客户倾向于先通过网络查询金融机构及相关产品的信息,充分了解后再进行交易。借此,营销从过去的被动式营销逐步转化成现在的互动式营销,这就需要线下和线上不断地结合,为互联网金融门户提供了生存发展的市场空间。

其次,随着金融产品不断增多,客户面临着严重的信息过剩问题,对于客户而言,从网络中的海量信息里,找寻到适合自身需求的信息需要耗费大量的时间成本。而随着网络搜索技术的不断革新,金融搜索逐渐趋向垂直化,这种垂直化搜索的出现,不仅高效地整合了金融机构资源,还将相关金融产品信息准确、快速地传递给客户,便于客户更加快速、精准地搜寻到其自身所需的产品,有效地降低了搜寻成本,从而促进了金融业的发展。

上述两点为互联网金融门户的产生和发展提供了宝贵的契机,促使其形成了依托垂直搜索引擎、云计算等网络技术,以金融产品信息汇集和金融产品在线销售为主的门户网站。

至此,随着互联网金融热潮不断持续,互联网金融门户也迎来了快速发展的良好机遇。

互联网金融门户网站发展虽然不如P2P网贷、第三方支付那么迅猛,但随着互联网金融发展的加速,互联网金融行业的资讯也会呈指数级增长,关于信息搜索处理的需求将会越来越大,这也促使互联网金融门户网站不断发展。当然,互联网金融门户网站不会仅局限于提供资讯服务,而会将业务向垂直搜索、金融产品销售等更多的领域扩展,促进互联网金融业的不断发展。

第三节 互联网金融门户对金融业的影响

在利率市场化、国内金融消费逐渐递增的大趋势下,越来越多的金融行业信息、金融产品以及金融服务将涌现出来。届时,金融机构的信息处理和反馈、金融产品的销售以及金融服务的提供,都需要通过更为高效的渠道才能实现，而互联网金融门户就是其中之一，因此，互联网金融门户对金融业是一种有效的补充而非变革式的颠覆。

从短期来看，互联网金融门户对金融业发展态势的影响主要体现在提高信息对称程度以及改变用户搜索金融产品信息方式两个方面。

而从长期来看，当互联网金融门户拥有了庞大的客户资源，积累了渠道优势后，势必会对上游的金融产品供应商形成反纵向控制。下面将对其逐一具体阐述。

一、降低金融市场信息不对称程度

众所周知，市场信息不对称往往导致道德风险与逆向选择，从而使低质产品逐步代替优质产品，这便是所谓的"柠檬市场"现象。而现阶段，以信息服务为核心的互联网金融门户，对金融业最显著的影响就是有效降低了金融市场的信息不对称程度，从而有效减少了"柠檬市场"现象出现的概率。

首先，互联网金融门户通过搜索引擎对信息进行组织、排序和检索，有效缓解了信息超载问题。其形成的"搜索＋比价"模式为客户提供了充足且精准的金融产品信息，有针对性地满足了客户的信息需求，从而减少了逆向选择的发生。

其次，由于P2P网贷市场、保险市场存在管理滞后、发展模式粗犷等问题，因此互联网金融门户还起到了一定监督职能，通过企业征信以及风险预警等方式对相关企业进行实时监督，减少了道德风险的出现。

二、改变用户

互联网金融门户对金融业另一个重要影响是改变用户选择金融产品的方式。

现阶段国内用户选择、购买金融产品还是以向金融机构咨询及代理商推荐等线下方式为主。据2010年底波士顿咨询（BCG）调研数据显示，中国客户通过网站了解并消费金融产品和信用卡的比例为28%左右，获取车贷、房贷的比例只占11%左右，超过50%的客户仍然通过银行咨询和代理商推荐等方式获取相关金融产品信息。

在这种传统搜索方式下，客户只能逐一浏览各家金融机构网站或光顾其线下网点比较相关金融产品，但从搜索到购买的整套流程及时间投入过于冗长,客户的搜寻比较成本较高。

而随着大数据以及云计算等互联网金融核心技术的发展,互联网金融门户将金融产品从线下转移到了线上,形成了"搜索+比价"的方式,让用户快速且精准地搜索和比较非标准化、风险性和复杂性较高的金融产品成为可能,使得其足不出户就可以搜索到满足自身需求的金融产品。与传统的搜索方式相比,"搜索+比价"的方式大幅提高了客户的搜索效率,既节省了时间,又降低了交易成本,加快了信息及资金的流通速度。

三、形成对上游金融机构的反纵向控制

从长期来看,随着利率市场化水平不断提升、资本市场不断完善,国内金融市场将会步入金融产品过剩的时代,金融领域的竞争格局也会从产品竞争逐步转向产业链竞争。届时,最稀缺的资源莫过于稳定的客户群体,而当互联网金融门户成长为掌握客户资源的重要渠道后,势必拥有金融产品销售这一纵向结构的决策权以及对上游金融产品供应商(如银行、基金公司、保险公司、投资公司等)的议价能力,逐渐形成对上游供应商的反纵向控制。

目前,具备垄断属性的传统金融机构实施纵向控制的主要目的之一,就是凭借其垄断地位,通过制定高价格来维持高额的利润。但在反纵向控制中,获取了市场势力后的互联网金融门户并非如此,鉴于其需要通过吸收大量长尾客户逐步降低边际成本,从而更好地发挥渠道和成本优势,因此作为销售渠道的互联网金融门户将会更多地采取低价策略来吸引客户。例如,全球最大的零售商沃尔玛的口号就是"天天平价"。

从经济学中静态分析的角度来看,反纵向约束的低价约束更为直接、有效。互联网金融门户通过这种方式迫使上游供应商即传统金融机构从维持高价格获取高利润的策略,转变成通过高销量获取高利润的新策略,从而增加了消费者剩余,提高了整个社会的福利水平,真正实现了经济效益与社会效益的统一。

能够实施反纵向控制的互联网金融门户需要拥有巨大的企业规模,其核心就是所占有的客户数量。据相关数据,互联网金融门户需要占到单一金融机构20%左右的成交量才能掌握单一客户的定价权。从整个行业来看,无论是互联网金融门户的整体规模还是拥有的客户资源,都远未达到能够对上游金融机构实施反纵向控制的程度。

虽然目前互联网金融门户很难实现对金融机构的反纵向控制，但从长期来看，当其积累了庞大的客户资源、拥有了强大的渠道优势后，势必像零售商一样，通过反纵向控制推动互联网金融行业的发展。

由上所述，可以看出互联网金融门户并未对金融脱媒产生直接影响，但是其对传统金融业的创新形成了良好的补充，促进了金融产品信息化程度的提高，给客户带来了更为丰富的金融产品以及更加便利的购买方式，提高了金融交易效率，从而加快了传统金融业适应互联网的步伐。

第四节　互联网金融门户运营模式

互联网金融门户提供了交易环节外的在线金融服务，这种智能化的运营模式将大数据技术、垂直搜索技术与金融顾问、贷款初审等传统金融服务相结合，实现了金融搜索方式以及金融业务流程的更新，其核心在于利用数据的可追踪性和可调查性等特点，依托数据分析以及数据挖掘技术，根据客户的特定需求，为其筛选并匹配符合条件的金融产品。

在盈利方面，现阶段互联网金融门户的主要收入来源有佣金、推荐费、广告费、培训费以及咨询费等。总体来看，无论是佣金、广告费还是推荐费，互联网金融门户盈利的核心在于流量以及转化率。与吸引流量相比，更为重要的是在流量基础上提高转化率，因为互联网金融门户处理信息的成本在短期内很难降低，所以在流量固定的假设条件下，互联网金融门户的转化率越高，收益也就越高。因此，互联网金融门户要注重网站内容与页面设计，提供内在价值高的金融产品，同时创新搜索方式、简化操作流程、努力增强用户黏性，从而提高转化率，使互联网金融门户获取稳定且可持续的收入。

一、P2P 网贷类门户

（一）定位

P2P 网贷类门户仅仅聚焦于 P2P 网贷行业，并不涉及银行等金融机构的传统信贷业务，因此，将其与传统信贷类门户加以区分，单独归类进行分析。

P2P网贷类门户与P2P网贷平台存在本质上的差异。P2P网贷平台是通过P2P网贷公司搭建的第三方互联网平台进行资金借、贷双方的匹配，是一种"个人对个人"的直接信贷模式。而P2P网贷类门户的核心定位是P2P网贷行业的第三方资讯平台，是P2P行业的外围服务提供商，通过为投资人提供最新的行业信息，并为其搭建互动交流平台，推动P2P网贷行业健康发展。

资讯类网站是当今互联网的基本组成形态，也是Web1.0的表现形式之一，人们通过网站可以了解到大量的信息。P2P网贷类门户也不例外，它是每一位P2P网贷投资者最为关注的门户网站之一，是理财人和借款人了解P2P网贷行业以及各家P2P网贷平台运营状况的窗口，同时，P2P网贷类门户的"曝光台"对存在倒闭及携款跑路风险的P2P网贷平台也能起到一定的监督及风险预警作用。

现阶段，国内典型的P2P网贷类门户有网贷之家、网贷天眼以及P2P速贷导航等。

(二) 运营模式

P2P网贷门户网站秉承公平、公正、公开的原则，对互联网金融信息资源进行汇总、整理。在P2P网贷类门户上，客户可以搜索到大量的P2P网贷行业资讯、行业数据，有效地降低了借贷双方的信息不对称程度。同时，P2P网贷类门户以客观中立的立场，通过门户工作人员走访、考察等方式，将全国各地具备资质且运营状况良好的P2P网贷平台纳入网贷类门户的导航栏中，为有理财需求和有贷款需求的客户提供相关信息参考，有效地解决了P2P网贷平台信息获取问题。

此外，P2P网贷类门户还具备一定的风险屏蔽及风险预警功能，起到了对网贷平台的监督作用。例如，网贷之家通过平台准入审核，筛选出具备相关资质及良好信誉的P2P网贷平台，并对准入平台的信息进行实时监控，以便在携款跑路等事件发生前及时进行风险预警。

(三) 盈利模式

目前，第三方资讯平台类互联网金融门户的盈利模式与传统资讯类网站的盈利模式相比并无太大差异，依然主要是通过广告联盟的方式来赚取利润。不难看出，该盈利模式的核心就在于流量，依靠网站的流量、访问量和点击率，吸引广告。门户日均访问量越多，越容易吸引企业投放广告，从而获取更多利润。

此外,有一部分 P2P 网贷类门户还通过对 P2P 网贷平台进行培训及相关咨询服务的方式来实现营收。

二、信贷类门户

(一) 定位

目前,该类别互联网金融门户核心业务形态主要以垂直搜索+比价为主,因此,信贷类门户定位是信贷产品的垂直搜索平台,将传统的线下贷款流程以及信贷产品信息转移到网络,为传统信贷业务注入互联网基因。

现阶段,信贷类门户虽然将线下信贷产品业务流程转移到线上,初步实现了信贷业务流程在线化,但由于信贷产品极其复杂并具有一定风险性,因此,目前国内客户购买信贷产品的方式依然以 O2O 模式为主,即客户通过在线搜索信贷产品信息进行比对,然后到线下的相关金融机构进行购买,这就是所谓的 ROPO(Research Online Purchase Offline)模式,而距离线上自助式购买还有很长的一段路要走。

(二) 运营模式

鉴于信贷类门户的核心定位为垂直搜索平台,因此该类门户不参与借贷双方的交易,也不做属于自己的信贷产品。

在该类网站上,客户可以搜索到不同金融机构的信贷产品,并通过各类产品间的横向比较,选择出一款适合自身贷款需求的信贷产品。

在信贷产品信息采集方面,信贷类门户通过数据采集技术以及合作渠道提供的信息建立数据库,汇聚各类信贷产品信息,并对产品信息进行实时更新,以确保客户搜索到的产品信息真实可靠。

在信贷产品搜索及匹配方面,信贷类门户设计了简明的信贷产品搜索框,包括贷款类型、贷款金额以及贷款期限等条件,便于精准定位客户的贷款需求,并根据其不同的需求进行数据分析和数据匹配,为客户筛选出满足其特定需求的信贷产品,供其进行比价。

最后,在客户申请贷款完成后,可通过信息反馈系统,即信贷经理评价以及用户短信评价两种方式,来实现金融 O2O 模式的闭环。

(三) 盈利模式

该类互联网金融门户是信贷产品的垂直搜索平台,由于涉及具体的金融产品,而不是行业资讯及行业数据,因此,信贷类门户的盈利模式与第三方资讯类门户有所不同。现阶段,其收入来源主要以推荐费以及佣金为主,广告费、咨询费以及培训费等收入相对占比较低。

具体来看,信贷类门户依然具有门户网站属性,因此,互联网门户的流量价值自然会吸引在线广告的入驻,从而收取广告费用。但是广告联盟的盈利模式并不是信贷类门户实现盈利的主要方式。

三、保险类门户

(一)定位

保险类门户的核心定位分为两类:一类是聚焦于保险产品的垂直搜索平台,利用云计算等技术精准、快速地为客户提供产品信息,从而有效解决保险市场中的信息不对称问题。

另一类保险类门户定位于在线金融超市,充当的是网络保险经纪人的角色,能够为客户提供简易保险产品的在线选购、保费计算以及综合性保障方案等专业性服务。

保险类门户为客户提供了一种全新的保险选购方式,并实现了保险业务流程的网络化,具体包括保险信息咨询、保险计划书设计、投保、核保、保费计算、缴费、续期缴费等。

(二)运营模式

保险类门户对各家保险公司的产品信息进行汇总,并为客户和保险公司提供交易平台。同时,为客户提供诸如综合性保障方案评估与设计等专业性服务,以确保在以服务营销为主的保险市场中,依靠更好的增值服务争取到更多的客户资源。

目前,虽然国内外保险类门户数目繁多,但按其业务模式划分,保险类门户主要以 B2C 模式、O2O 模式以及兼具 B2C 和 O2O 的混合业态经营模式三类模式为主。

此外,现阶段保险类门户汇集的险种还是以复杂程度低、同质化较高的意外险和车险为主。其原因不仅在于该险种易于横向比价,更为重要的是该类产品的边际成本较低,在保险类门户达到一定规模后,有助于其实现规模经济效益,从而发挥门户的渠道优势。

(三)盈利模式

纵观国内外的保险类门户,其盈利模式通常可分为以下三种:第一种是客户完成投保后所收取的手续费;第二种是依托保险类门户规模大、种类全、流量多等优势,通过广告联盟的方式收取广告费用;第三种是向保险机构或保险代理人提供客户信息和投保意向,从中收取佣金。

四、理财类门户

(一) 定位

理财类门户作为独立的第三方理财机构,可以客观地分析客户理财需求,为其推荐相关理财产品,并提供综合性的理财规划服务。理财类门户与信贷类门户、保险类门户的定位并无太大差异,只是在聚焦的产品类别上有所不同,其本质依然分为垂直搜索平台以及在线金融超市两大类,并依托"搜索+比价"的核心模式为客户提供货币基金、信托、私募股权基金(PE)等理财产品的投资理财服务。

此外,部分理财类门户还搜集了大量的费率信息,以帮助客户降低日常开支。

(二) 运营模式

理财类门户并不参与交易,其角色为独立的第三方理财机构。理财类门户结合国内外宏观经济形势的变化,依托云计算技术,通过合作机构等供应渠道汇集了大量诸如信托、基金等各类理财产品,并对其进行深度分析,甄选出优质的理财产品以供客户搜索比价。

同时,通过分析客户当前的财务状况和理财需求,如资产状况、投资偏好以及财富目标等,根据其自身情况为用户制定财富管理策略以规避投资风险,向其推荐符合条件的理财产品,并为之提供综合性的理财规划服务。

除了传统的PC端门户网站,理财类门户还开拓了移动端市场,涌现了一批手机理财软件。移动端理财APP的出现,不仅使得客户可以随时随地查询和购买理财产品,更为重要的是有助于理财类门户发挥其自身的渠道优势,积累更庞大、更优质的客户资源。

(三) 盈利模式

现阶段,理财类门户的盈利模式较为单一,主要以广告费和推荐费为主。理财类门户通过带给理财产品供应商用户量和交易量收取相应的推荐费,因此其盈利模式的关键在于流量。所以有效地提高转化率,将流量引导到供应商完成整个现金化过程,将成为理财类门户稳定收入来源的重要保证。

五、综合类门户

（一）定位

综合类门户的本质与信贷类门户、保险类门户以及理财类门户并无太大差异，其核心定位依然是互联网金融领域的垂直搜索平台和在线金融超市。综合类门户与其他门户的不同之处在于所经营的产品种类，后三者均聚焦于某种单一金融产品，而综合类门户则汇聚着多种金融产品。

综合类门户本身不参与交易而是引入多元化的金融产品和大量相关业务人员，为客户搭建选购各类金融产品以及与业务人员联系对接的平台。

（二）运营模式

综合类门户主要起到金融产品垂直搜索平台以及在线金融超市的作用，业务模式仍然以B2C及O2O模式为主。

在以垂直搜索平台为核心定位的综合类门户上，客户不仅可以快速、精准地搜索到各类金融产品，对其进行比价，还可以通过平台与相关业务人员联系对接，进行线下咨询及购买，并通过信息反馈系统实现金融O2O模式的闭环。

（三）盈利模式

综合类门户的盈利模式可划分为以下三种：

首先，综合类门户依托其流量价值，吸引在线广告的入驻，从而收取广告费用。其次，综合类门户通过向金融机构推荐客户和交易量，从中收取相应的费用。最后，综合类门户通过捏合交易，收取相应佣金。在客户购买金融产品的过程中，综合类门户可为其进行全程协助，待交易完成后向金融机构收取一定比例的费用作为佣金。

互联网金融门户的产生顺应了移动互联网的发展趋势。虽然上述几种互联网金融门户的聚集产品类别不尽相同，但是它们都在创新搜索方式、简化操作流程等方面做出了重要贡献，聚拢了更多的客户资源。

第五节 互联网金融门户案例：陆金所

一排排"饿了么"的外送纸袋子，里面装着让人脸红心跳的杜蕾斯的产品;一群年轻力壮的小伙子,背着外送背包;两只憨态可掬的功夫熊猫,在台上扭捏拉手。

很难想象,这些场景会出现在 2015 年 9 月 15 日陆金所拓展场景战略发布会上。对此,陆金所给出了四个字:食、色、性、金。

伴随金融产品场景化的是,陆金所董事长计葵生宣布了陆金所 3.0 大平台战略。而一直关注陆金所的人可以发现,"平台"二字是陆金所自诞生之日起,便始终停留在嘴边、印刻在脑海中的方向和战略。

现在的陆金所早已不是那个大家熟知的 P2P 网贷老大。2015 年 3 月以来,陆金所经历了一系列眼花缭乱的转型,一个涵盖 P2P、非标金融资产和标准金融产品的开放式交易平台呼之欲出。而陆金所的域名也由 Lufax.com 改成了简洁的 Lu.com。

一、与生俱来的平台意识

上海陆家嘴国际金融资产交易市场股份有限公司(即狭义的陆金所),于 2011 年 9 月在上海注册成立。陆金所分为两大平台:Lufax 定位于"网络投融资",向普通投资者开放;Lfex 定位于"金融资产交易",面向机构投资人开放。到 2015 年 6 月底,陆金所累计总交易量已经达到 8 015 亿元,其中个人零售端即 Lufax 成交额为 2 013 亿元,机构端为 6 002 亿元。

据了解,Lfex 的三大业务为:(1) 委托债权和应收账款等金融资产交易;(2) 信托产品、信托计划受益权、银行理财等各种财富管理产品的流转;(3) 各种金融机构的资源整合。

计葵生表示,两大平台之间是互补的,个人投资者交易经由陆金所 Lufax 平台,而机构投资者经由 Lfex 平台,其所交易的基础资产可能是一样的,只是交易的流程不一样。此外,两个平台之间也存在关联。计葵生举例,一个机构资产通过信托的结构化设计以后,可能风险较大的劣质部分卖给基金、信托和保险公司;而优质部分可能就卖给个人投资者。

2014 年,陆金所曾对未来四年的发展路径做过一次规划,虽然当时还没有平台之间的打通和融合,产品发展更多基于两大平台子平台之上,且多为陆金所内部的自我设计。

在这次规划中,按照时间轴显示,2014 年 Lufax 平台的 P2P 信贷以无抵押贷款为主,在此基础上进一步发展债权二级市场;Lfex 平台的资产交易则主要做票据、抵押贷款资产的转让;证券化业务主做信用卡、车贷等资产。

2015年至2016年,P2P业务拟扩展到房屋抵押贷等品种;资产交易范围将纳入未上市公司权益、PE/VC投资和共同基金,证券化业务也将纳入商业地产抵押担保证券。同时开发大宗商品贸易融资业务。

2017年至2018年,P2P板块拟打造全球性平台;资产交易范围纳入天使融资、保证金融资等,证券化业务开拓公用事业资产。同时,计划将业务扩展到我国香港、台湾地区,并提供大数据服务。

但2015年以来的大变局已经完全打破了陆金所当年的规划。

二、"大陆金所"问世

2015年3月17日,中国平安对外宣布,将旗下多个相关业务整合成统一的"平安普惠金融"业务集群,该业务集群整合平安直通贷款业务、陆金所辖下的P2P小额信用贷款以及平安信用保证保险事业部三个模块的业务管理团队。

当时外界普遍认为,平安将政策风险较大的P2P业务从陆金所剥离,是给陆金所的顺利上市创造条件,有利于其在资本市场上的估值。这或许是受当时关于陆金所2.5亿元保理坏账的负面消息影响。

据了解,"平安普惠金融"业务集群旨在打通天、地、网资源,整合各业务线前、中、后台优势,大力发展"普惠金融",以更好地服务小微企业和个人消费金融需求。

具体而言,"天"指的是平安直通贷款服务平台,是中国平安为开拓金融产品远程交易搭建的业务咨询服务平台。"地"即平安信保,原挂下平安产险旗下的平安信用保证保险事业部,包括中国平安旗下小额个人及小微企业无抵押消费贷款的服务机构。此外,"地"还包括2014年8月中国平安海外控股公司从淡马锡收购而来的富登金融控股有限公司全资设立的担保公司,平安将其更名为平安普惠融资担保公司。"网"指的是陆金所P2P小额信用贷款业务平台。

但半年后,又风云突变。

8月20日,也就是中国农历中的七夕,平安打造了集团内部的"世纪大联姻"。

中国平安发布关联交易公告称,中国平安保险海外(控股)有限公司拟将其所持有的平安普惠（Gem Alliance Limited）100%的股权转让给陆金所控股（Wincon Investment Company Limited，即"陆金所"的最终控制公司），股权转让完成后，平安普惠100%的股权将由陆金所控股持有。

经过"世纪大联姻"后，陆金所和平安普惠成为兄弟公司。平安集团首席财务官姚波表示，普惠业务模式主要经营个人无抵押、有抵押贷款和小微企业贷款（SME），比较传统，重资本，也会有大量线下门店的扩张；而陆金所则具有强大的线上优势。两者整合后将产生线上线下协同效应，打造出O2O的互联网金融生态圈。

由此不难发现，陆金所未来将形成线上+线下（O2O）业务模式。普惠金融强劲的业务增长潜力，更可帮助陆金所实现快速盈利。合并完成后，普惠金融与陆金所成为陆金所控股旗下并立的兄弟公司，普惠金融也是陆金所平台的合作方和产品供应方之一。

不过计葵生还透露，未来"大陆金所"下将有三大平台，除了陆金所开放平台和平安普惠，还有深圳前海金融资产交易所有限公司（下称"前海金交所"）。此前有报道称，平安集团旗下的平安信托已经从深圳联交所和深圳产权拍卖公司手中拿下前海金交所65%的股份，加上原本持股的35%，平安已全资控股前海金交所。外界猜测，计葵生的此番表态或许意味着前海金交所已经或将被纳入陆金所控股框架。

计葵生表示，前海金交所有两大定位：首先是成为"大陆金所"的跨境中心，很多跨境业务将会落地到前海；其次是以后金融机构的业务也会逐渐转移到前海金交所。未来，陆金所将服务于个人客户，而前海则从事跨境业务和提供机构之间的服务。这意味着陆金所的Lfex平台或将转至前海金交所。

三、P2P人民公社

在大陆金所的框架下，陆金所加快了建设开放平台的步伐。

2015年8月，开放平台的第一个产品P2P人民公社问世。

所谓P2P人民公社，即为业务整合之后的陆金所同平安集团旗下前海征信，联手打造的面向所有P2P企业的开放型平台。

具体来说，陆金所和前海征信将为P2P公司提供六大服务：

一是获客，借助陆金所1 200多万用户的流量优势，降低入驻P2P公司在线市场推广和获客的成本。

二是增信,陆金所会输出风控标准、技术以及相关服务帮助P2P平台提升风控能力,且要求P2P平台必须有资金托管,还要有保险、备付金、第三方担保等增信措施中的一种或多种。如果平台没有,陆金所将为其提供增信相关的服务。

三是产品设计,帮助P2P平台在商业模式、支付系统、营销方法等方面完全符合互联网金融监管框架,降低其监管及合规风险。运用技术及法律结构设计,通过一对多分拆等方式,分散投资风险,降低投资门槛。

四是征信,借助陆金所风控经验和前海征信的平安集团支持数据及信用模型来筛选、管理和服务借款人,提高P2P平台信用评估能力以及相关的信贷服务。

五是系统平台,降低P2P的运营成本。

六是催收等贷后服务,借助平安集团多年贷后管理经验以及强大的后援系统。

"目前的合作模式是菜单式,合作方可以按需选取。"陆金所产品中心总经理黄爽表示,将P2P业务分拆整合至平安普惠金融业务群后,普惠金融目前承担陆金所最大的资产输入方角色。"希望未来更多的资产来自集团外机构,这也是搭建开放平台的原因之一。"黄爽说。

前海征信总经理邱寒表示,前海征信可以提供包含经验模型、数据云和后援平台在内的三大核心技术。

在邱寒看来,平安集团的金融领域的风险管理经验是前海征信的"独家",此外,自身拥有的机器学习、神经网络等科学成果加以融合。"目前,有26个大数据科研项目正在进行。"邱寒说。

数据云从金融、交易、社交和行为等不同维度涵盖了数亿级的用户数据,而这些数据来源也并非如外界猜测的全部来自平安集团内部数据。

在后援服务平台方面,P2P人民公社的催收等贷后服务依托于平安的后援体系。邱寒表示,后援体系包含前海征信的风控核心技术催收云,以及平安集团拥有的超过10 000座席、24小时全天候运转的、工厂化和流水线化的金融后援中心。"这样强大的后援中心在全国还是首个。"邱寒说。

什么样的平台乐于入驻陆金所人民公社?计葵生将国内的P2P平台简单分为三类:平台年成交额大于50亿元,已完成至少一轮融资,未来可能有计划独立上市;平台年成交额在10亿~50亿元,正处于高速发展期,需求较多;刚成立没多久的新平台。他认为,第一类和第三类都不是陆金所人民公社的目标客户,因为前者的发展已经初具规模,通常希望自己能全权掌控资产端和投资端;而后者刚刚起步,前景不明。

四、陆金所 3.0:资产管理大平台

2015 年 9 月 15 日,陆金所 3.0 版本正式推出。

"如果在这个平台上,只有陆金所自己设计的产品,要做市场开放性的平台并不现实。"计葵生表示,在这个更开放的平台上,陆金所做了重大的战略调整,未来将集市场能力之和做到集合的力量。

计葵生表示,计划早有,但是谈策略要在一定基础之上。在他看来,这个基础包含平台交易量、用户规模、用户的单笔投资体量以及活跃度。"你够大,其他机构、合作方才有理由和你一起玩。"计葵生表示。

平安集团 2015 年半年报显示,截至 2015 年 6 月底,陆金所总交易量达 8 015 亿元,其中个人零售端累计交易额 2 013 亿元,机构端交易量达到 6 002 亿元。"2015 年上半年的交易约为 5 000 亿元,而在 2014 年同期,这个交易量还仅仅是 1/10,只有 500 亿元。"计葵生表示,交易量基础之外,更重要的是客户资源。在破千亿元大关之后,其月新增客户数约为 120 万至 130 万人。

厚平台,深发展。从拿到基金代销牌照开始,陆金所在多元产品、丰富类别上下功夫。2015 年 7 月,陆金所基金频道正式上线,两个月后的 9 月份,基金频道已上线 35 家基金公司的 1 100 多只基金产品。至 2015 年年底,各基金公司的合作方增加至 90 家,陆金所同各类金融机构合作已经超过 500 家,其中包含银行、基金公司、证券公司、租赁公司等。

以陆金所之意,开放平台不仅仅是平台开放一层意思,此外,还有在服务方面如何提升。"在中国,未来考虑如何投资的人,当前是几千万,未来两三年可能会达到 2.3 亿人,让大家了解投资机会在哪里很重要。"计葵生说。这样理念背后的第一步是,陆金所为其平台找了一个新名字,将曾经寓意丰富的"Lufax.com"改为更为简单、符合互联网思维的"Lu.com"。

综合理财之上,场景理财也成为陆金所的"目标所在",让投资随时随地发生,让理财成为一种习惯,通过场景触发人们的行为。

场景要营造,习惯要培养,在这条"长期投资"的路上,陆金所看上了饿了么、杜蕾斯和东方梦工厂的《功夫熊猫3》。

金融生活场景化成为陆金所看中的互联网金融的下一个风口。

本章小结

本章主要论述了互联网金融门户。第一节是概述,分析了互联网金融门户的内涵、本质、类别和特点;第二节回顾了互联网金融门户的产生背景和发展历程;第三节分析了互联网金融门户对金融业的影响;第四节论述了互联网金融门户P2P网贷类门户、信贷类门户、保险类门户、理财类门户、综合类门户五种运营模式;最后,以陆金所为例,对本章内容进行了案例分析。

复习思考题:

1. 简要论述互联网金融门户的内涵、特点及类型。
2. 分析互联网金融门户对金融业的影响。
3. 论述互联网金融门户的运营模式。

拓展阅读

"搜索+比价"互联网金融门户快速崛起

在当下多元化的互联网金融模式中,互联网金融门户模式正在快速崛起。像融360、格上理财、大童网、好贷网、陆金所等门户网站每天都吸引着成千上万的客户进行咨询和交易。

互联网金融门户的核心本质就是"搜索+比价"的模式,即采用金融产品垂直搜索方式,将各家金融机构的产品放在平台上,用户通过将各种金融产品的价格、特点等进行对比,自行挑选合适的金融服务产品。

互联网金融门户模式的快速发展,不仅满足了广大互联网客户对贷款、信托、保险、理财、财富管理等多元化的需要,而且正在对传统的金融行业酝酿越来越大的冲击风暴。

金融垂直搜索平台正在成长

"2013年7月16日,融360完成B轮融资,由红杉中国基金领投的几家风险投资机构向公司投入的3 000万美元正式到达公司账户。"融360的CEO叶大清接受记者采访时,透露出这样的信息。

这是融360在去年获得风险投资机构投入700万美元之后的又一笔巨额融资。叶大清表示,风险投资机构看好金融服务业的发展潜力,看好互联网金融的发展趋势,也正是看中了融360的商业模式,所以才对融360进行如此大规模投资。

据介绍,融360是2011年成立的金融垂直搜索平台,或称"服务中国消费者和中小企业的金融搜索和推荐平台",帮助解决中国中小企业、个体经营者和消费者贷款难的问题。金融垂直搜索是中国互联网金融领域受到高度关注的一种模式。叶大清预测,金融垂直搜索有望成为银行的主要销售渠道,通过大数据技术,解决融资贷款过程中的信息不对称问题。融360目前主要客户为小微企业和个人用户,其中个人用户数占65%以上,小微企业则占30%以上,两者贷款金额差不多各占一半。

业内专家分析,伴随着利率市场化,银行之间的金融服务竞争日趋激烈。对于客户而言,了解信息需要大量的时间成本,而融360为大家提供了信息服务的平台。中国利率市场化的进程对于融360这类互联网金融模式来说,是很大的机遇,对其快速发展起到了推动作用。

银行从业人士表示,银行业机构应当加快创新步伐,积极应对融360这类互联网金融模式的挑战,把握其可能带来的机遇,如与其展开合作,拓展小微企业和互联网客户的贷款业务市场,从而节约成本,提高核心竞争力。

多元化创新进行时

近年来,伴随着金融市场化进程、金融创新步伐的加快,信托投资和私募基金行业快速发展,各类信托产品、阳光私募基金和私募股权基金(PE)层出不穷,给投资人带来丰富的投资理财产品。与此同时,这类投资理财产品合约条款复杂,投资收益起伏不定,加上投资人受到专业知识和投资技术的限制,投资人往往面对大量多元化的这类投资理财产品,很难做出明智选择、形成最佳投资组合,甚至对其中隐藏的风险不明而受到损失。

正是在这样的背景下,不同于银行、信托机构的第三方理财专业机构及其开展的第三方投资理财网上服务平台应运而生,更有少数机构发展成这一领域有影响力的互联网金融门户。如成立于2007年的北京格上理财顾问有限公司,其作为独立的第三方理财机构,提供高端理财产品的投资顾问服务,现已成为国内领先的第三方理财服务平台。

据业内专家分析，像格上理财网站这类互联网金融门户，因为满足了投资人的理财需要，将来会有更快的发展，而且为阳光私募基金、信托产品等理财与资产管理行业提供了销售、交易的渠道，可以形成平台、行业和投资人三方共赢的格局。

银行应积极应对挑战

适应中国保险行业的发展和老百姓对保险保障的需要，近几年来一些专门提供保险产品咨询、比价和购买及全程服务的互联网保险网站开始形成。以大童网为例，这家由北京大童保险经纪公司创立的交易平台，已引进超过40家保险供应商的1 000余种金融保险商品。

2012年3月上线的平安陆金所，则是中国平安集团投入4亿元打造的网络投资理财平台，据了解，注册会员已超过30万人。分管运营和创新板块的中国平安常务副总经理顾敏向媒体表示，平安集团希望在这一领域做到国内最大，同时这也是平安集团综合金融服务方面的一大创新尝试，即用互联网的方式提供类似金融服务，未来陆金所将逐步努力成为独立第三方投融资平台。

互联网金融门户多元化创新发展的趋势呈现"现在进行时"，中国金融业应该勇于挑战，把握机遇，快速打造核心竞争力。北京软交所副总裁罗明雄在接受本报记者采访时表示，银行等传统金融巨头应当充分利用线下渠道暂时占据的绝对优势，进一步巩固优势领域，同时积极拥抱互联网、拥抱互联网金融，依托线上、线下平台，快速、便捷、持续地为客户提供优质服务，留住客户的心，留住今日的辉煌。

（资料来源：《第一财经日报》，2013年9月9日。）

第七章　大数据金融

本章任务目标：
1. 掌握大数据金融的定义、功能、优势及特征；
2. 了解大数据金融对传统金融的变革；
3. 掌握大数据金融运营模式；
4. 了解大数据金融面临的挑战与策略。

第一节　大数据金融概述

一、大数据

大数据也称巨量数据、海量数据、大资料，指的是数据规模庞大，人工无法在合理的时间内对数据进行解读。

一般来说，我们将大数据特性总结为"4V"，即速度极快（Velocity）、模式多样（Variety）、规模庞大（Volume）、真伪难辨（Veracity）。

与传统的数据分析相比，大数据最大的不同之处在于其侧重的是数据模块间的相关关系，而非传统的数据统计带来的简单的因果关系。舍恩伯格在《大数据时代》中指出："大数据时代最大的转变就是放弃对因果关系的渴求，取而代之的是关注相关关系。"

简言之，我们只需要知道"是什么"，而不必要知道"为什么"，抑或是，在相关关系分析法基础上的预测才是大数据的核心。从量化时代到抽样时代再到如今的大数据时代，如何在纷繁的数据海洋里找到相关的数据模块，如何用复杂的海量数据来帮助简化问题将是我们需要解决的难题。

二、大数据金融的定义

大数据金融指的是集合规模庞大的数据,对其中有关金融的数据进行实时分析,并提取有价值的数据部分,为互联网金融机构提供客户全方位的信息。借助海量的数据形式,通过分析,使金融行业呈现出更清晰的流程化、新产业链的重构等形态,便于更精准地探测到问题的症结以及寻找新的利润空间,从而为金融企业在竞争日益白热化的时代进行深度掘金提供可能。

目前,中国的金融市场已经发展到资产、负债两边都高度多元化的状态,在大数据时代,如何利用海量数据更有效地控制实质风险,是我们亟待解决的问题。通过大数据的搜集与应用,深入分析客户数据,全面诊断,精准改善,提升金融企业竞争优势和行业地位,并持续跟踪服务,践行与客户共同成长的价值观。

在互联网和云时代,通过大量企业原始数据的积累,打造大数据平台,给客户提供越来越丰富、立体和更具价值的金融数据。

三、大数据金融的功能

金融数据的涉及面很广,比如基金公司的销售数据、客户持有份额与交易数据、客户接触数据、客户网站浏览数据等,银行的进出账户的数据、客户基本信息的数据,保险公司所有客户购买保险的数据等。

概括而言,大数据可分成以下几大类:客户基本属性数据、客户产品购买数据、客户交易行为数据、客户偏好数据等。

在搭建大数据技术构架后,根据分析需要的不同获取不同的数据源,通过放宽数据源范围,整合第三方数据并进行深度挖掘,在商业价值探寻的驱动下进行相关分析,从而得到目标信息。

例如,如果基金公司能够获得用户在网络上的浏览行为的数据,就可以判断用户最近有没有关注相关产品,或者是否关注竞争对手的产品。

此外,大数据的应用还可以深入金融领域的方方面面。

(一) 大数据授信

我国最早应用数据挖掘技术的领域之一就是金融授信,基于大数据对用户信用风险进行判断是一个重要的方向,特别是目前很多信用评估体系依赖于国外的评估机构。基于大数据来构建信用评估机制,是非常实用的领域,尤其是在未来线下生活服务全面互联网化的趋势下,线下零售与服务的具体交易数据很可能被交易平台获得。既知道消费者具体买了什么,也知道商家都卖了什么,从而可以像阿里小贷和线上信用支付一样对现在的线下行为授信。

(二)交易风险控制

与大数据用户授信不同,原来的数据挖掘能够实现对用户静态的信用评估,基于大数据的流式处理能力可以实现对用户的动态评估,即交易风险的判断。例如,当你发现同一个账户在近乎相同的时间在不同的地区进行信用卡交易的时候,交易风险就产生了。客户的信用卡可能被盗刷,也可能存在欺诈交易行为。

通过大数据的流式处理能力,时时对用户的交易行为进行监测、管控,尽可能降低交易风险。

(三)提现预测

互联网金融一个很大的特点就是打破了原来流动性和收益率不能兼得的特征。现在的很多"宝宝"能够两者兼得,在技术层面如果能够实现大数据对产品的支撑,会做得更高效。具体来说,"宝宝"们需要满足每天用户提现的需求,这就需要储备流动性强的资金。储备少了,会出现挤兑;储备多了,而资金不能得到充分利用,无法产生更多的收益。所以需要构建预测模型,实现对资金需求的有效预算与管理。

(四)营销活动的监控与评估

大数据在营销活动的监控与评估上的应用非常容易被忽视。大多数人都只关心营销活动的最终转化率,而忽略了营销活动过程中的各个关键影响环节,每个环节对转化率的影响度各是多少。例如,产品对顾客的吸引力情况、客户与产品的接触情况、客户的消费滞后情况等,这些都可以通过大数据做出精准判断。如果我们能够从相关的数据中发现客户使用相关产品的情况,我们就可以通过分析这些情况来判断客户是否存在流失的风险。

四、大数据金融的优势

大数据金融正从金融交易形式和金融体系结构两个层面改造金融业,其优势具体体现在以下几个方面。

(一)成本低廉,拓展客户群

由于这种资金融通以大数据、云计算为基础,以大数据自动计算为主而非人工审批为主,成本低廉,不仅可以针对小微企业提供金融服务,而且可以根据企业生产周期灵活决定贷款期限。

同时,大数据金融的边际成本低、效益好,不仅能整合碎片化的需求和供给,而且可以拓展服务领域,服务数以千万计的中小企业和中小客户,这进一步拉低了企业的运营与交易成本。

(二) 放贷快捷,个性化服务

无论是平台金融还是供应链金融,都建立在长期大量的信用及资金流的大数据基础之上,这有利于运用大数据金融的企业快速计算得出信用评分;通过网上支付方式,实时根据贷款需要及信用评分等大数据来放出贷款。

同时,由于利用大数据金融的企业可以根据信用评分及不同生产流程进行放贷,这使得放贷不受时空限制,而且能够较好地管理匹配期限,及时解决资金流动性问题。

更重要的是,大数据金融可针对每家企业的个性化融资要求,做出不同的金融服务且快速、准确、高效。

(三) 科学决策,降低金融风险

建立在大数据金融基础上的决策更科学,能有效降低不良贷款率。大数据金融能够解决信用分配、风险评估、实施授权甚至是识别欺诈问题。

大数据金融可利用分布式计算做出风险定价、风险评估模型,这些模型不仅可以替代风险管理、风险定价,甚至可以自动生成保险精算。

另外,由于贷款是发生在大数据金融库中所累积的、持久闭环的产业上下游系统内部,这有利于预警和防范风险。

同时,基于这些交易借贷行为基础上的大数据金融也可以实时得出违约率、信用评分等指标,有利于金融风险控制。

(四) 大数据金融变革金融产业格局

由于大数据金融大幅降低了交易费用,减少了信息不对称,弱化服务中介功能,最终使得平台金融与供应链金融不仅挑战而且可能变革未来金融产业格局。

基于大数据金融的优势,不仅传统金融行业开始利用大数据开展金融业务,如包括建行、农行等五大国有商业银行,以及平安银行、民生银行在内,几乎都在发展供应链金融,陆续开通了微信银行、手机银行、网上银行等业务。而其他行业,比如电商、电信运营商、钢铁企业、IT 企业等也纷纷利用大数据金融涉足金融领域,发展跨界经营。

这些跨界经营企业有一个共同特点,就是自身都具备大数据资源,或为获得大数据资源整合与控制产业链上下游,占据平台金融或供应链金融的核心位置,从而利用聚集效应为用户提供金融服务。

五、大数据金融的特征

20 世纪 90 年代互联网蓬勃兴起,但从世界范围看,所谓的互联网金融却发展缓慢。其中原因很多,主要原因是大数据技术是近几年才快速发展起来的。没有大数据技术的支撑,所谓互联网金融也难以快速、持续成长。

大数据金融有以下七大特征。

(一)网络化的呈现

在大数据金融时代,大量的金融产品和服务通过网络来展现,包括固定网络和移动网络。其中,移动网络将会逐渐成为大数据金融服务的一个主要通道。随着法律、监管政策的完善,以及大数据技术的不断发展,将会有更多、更丰富的金融产品和服务通过网络呈现。支付结算、网贷、众筹融资、资产管理、现金管理、产品销售、金融咨询等都将主要通过网络实现,金融实体店将大量减少,其功能也将逐渐转型。

(二)基于大数据的风险管理理念和工具

在大数据金融时代,风险管理理念和工具也将调整。例如,在风险管理理念上,财务分析(第一还款来源)、可抵押财产或其他保证(第二还款来源)的重要性将有所降低。交易行为的真实性、信用的可信度通过数据的呈现方式将会更加重要,风险定价方式将会出现革命性变化。

对客户的评价将是全方位、立体的、活生生的,而不再是一个抽象的、模糊的客户构图。基于数据挖掘的客户识别和分类将成为风险管理的主要手段,动态、实时的监测而非事后的回顾式评价将成为风险管理的常态性内容。

(三)信息不对称性大大降低

在大数据金融时代,金融产品和服务的消费者与提供者之间信息不对称程度大大降低。消费者可实时获知对某项金融产品(服务)的支持和评价。

(四) 高效率

大数据金融无疑是高效率的。许多流程和动作都是在线上发起和完成的,有些动作是自动实现的。在合适的时间、合适的地点,把合适的产品以合适的方式提供给合适的消费者。同时,强大的数据分析能力可以将金融业务做到极高的效率,交易成本也会大幅降低。

(五) 金融企业服务边界扩大

首先,就单个金融企业而言,其最合适经营规模扩大了。由于效率提升,其经营成本必然随之降低,金融企业的成本曲线形态也会发生变化。长期平均成本曲线会更平坦更宽,其底部也会更快来临。其次,基于大数据技术,金融从业人员个体服务对象会更多。换言之,单个金融企业从业人员会有减少的趋势,或至少其市场人员有降低的趋势。

(六) 产品的可控性、可受性

对消费者而言,通过网络化呈现的金融产品是可控、可受的。可控是指在消费者看来,其风险是可控的。可受是指在消费者看来,其收益(或成本)是可接受的;产品的流动性也是可接受的;消费者基于金融市场的数据信息,其产品也是可接受的。

(七) 普惠金融

大数据金融的高效率性及扩展的服务边界,使金融服务的对象和范围也大大扩展,金融服务也更接地气。例如,极小金额的理财服务、存款服务、支付结算服务等普通老百姓都可享受到,甚至极小金额的融资服务也会普遍发展起来,传统金融想也不敢想的金融深化在大数据金融时代完全实现。

第二节 大数据金融对传统金融的变革

正在来临的大数据时代,金融机构之间的竞争将在网络信息平台上全面展开,说到底就是"数据为王"。谁掌握了数据,谁就拥有风险定价能力,谁就可以获得高额的风险收益,最终赢得竞争优势。

一、大数据金融给传统金融业带来的发展机遇

中国金融业正在步入大数据时代的初级阶段。经过多年的发展与积

累,目前国内金融机构的数据量已经达到 100 TB 以上级别,并且非结构化数据量正在以更快的速度增长。金融机构在大数据应用方面具有天然优势:一方面,金融企业在业务开展过程中积累了包括客户身份、资产负债情况、资金收付交易等大量高价值密度的数据,这些数据在运用专业技术挖掘和分析之后,将产生巨大的商业价值;另一方面,金融机构具有较为充足的预算,可以吸引到实施大数据的高端人才,也有能力采用大数据的最新技术。

总体来看,正在兴起的大数据技术将与金融业务呈现快速融合的趋势,给未来金融业的发展带来重要机遇。

首先,大数据推动金融机构的战略转型。在宏观经济结构调整和利率逐步市场化的大环境下,国内金融机构受金融脱媒影响日趋明显,表现为核心负债流失、盈利空间收窄、业务定位亟待调整。业务转型的关键在于创新,但现阶段国内金融机构的创新往往沦为监管套利,没有能够基于挖掘客户内在需求,提供更有价值的服务。而大数据技术正是金融机构深入挖掘既有数据,找准市场定位,明确资源配置方向,推动业务创新的重要工具。

其次,大数据技术能够降低金融机构的管理和运行成本。通过大数据应用和分析,金融机构能够准确地定位内部管理缺陷,制订有针对性的改进措施,实行符合自身特点的管理模式,进而降低管理运营成本。此外,大数据还提供了全新的沟通渠道和营销手段,可以更好地了解客户的消费习惯和行为特征,及时、准确地把握市场营销效果。

再次,大数据技术有助于降低信息不对称程度,增强风险控制能力。金融机构可以摒弃原来过度依靠客户提供财务报表获取信息的业务方式,转而对其资产价格、账务流水、相关业务活动等流动性数据进行动态和全程的监控分析,从而有效提升客户信息透明度。目前,花旗、富国、UBS 等先进银行已经能够基于大数据,整合客户的资产负债、交易支付、流动性状况、纳税和信用记录等,对客户行为进行 360°评价,计算动态违约概率和损失率,提高贷款决策的可靠性。

二、大数据在金融机构的应用现状

随着大数据时代的到来,大数据给传统金融业创造了很多新的生命力,我们以商业银行为例进行说明。

(一) 大数据金融在商业银行中应用的特点

局限于大数据较高的技术门槛,目前在大数据领域展开竞争的IT企业大多是在数据存储、数据分析等领域有着传统优势的厂商。与大数据在医疗、城市、体育等的应用不同,大数据金融有其自己的独特性。医疗等的大数据涉及的方面通常仅仅是自己的领域,因而相关数据的获得比较容易。大数据金融不仅涉及用户在金融方面的信息,还有关于购物、保险等其他行业,与客户相关的全部金融信息获得起来有一定难度,需要银行自己建立相关网络平台或者与其他在数据上有优势的厂商合作。只有将这些各个行业的信息结合起来,银行才能对用户的信誉、习惯等方面有一个准确了解,并对客户有针对性地制订准确的方案。

中国银行业经过多年的发展与积累,商业银行的数据量已经达到100 TB以上级别,而且非结构化数据量还在以更快的速度增长。不可忽视的是,商业银行在大数据应用方面具有天然优势:一方面,银行在业务开展过程中积累了包括客户身份、资产负债情况、资金收付交易等在内的大量高价值密度的数据;另一方面,商业银行具有较为充足的预算,可以吸引到实施大数据的高端人才,也有能力采用大数据的最新技术。

但是,由于大数据金融涉及财产安全这一敏感区域,应用时,数据量增大且价值提高,数据泄露的破坏性越发增强。大数据技术对数据泄露的后果产生了杠杆效应,小的技术漏洞会导致极大的损失。因而在大数据金融背景下,商业银行客户信息保护相对于其他行业而言更加重要,对银行内部人员的管理和数据存储管理技术也提出了更高的要求。

(二) 商业银行的大数据金融发展

我国银行业已经开展与电商平台的合作,如支付宝平台与各商业银行手机银行的绑定操作、快捷支付、小额收支快捷操作等。同时,各商业银行也都已经开通了微博和微信的公众平台,创新了宣传模式的同时,也拓宽了收集客户信息的领域。

2012年,光大银行推出了其自主研发的"阳光理财·资产配置"(AAP)平台。截至2014年3月25日,AAP平台直接和间接促成的销售总额达到84.28亿元。

2013年6月份,平安银行借助其在证券、银行、保险跨业经营的优势,通过"一账通"产品,将客户在房贷、信用卡、车险、寿险、基金、信托、证券等方面的信息进行整合,使得客户的习惯和需求得以通过数据更精准地描述,再运用"大数据"技术对客户进行细分,实现了银行产品的精准营销。

2013年,民生银行正式着手建立大数据平台。

2014年,大连银行正式颁布"云"服务的5年计划。

2015年初,随着云理念的不断深入,我国各商业银行对于客户信息的管理也向云服务靠拢,完善了"大数据"时代客户信息收集与分析工作。

总体而言,在大数据金融浪潮中,国内各股份制商业银行、城市银行、外资银行等准备更充分,而五大国有银行的反应则稍显迟钝。

三、大数据金融给传统金融带来的挑战

在面临重大发展机遇的同时,必须看到,金融机构在与大数据技术融合的过程中也面临诸多挑战和风险。

一是大数据技术应用可能导致金融业竞争版图的重构。信息技术进步、金融业开放以及监管政策变化,客观上降低了行业准入门槛,非金融机构更多地切入金融服务链条,并且利用自身技术优势和监管盲区占得一席之地,如阿里和腾讯。而传统金融机构囿于原有的组织架构和管理模式,无法充分发挥自身潜力,反而可能处于竞争下风。

二是大数据的基础设施和安全管理亟待加强。在大数据时代,除传统的账务报表外,金融机构还增加了影像、图片、音频等非结构化数据,传统分析方法已不适应大数据的管理需要,软件和硬件基础设施建设都亟待加强。同时,金融大数据的安全问题日益突出,一旦处理不当可能遭受毁灭性损失。近年来,国内金融企业一直在数据安全方面增加投入,但业务链拉长、云计算模式普及、自身系统复杂度提高等,都进一步增加了大数据的风险隐患。

三是大数据的技术选择存在决策风险。当前,大数据还处于运行模式的探索和成长期,分析型数据库相对于传统的事务型数据库尚不成熟,对于大数据的分析处理仍缺乏高延展性支持,而且它主要仍是面向结构化数据,缺乏对非结构化数据的处理能力。在此情况下,金融企业相关的技术决策就存在选择错误、过于超前或滞后的风险。大数据是一个总体趋势,但过早进行大量投入,选择了不适合自身实际的软硬件,或者过于保守而无所作为都有可能给金融机构的发展带来不利影响。

四、金融机构的大数据策略

尽管大数据在金融企业的应用刚刚起步,目前影响还比较小,但从发展趋势看,应充分认识大数据带来的深远影响。在制订发展战略时,金融企业董事会和管理层不仅要考虑规模、资本、网点、人员、客户等传统要素,还要更加重视对大数据的占有和使用能力,以及互联网、移动通信、电子渠道等方面的研发能力;要在发展战略中引入和践行大数据的理念和方法,推动决策从"经验依赖"型向"数据依靠"型转化;要保证对大数据的资源投入,把渠道整合、信息网络化、数据挖掘等作为向客户提供金融服务和创新产品的重要基础。

(一)推进金融服务与社交网络的融合

我国金融企业要发展大数据平台,就必须打破传统的数据源边界,注重互联网站、社交媒体等新型数据来源,通过各种渠道获取尽可能多的客户和市场资讯。首先要整合新的客户接触渠道,充分发挥社交网络的作用,增强对客户的了解和互动,树立良好的品牌形象。其次是注重新媒体客服的发展,利用论坛、微博、微信、聊天工具等网络工具将其打造成为与电话客服并行的服务渠道。三是将企业内部数据和外部社交数据互联,获得更加完整的客户视图,进行更高效的客户关系管理。四是利用社交网络数据和移动数据等进行产品创新和精准营销。五是注重新媒体渠道的舆情监测,在风险事件爆发之前就进行及时有效的处置,将声誉风险降至最低。

(二)处理好与数据服务商的竞争、合作关系

当前各大电商平台上,每天都有大量交易发生,但这些交易的支付结算大多被第三方支付机构垄断,传统金融企业处于支付链末端,从中获取的价值较小。为此,金融机构可考虑自行搭建数据平台,将核心话语权掌握在自己的手中。另一方面,也可以与电信、电商、社交网络等大数据平台开展战略合作,进行数据和信息的交换共享,全面整合客户有效信息,将金融服务与移动网络、电子商务、社交网络等融合起来。从专业分工角度讲,金融机构与数据服务商开展战略合作是比较现实的选择;如果自办电商,没有专业优势,不仅费时费力,还可能丧失市场机遇。

(三)增强大数据的核心处理能力

首先是强化大数据的整合能力。这不仅包括金融企业内部的数据整

合,更重要的是与大数据链条上其他外部数据的整合。目前,来自各行业、各渠道的数据标准存在差异,要尽快统一标准与格式,以便进行规范化的数据融合,形成完整的客户视图。同时,针对大数据所带来的海量数据要求,还要对传统的数据仓库技术,特别是数据传输方式 ETL(提取、转换和加载)进行流程再造。其次是增强数据挖掘与分析能力,要利用大数据专业工具,建立业务逻辑模型,将大量非结构化数据转化成决策支持信息。三是加强对大数据分析结论的解读和应用能力,关键是要打造一支复合型的大数据专业团队,他们不仅要掌握数理建模和数据挖掘的技术,还要具备良好的业务理解力,并能与内部业务条线进行充分的沟通合作。

为培养数据整合、分析和行动实施的能力,金融机构需要在理念、系统、人才、管理各个方面进行准备。理念方面,需要充分认识到大数据的影响,树立并强化用数据分析指导经营和管理的理念;系统方面,着手建设能处理大数据的新一代信息系统;人才方面,积极招募并培养精通数据管理和应用的高级人才;管理方面,应重视客户信息的安全管理。

(四)加大金融创新力度,设立大数据实验室

可以在金融企业内部专门设立大数据创新实验室,统筹业务、管理、科技、统计等方面的人才与资源,建立特殊的管理体制和激励机制。实验室统一负责大数据方案的制订、实验、评价、推广和升级。每次推行大数据方案之前,实验室都应事先进行单元试验、穿行测试、压力测试和返回检验;待测试通过后,对项目的风险收益做出有数据支撑的综合评估。实验室的另一个任务是对"大数据"进行"大分析",不断优化模型算法。在方法论上,要突破美国 FICO 式的传统评分模式,针对大数据的非结构化特征,依靠云计算等海量分析工具,开发具备自学习功能的非线性模型。目前市场上的许多新技术,如谷歌 MapReduce 框架下的 Hadoop 或 Hive 等分析系统,具备较强的整合分析功能,可促进大数据向价值资产的转换。

(五)加强风险管控,确保大数据安全

大数据能够在很大程度上缓解信息不对称问题,为金融企业风险管理提供更有效的手段,但如果管理不善,"大数据"本身也可能演化成"大风险"。大数据应用改变了数据安全风险的特征,它不仅需要新的管理方法,还必须纳入全面风险管理体系,进行统一监控和治理。为了确保大数

据的安全,金融机构必须抓住三个关键环节:一是协调大数据链条中的所有机构,共同推动数据安全标准,加强产业自我监督和技术分享;二是加强与监管机构合作交流,借助监管服务的力量,提升自身的大数据安全水准;三是主动与客户在数据安全和数据使用方面加强沟通,提升客户的数据安全意识,形成大数据风险管理的合力效应。

第三节 大数据金融运营模式

大数据金融模式是推动互联网金融格局变革的活跃因素。从运营模式看,可以分为平台模式和供应链金融模式,百度小贷和阿里小贷是典型的平台模式,而苏宁和京东则是典型的供应链金融模式。

这两种模式将传统金融的抵押贷款模式转化为信用贷款模式,即不需要抵押或拥有银行授信额度,而是根据在平台或者供应链中的信用行为便可获得融资。这不仅降低了融资门槛和融资成本,而且加速了资金周转,提高了资金使用效率。

一、平台金融模式

平台金融模式主要是指企业基于互联网电子商务平台基础提供的资金融通的金融服务,或企业通过在平台上凝聚的资金流、物流、信息流,组成以大数据为基础的平台来整合金融服务。

企业通过在互联网平台上运营多年的数据累积,利用互联网技术为平台上的企业或者个人提供金融服务。

与传统金融依靠抵押或担保模式不同,平台金融模式主要是通过云计算来对交易数据、用户交易与交互信息、购物行为等大数据进行实时分析处理,形成网络商户在电商平台中的累积信用数据,进而提供信用贷款等金融服务。

平台金融模式是为合作参与者和客户提供一个合作和交易的软硬件相结合的环境的运作模式,通过双边市场效应和平台的集群效应,形成符合定位的平台分工。

这类企业的平台上通常活跃着很多商家或用户,平台可以利用海量的交易数据加以分析判断,为商家或者用户提供融资服务。目前,采用平台金融模式的企业有阿里巴巴、百度、淘宝、亚马逊等。其中,以阿里金融和百度小贷为代表。

百度小贷成立于 2013 年 9 月,依靠百度的龙头地位,开展金融服务业务。由于百度拥有 5 亿人的用户规模,占据了中国搜索市场的 60%,这背后是数量庞大的数据。百度进军小贷市场,是因为百度一直以来为中小企业服务,今后希望通过加强在金融服务方面对广大中小微企业的扶持。百度依靠搜索引擎发展壮大,积累了大量的数据,这是百度开展小贷业务的先天优势。百度强大的数据分析能力使得旗下的百度小贷能够建立更加全面、稳定的风控模型。

阿里金融是平台金融模式的典型代表。阿里金融以电商为平台、利用支付宝的网上支付优势,通过云计算以及模型数据,处理所积累的中小企业信用信息而涉足大数据金融。通过在电商平台长期形成的网络信用评级体系和金融风险计算模型及风险控制体系,阿里可实时向网络商户发放订单贷款或者信用贷款,贷款批量快速且高效。

阿里金融目前涉足基金、保险、小贷等业务,如余额宝、支付宝、阿里小贷等金融产品,这些都是阿里基于其巨大的电商平台基础上而针对货币基金理财、网上支付、小额信贷所提供的平台金融产品。余额宝从上线起 3 个月内用户就突破 1 200 万,这也使得与其合作的天弘基金一跃而成为全国名列前茅的大型基金。

二、供应链金融模式

供应链金融模式是金融机构围绕核心企业在对整条供应链进行信用评估及商业交易监管的基础上,面向供应链核心企业和节点企业之间的资金管理进行的一整套财务融资解决方案。供应链金融模式原本目的在于解决供应链中资金流梗阻以及资金流的优化问题。

供应链金融依托实体供应链,提高了整个供应链的资金运用效率。19 世纪初,荷兰一家银行以仓储质押融资业务形式最早推出了供应链金融,20 世纪末,物流与信息技术的发展带动了供应链金融的兴起。

作为一种金融创新,供应链金融不仅为整个产业链的健康发展提供了融资便利,而且通过核心企业的引领和参与,在实现规模经济效应的同时降低了风控成本,整体提高了金融资源的配置效率。

供应链中的弱势成员企业一方面要向核心企业供货,另一方面应收账款不能及时到账。因此,供应链中的弱势企业,尤其是中小微企业,很容易被资金压力压垮。在整个供应链中,非核心企业为核心企业提供了运营支持,分担了资金风险,却没有享受到核心企业为其带来的信用支持。这些非核心企业往往受限于抵押物、企业规模等诸多因素,很难从银行贷款。供应链中的核心企业如果通过自身的信用帮助非核心企业获得银行等金融机构的融资,那么不仅帮助非核心企业解决了资金压力,也帮助银行拓展了业务。

以京东为例,2012年底,中国银行与京东联合推出了"供应链金融服务"。京东的供应商可以凭借京东的入库单或订单作为依据,向京东申请融资,如果通过了京东的核准,那么银行就会对供应商提供贷款。在此过程中,京东相当于一个中介。

上海宝钢从2003年起就开始以钢铁为中心实施电子商务。在近年来融资形势紧张的情况下,宝钢利用其在钢铁行业中的核心地位不断对上下游企业提供融资便利。

在对客户的融资中,宝钢分别采取"即时支付""担保支付""保证金支付"等多种方式。对于通过严格资质审核的高信用等级客户提供大额资金的"即时支付",支持即时到账的B2B线上交易;与此同时还为这些高信用等级客户提供担保服务;为经销商融资提供以提货权或货物为抵押的"供应链融资";为供应商提供流动资金贷款的"供应商融资",帮助供应商从银行获得票据贷款或流动资金贷款。

宝钢为产业链上下游客户完成线上授信、融资及还款业务,其客户最多可获得交易额70%的供应链贷款。此外,客户还可完成线上票据贴现,获得票据质押贷款,从而实现对现金流的高效管理。

供应链金融模式主要由规模大、资信状况好的龙头企业作为主导。龙头企业作为供应链中的核心企业,基于海量交易数据,为非核心企业提供担保,帮助非核心企业进行融资。在这种模式中,核心企业并没有为非核心企业提供实质的融资,只是起到了提供担保的作用,最终放款的职责仍然落到了银行的头上。

未来,企业掌握了大数据这个核心资产就掌握了平台或供应链;而掌握了大数据金融,就拥有了获取现金和利润的最有力武器。

第四节 大数据金融面临的挑战与策略

大数据金融有着传统金融难以比拟的优势,它能够帮助企业更加贴近客户,了解客户需求,实现非标准化的精致服务,增加客户黏性。但是,大数据金融也存在一些发展问题,面临现实的挑战。

一、面临挑战
（一）非机构化数据难以处理和融合

金融机构都存有大量的视频监控数据,此类数据规模极其庞大,随着高清化、超清化的趋势加强,视频监控数据规模正在以更快的指数级别增长。与通常讲的结构化数据不同,视频监控业务产生的数据绝大部分以非结构化的数据为主,这给传统的数据管理和使用机制带来了极大的挑战。

此外,金融机构所收集到的社交网络的数据一度被认为对评价个人信用具有重要的价值,但是使用的效果并不理想,主要原因在于社交网络数据绝大部分是非结构化的,难以分析和利用。这些非结构化大数据对于金融机构的重要性已是行业共识,但是目前这些大数据在金融行业的实际应用远远谈不上充分,这受到很多客观因素和基础设施的制约,而其中最突出的在于缺乏合适的非结构化数据处理的工具。

另外一个挑战是非结构化数据与结构化数据的融合问题。非结构化数据处理的难度高,真正可用的有效的数据很少,而不可用的非机构化数据又太多,因此如何将两类数据进行有效融合,以获得更精确的评估结果是金融大数据处理的主要挑战,也蕴含着丰富的商机。把海量的无意义的非结构化数据进行挖掘提取,整合成结构化数据并使之有意义和创造价值,这是很多金融机构的根本愿望,而完成这些任务就必须能从海量数据中找到你需要的那部分。

（二）缺乏开放共享的数据平台

一家金融机构再强大,也难以拥有完全满足海量用户个性化需求的产品,建立和加入开放式平台,在产品和服务层面与其他机构形成互补局面,将有利于两者共同吸引用户,通过开放式平台联手为用户提供全方位的服务,将有利于企业在竞争中保持长久的优势地位,这个意思就是说要进行战略的联盟。

2015年9月5日,经李克强总理签批,国务院印发了《促进大数据发展行动纲要》系统部署大数据发展工作。纲要提出,要加强顶层设计和统筹协调,大力推动政府信息系统和公共数据互联开放共享,加快政府信息平台整合,消除"信息孤岛",推进数据资源向社会开放,增强政府公信力,引导社会发展,服务公众企业。

在金融大数据收集和积累方面,单独一家金融机构对客户的了解毕竟有限,如果能汇总多家机构的数据,再结合客户的日常经营和生活数据进行信用评估,评估的准确性和可靠度会有较大提高,这也为征信平台和专业金融数据公司提供了广阔的创新空间,在标准化数据获取流程和多样化数据获取方式的基础上,针对国内实际情况能够低成本地持续更新用户数据,高效地扩充用户量和数据量并提供个性化的评估算法。

(三) 个性化金融服务不到位

传统金融机构与客户的紧密联系,获取信息的渠道广泛,还可以承担较高的尽职调查的成本,资金融通的门槛虽然高但数据基础比较好,发挥大数据效用的需求并不强烈,而面对小微客户无论是互联网金融机构还是传统金融机构的风控难度都急剧上升,迫切需要多方位的数据支撑,但问题恰恰在于小微客户数据的获取困难大、成本高,需要数据获取端的创新。

因此,在大数据金融的背景下,金融机构需要加快打造个人的金融中心,为个性化金融服务的实现创造条件。在获得授权后,金融机构可依据个人金融中心的数据为用户提供量身定制的服务,这些服务数据同样会记录于个人金融中心。随着时间的延伸,数据积累会越来越丰富,通过这些数据刻画出用户金融状况和金融性格的精确度越来越高,用户享受个性化金融服务的程度也会越来越高。之前因为产品设计和服务成本的限制,用户的个性化小众需求无法得到充分满足,既抑制了用户需求也限制了金融市场增长,所以建立个人金融中心是实现大数据金融非常重要的一步。

(四) 人才的短板

金融机构要发展大数据金融面临来自人力资源的挑战。人才是企业的资产,是企业重要的核心竞争力,传统金融企业能否取得创新性的关键,在于拥有一支互联网金融专业人才队伍。

目前,大数据金融人才尤其是高端金融人才严重缺乏,成为众多金融结构争夺的焦点。没有较高的薪酬待遇,施展才华的平台和良好的创新文化,企业难以吸引和留住高端人才。

当前传统金融企业的人才队伍的总体素质和知识结构并不适应现在大数据金融发展的需要,尤其缺乏互联网技术、金融大数据分析的高端人才,而且高素质的员工流失率比较高。尤其是广大员工的积极性、创造性和激情没有充分调动起来,传统金融企业面对严峻的市场竞争缺少办法,严重地影响了大数据金融等创新业务的发展。

二、大数据金融的发展策略

(一)加快数据获取的步伐

就金融行业本身而言,其竞争的关键要素仍然是数据,目前银行业进军电子商务的核心目的就在于采集一手的数据。银行业开展网络的融资,保险业探索虚拟财产保险的成败,关键也在于能否采集到有效的数据,所以大数据成为金融业构建自身核心竞争力的重要资产。

此外,金融机构必须继续加强产品整合、完善激励机制、落实与执行业绩目标、调整优化人员结构等,以保障经营业绩持续增长。加快设立大数据事业部和电子政务事业部,进一步整合优化资源,深挖金融机构电子商务领域市场需求,着力完善市场布局和推进业务稳步发展。

同时,借助公司报表产品与商业智能产品融合性与互补性优势加大对大数据技术的研发投入和创新力度,挖掘公司大数据领域市场潜力,与此同时在深化传统业务发展的基础上要进一步加大对云计算、移动互联等方面的新业务、新产品的研发及市场投入。

早在2012年,中国建设银行的电子商务平台"善融商务"就上线了,该平台立足于专业的金融服务,拓展电子商务服务,具体分为善融商务个人商城和善融商务企业商城,涵盖了B2B和B2C两种模式,善融商务提供信息发布,撮合在线交易等电商服务,也提供支付清算、担保融资等金融服务,值得一提的是,平台的搭建还融合了社交网络模式平台,具备微博论坛等社区功能。

(二)布局关键的技术研发创新

在大数据金融时代,数据的特征使得数据的收集整理分析和应用需要依赖高度可靠的软硬件支撑体系,同时支持企业的信息化建设和升级需要持续投入巨大的资金。

大数据的技术门槛较高,目前在大数据领域展开竞争的信息技术企业多是在数据存储分析等领域有着传统优势的厂商,为实现产业升级必须及早布局关键技术和新兴技术的研发应用。

金融机构应以数据分析技术为核心加强人工智能、商业智能机器学习等领域的理论研究和技术研发,夯实发展基础;加快非结构化数据处理技术、非关系型数据库管理技术、可视化技术等基础技术发展研发,并推动云计算、物联网、移动互联网等技术的融合形成较为成熟可行的解决方案。

金融机构应面向大数据应用加强网页搜索技术、知识计算技术,知识库技术等核心技术的研发,开发出高质量的单项技术产品并与大数据处理技术相结合为实现商业智能服务提供技术体系支撑。

作为金融机构来讲,一方面要根据已有数据开展相应的信用评估和风险控制工作,另外一方面就是数据分析与挖掘技术需要在很大程度上替代以前人工调查才能完成的工作,从而能够实现信用评估的自动化和智能化,显著提高效益和降低成本。

(三) 打造大数据金融生态系统

当前良好的大数据金融生态系统尚未形成,同质化竞争诚信体系不完善,大数据金融平台经营尚有差距,合作模式创新不够,等等,这些都成为大数据金融进一步发展的最大"瓶颈"。

金融企业要在激烈的市场竞争中站稳脚跟,打造大数据金融生态系统至关重要。如今大数据金融的竞争已经上升到生态系统之间的竞争,生态系统的成功就是商业模式的成功,开放合作成为时代的主流,也是大数据思维的重要特征。

大数据金融企业要积极打造开放合作的互联网金融平台,吸引更多的合作伙伴参与其中,共同构建合作共赢的产业生态系统,通过战略联盟合作提高品牌竞争力。

联盟不同于并购,它将具有互补优势的企业结合在一起,相互贡献各自的优势资源,并没有发生资产所有权的转移。战略联盟成功的比例较高,这是由联盟本身特点所决定的。

如今战略联盟在大数据金融发展过程中发挥了越来越重要的作用。

2013年1月,百度与中国平安集团签署了战略合作协议,双方同意在大数据研究等领域进行合作,进军大数据金融。

2013年9月,阿里巴巴与民生银行进行战略联盟合作,除了传统的资金清算与结算、信用卡业务等合作外，理财业务、直销银行业务、互联网终端金融等诸多方面也成为双方合作的重点。

2014年6月，中国联通广东公司与百度战略合作，联手推出互联网企业和运营商的跨界通信理财产品，开创了打造大数据金融入口的全新模式。

（四）重视用户体验

做好大数据金融产品的创新要更加重视客户的体验，大数据金融时代客户对于金融服务应用性的要求越来越高。

金融企业特别是传统金融机构要在竞争中立于不败之地，必须从客户角度出发，适应客户需求的变化，优化完善金融产品、营销方法和模式。

要进一步注重产品和服务的用户交互式设计，在保证账户安全的前提下尽可能简化用户的操作，为客户提供更加高效和便捷的金融服务。

同时，金融企业还可以充分利用网站，包括移动的客户端、微博微信、社交网站等新媒体平台开展全方位的营销，实现与客户之间的开放式交互接触，及时高效地洞察客户的需求，并根据客户反馈意见实现产品的持续优化，不断提升客户体验。

在未来，大数据金融最大的价值将体现在它将与移动金融相融合，金融服务将变得高度的专业化、模块化。人们在某一个时刻、地点场景需求下所享用的服务是若干粗粒度金融服务的聚合和细粒度金融模块的组合，聚合和组合的模式将依托于个人金融中心的数据，不同用户在同一环境下得到的配置和呈现不同，体现出更加深刻的个人化特色，而随着时间、地点、场景和需求的变化，聚合与组合也发生变化。

（五）人才队伍建设

打造和建立适应大数据金融发展的高素质专业人才队伍是金融企业的第一要务。

加快引进企业紧缺的金融大数据专业人才，建立大数据分析、互联网技术、移动互联网等高级人才队伍，以公平公正的激励机制、较高的薪酬水平、具有竞争力的职业发展平台和良好的创新环境留住人才。

积极引入具有大数据金融丰富运营经验的高级管理人员加入，以提高企业金融产品创新能力、金融市场拓展能力、金融市场的战略经营能力、资源整合能力、运营管理能力和客户洞察能力。

同时，要做好人才的培训工作，不断提升人员的素质，要对从业人员不间断地进行知识培训，不断提高大部分员工驾驭大数据金融的市场化能力。

在未来的很长的一段时间内,大数据金融将成为各种传统新型金融业务的主要的发力点,也会构成大数据金融的重要战场,它集中体现了信息技术和大数据技术对于金融的强力支撑和推动作用。

第五节 大数据金融案例:阿里小贷运营模式分析

一、基本情况

阿里小贷成立于2010年6月,由阿里巴巴集团、复星集团、万向集团和银泰集团共同出资,是国内第一家为电商小微企业提供小额融资贷款的公司。

目前阿里小贷已建立了面向阿里巴巴B2B平台小微企业的贷款业务群体和面向淘宝、天猫平台上小微企业、个人创业者的淘宝等贷款业务群体,且规模还在不断扩大。

(一)阿里小贷的业务模型——水文模型

阿里小贷的业务模式采用了水文模型,即建立庞大的数据库,存储海量数据,包含客户自身的数据变化情况的同时还参考同一行业的数据情况,在这些数据的基础上,使用数学方法和其他参数的计算和研究,预测客户未来的发展情况。

阿里小贷的水文模型就是通过分析细分行业的资金跟销售额的水文状况,从而达到精确预计最佳行业、信贷资金的投放比例,也就是把有效的资金运用于最需要的商户中。

对众多商业银行而言,信贷资金投放这一块上是比较缺乏科学的监测和有效的评价制度;它们通常是通过行业的风险程度和周期性进行判断。基层项目建设以及地方债务等主要的资金池是通过银行进入的,在这一点上,底层的金融需求没有得到支持。

相对较为粗放的资金投放方式,在这几年中常发生的风险信托、地产等项目的突发性风险是难以抑制和抗衡的。在互联网的基础上运用大数据,突破了传统信贷中信贷双方的在距离上的隔阂以及信用机制的制约。信贷的扁平化得以实现是依靠大数据这个平台的运作方式及方法,阿里小贷在这种扁平化趋势中尤为突出。

大数据已在渗透到金融领域中,建立集约化、动态化的管理,促使资金与需求更好地匹配,打造良好的金融生态环境。

(二)阿里小贷的技术基础:大数据和云计算

阿里小贷独有的一套高效工作模式是"3分钟申请,1秒放款,0人工干预"。是否发放贷款、发放贷款额度、风险评估等交给大数据处理平台计算,做出决策。依靠大数据平台计算出的用户信誉度直接决定了该用户是否能够发放贷款以及贷款金额。

这对大数据平台运算有极高的要求,要保证数据的精确度、安全性,一个小错误将导致重大损失。阿里小贷从各个层面去挖掘贷款申请者的数据,不仅从阿里集团旗下的1688、B2B、淘宝天猫等多个部门收集数据,还从外部征集资源,就是为了确保数据运算的精准。由于传统数据平台无法支撑随数据量的增多而强大的数据库,最终阿里小贷运用云平台中的储存。

阿里小贷业务与云计算的发展相辅相成。云计算为阿里小贷业务提供技术平台,降低成本。因此,以数据为核心的互联网金融业务可以借用云计算这个平台。

(三)阿里小贷的贷款流程

阿里小贷依据淘宝、天猫和阿里巴巴等电子商务平台上的海量交易数据,为平台上的企业提供无抵押、无担保的贷款融资。通常情况下,融资金额都在100万元以内。

表7-1 阿里小贷的业务分类

贷款对象	贷款分类	业务内容
经营类	阿里贷款	诚信通信用贷款 网商贷 订单贷款
	淘宝贷款	淘宝/天猫订单贷款 淘宝/天猫信用贷款 淘宝/天猫聚划算保证金贷款 天猫创业扶持贷款 天猫供应链融资
	保理	航旅保理业务 航旅信用贷款 提前收款
消费类	信任宝	零首付分期分付

所有贷款流程都在网上完成,通过支付宝发放,基本不涉及线下审核,最短放款时间仅为 3 分钟。其中,电商平台上信誉度较高的客户还可以申请超额贷款,金额在 1 000 万元以内,但是超额贷款需要完成人工审核之后才能放款。

1. 贷款申请

需要申请贷款的客户登录阿里小贷首页,在线提交贷款申请表。申请表信息主要包括申请额度、公司名称、法定代表人姓名、法定代表人手机号、法定代表人邮箱、法定代表人婚姻状况等信息,其中前五项为必填项。

阿里小贷接收到贷款申请后,调查团队调阅客户在阿里巴巴、淘宝、天猫等平台上的交易记录、信用记录、同业比较、库存变动、财务信息、非财务评价、征信报告、银行对账单等信息,需要的时候进行外包走访。外包走访工作包括:首先,阿里小贷授权并委托第三方专业机构派外访专员直接上门拜访申请贷款的企业,当面了解企业的经营情况,并对贷款所需资料进行拍照收集;然后,阿里小贷的客户经理与客户电话沟通确认,外访专员现场征信并拍照收集主要的申请资料。

2. 贷款的审批与发放

阿里小贷使用违约风险模型对电商进行信用评分。该模型分三个步骤:

第一步,归集现有客户的个人信息、征信信息、历史表现、交易信息和经营状况等信息。

第二步,根据归集的信息,筛选出对信用状况有显著影响的变量,建立模型。

第三步,根据模型评分对潜在客户进行分类,区分出信用好和信用不好的客户。

通过该模型,电商在阿里巴巴生态系统中的信用记录、交易、投诉纠纷情况等百余项信息得到了充分运用,最终作为贷款评审依据,解决了传统银行对中小企业和个人贷款存在的信息不对称、流程复杂等问题。

阿里小贷根据电商信用评分和商城融资担保情况,决定给电商的贷款额度、利率和期限等。如果贷款获批,客户需要与阿里小贷签署合同,绑定法人个人银行卡和支付宝账户。阿里小贷进行个人实名认证和支付宝认证,确认支付宝贷款到账金额。

在阿里小贷中，交易平台和融资平台实现了相互结合，两者之间信息高度互通，放贷者不必花费巨大成本作为交易局外人去获取信息，而是作为交易亲历者在第一线和第一时间发现融资机会、提供融资，使金融资源配置效率和生产效率得到了很大的提升。

3. 贷后管理

阿里小贷根据电商的交易信息和财务报表信息，利用监控评分模型、贷后催收评分模型，监控贷款用途和运作效率，及时收回贷款。在还款上，阿里小贷采用分期等额本息偿还法。客户定期将还款资金通过银行卡转入支付宝账户，或者在支付宝账户留出足够金额，由支付宝系统自动扣款。如果客户提前还款，阿里小贷一般会收取本金的3%作为手续费。如果出现逾期，逾期期间按正常利率的1.5倍计息。

(四) 阿里小贷的信贷风险模型

以数据为核心的信贷通用决策系统(Ali-Generic Decision Service, A-GDS)，是阿里小贷的信贷风控模型，它会对现有客户和潜在客户进行动态化管理。

在大数据的基础上，阿里小贷A-GDS系统透析电商平台上的小微企业，根据分析结果对风险可控的小微企业发放贷款，降低风险，将风险前置。

数据模型可以对商户的历史积累、日常交易量、资金流、成交速度与频率、周期变化等获得直观的分析、预测，进行动态化管理，使商户的经营和资金需求的走向把握更加精确；自动化的信贷服务可以由它指导完成，可根据商户数据变化的授信调整，还可借用系统实时监控商户的经营情况，以便发现风险。

在业务的角度上看，阿里小贷无形的市场推广可以融合在企业的运作中，预测其资金需求。这意味着，通过大数据的分析模型，固定的数据标准积累数据，待数据积累完成后根据客户的融资需要，系统分析后会自动完成贷前审核，从而发放贷款，贷款的前置程序就是这样完成的。

阿里小贷的平台信用模式实现了贷前程序的前置，以及动态化、高效性的贷前、贷中、贷后管理，在为小微企业授信的同时利用技术降低风险。

阿里小贷具有其他金融平台所无可比拟的信用评价方面的优势。阿里巴巴的信用模型，对其客户评级采用了360°的调查模式，主要是通过小微企业主在阿里巴巴平台上的历史交易记录进行深度分析,由此便掌握了小微企业主真实的信用状况。这些数据进入阿里巴巴数据库进行定量分析之后,输入其网络行为评分模型,进而对这些客户进行评级分层。这就使阿里小贷拥有了其他金融平台所无可比拟的信用评价方面的优势。据统计,使用大数据技术的阿里小贷,其不良贷款率仅为1%,而同期我国整个银行业的小微企业贷款的不良率为5%~6%。

相对于传统银行相对固定的贷款程序,阿里小贷在大数据动态模型上利用技术降低了风险、提高了效率。

二、案例分析

电商平台从事大数据金融业务,具有得天独厚的优势,因为电商平台拥有大量的客户交易数据,它与在线的信用评价构成了源源不断的信息流。这些信息流对资金流有着引导作用,电商平台趋于金融化的本质其实是信息流与资金流的融合。电商与第三方支付的结合,不仅改变了消费者的消费习惯,而且逐渐替代了传统商业银行支付结算的功能,这是电商金融化的第一个阶段。第二个阶段,电商将会替代传统商业银行信用贷款的功能,实践中,阿里小贷成为这一领域的典型代表。

人类要实现对大数据的利用,必须要经过数据收集、数据筛选、数据存储、数据分析、数据解读、数据应用六个步骤,大数据金融也不例外。这六个步骤也将构成大数据金融的产业链,未来,产业链上的每个环节都会产生分工,每个环节都可能出现专业的数据处理公司。这一点,也将是阿里小贷未来的发展方向。

数据资产成为未来互联网金融发展的核心优势。在信息社会,掌握更多信息的企业将占据优势地位。对于互联网金融企业来说,它们面临来自互联网和平台的海量数据,从大数据中挖掘有效信息的手段将成为一个企业制胜的关键。对交易关联方的行为模式进行提炼和分析,可以为互联网金融机构提供有效信息,能够帮助机构在精准营销方面进行探索,同时可以为机构拓展出新的业务,发现商机。

作为互联网金融,阿里小贷取得了令人瞩目的成就,但是发展过程也暴露了其自身的局限:

一方面,为小微企业、个体户的发展提供资金的保证,促进中小企业的快速发展;另一方面,互联网的虚拟性、监管问题、诚信问题随之而出,同时也对传统金融业造成有力的冲击,给商业银行带来更多压力。

阿里小贷经过一段时期的积累,在大数据的基础上,积累大量客户源,为小微企业创造巨大的价值,小额贷款成为大数据金融的一种重要的形式。

在大数据金融环境下,阿里小贷也需要探讨如何继续保持自己的优势,如何利用大数据来解决监管和诚信问题,从而提高竞争力。

本章小结

本章主要论述了大数据金融。第一节是大数据金融概述,主要论述了大数据金融的定义、功能、优势及特征;第二节阐述了大数据金融对传统金融的变革;第三节从平台模式、供应链金融模式两个层面论述了大数据金融运营模式;第四节分析了大数据金融面临的挑战与策略;最后,以阿里小贷模式为例,对本章内容进行了案例分析。

复习思考题:

1. 简要论述大数据金融的定义、功能、优势及特征。
2. 分析大数据金融对传统金融的变革。
3. 简述大数据金融运营模式。
4. 分析大数据金融面临的挑战与策略。

拓展阅读

大数据在金融行业的应用与挑战

一、大数据的基本特征

金融业基本是全世界各个行业中最依赖于数据的,而且最容易实现数据的变现。全球最大的金融数据公司彭博(Bloomberg)在1981年成立时,"大数据"概念还没有出现。彭博的最初产品是投资市场系统(IMS),主要向各类投资者提供实时数据、财务分析等。

随着信息时代降临,1983年估值仅1亿美元的彭博以30%股份的代价换取美林3 000万美元投资,先后推出彭博终端(Bloomberg Terminal)、新闻、电台、电视等各类产品。1996年彭博身价已达20亿美元,并以2亿美元从美林回购了10%的股份。2004年彭博在纽约曼哈顿中心建成246米摩天高楼。到2008年次贷危机,美林面临崩盘,其剩余20%的彭博股份成为救命稻草。彭博趁美林之危赎回所有股份,估值跃升至225亿美元。2016年彭博全球布局192个办公室,拥有1.5万名员工,年收入约100亿美元,估值约1000亿美元,超过同年市值为650亿美元的华尔街标杆高盛。

大数据概念形成于2000年前后,最初被定义为海量数据的集合。2011年,美国麦肯锡公司在《大数据的下一个前沿:创新、竞争和生产力》报告中最早提出:大数据指大小超出典型数据库软件工具收集、存储、管理和分析能力的数据集。

具体来说,大数据具有四大基本特征:

一是数据体量大,指代大型数据集,一般在10 TB规模左右,但在实际应用中,很多企业用户把多个数据集放在一起,已经形成了PB级的数据量。

二是数据类别大,数据来自多种数据源,数据种类和格式日渐丰富,已冲破了以前所限定的结构化数据范畴,囊括了半结构化和非结构化数据。现在的数据类型不仅是文本形式,更多的是图片、视频、音频、地理位置信息等多类型的数据。

三是处理速度快,在数据量非常庞大的情况下,也能够做到数据的实时处理。数据处理遵循"1秒定律",可从各种类型的数据中快速获得高价值的信息。

四是数据的真实性高,随着社交数据、企业内容、交易与应用数据等新数据源的兴起,传统数据源的局限被打破,信息的真实性和安全性显得极其重要。

相比其他行业,金融数据逻辑关系紧密,安全性、稳定性和实时性要求更高,通常包含以下关键技术:数据分析,包括数据挖掘、机器学习、人工智能等,主要用于客户信用、聚类、特征、营销、产品关联分析等;数据管理,包括关系型和非关系型数据、融合集成、数据抽取、数据清洗和转换等;数据使用,包括分布式计算、内存计算、云计算、流处理、任务配置等;数据展示,包括可视化、历史流及空间信息流展示等,主要应用于对金融产品健康度、产品发展趋势、客户价值变化、反洗钱和反欺诈等的监控和预警。

二、大数据重塑金融行业竞争新格局

"互联网+"之后,随着世界正快速兴起"大数据+",金融行业悄然出现以下变化。

大数据特征从传统数据的"3个V"增加到"5个V"。在数量(Volume)、速度(Velocity)、种类(Variety)基础上,进一步完善了价值(Value)和真实性(Veracity),真实性包括数据的可信性、来源和信誉、有效性和可审计性等。

金融业按经营产品分类变为按运营模式分类。传统金融业按经营产品划分为银行、证券、期货、保险、基金五类,随着大数据产业兴起和混业经营的发展,现代金融业按运营模式划分为存贷款类、投资类、保险类三大类别。

大数据市场从垄断演变为充分市场竞争。全球大数据市场企业数量迅速增多,产品和服务的差异增大,技术门槛逐步降低,市场竞争日益激烈。行业解决方案、计算分析服务、存储服务、数据库服务和大数据应用成为市场份额排名最靠前的五大细分市场。

大数据形成新的经济增长点。Wikibon数据显示,2016年,全球大数据硬件、软件和服务整体市场增长22%,达到281亿美元,预计到2027年,全球在大数据硬件、软件和服务上的整体开支的复合年增长率为12%,将达到大约970亿美元。

数据和IT技术替代"重复性"业务岗位。数据服务公司尤里卡对冲(Eurekahedge)通过追踪23家对冲基金,发现5位对冲基金经理薪金总额为10亿美元甚至更高。过去10年,靠数学模型分析金融市场的物理学家和数学家"宽客"一直是对冲基金的宠儿,其实大数据+人工智能更精于此道。高盛的纽约股票现金交易部门2000年有600名交易员,而如今只剩两人,其任务全由机器包办。专家称10年后高盛员工肯定比今天还要少。

美国大数据发展走在全球前列。美国政府宣称:"数据是一项有价值的国家资本,应对公众开放,而不是将其禁锢在政府体制内。"作为大数据的策源地和创新引领者,美国大数据发展一直走在全球最前列。自20世纪以来,美国先后出台系列法规,对数据的收集、发布、使用和管理等做出具体的规定。2009年,美国政府推出Data.gov政府数据开放平台,方便应用领域的开发者利用平台开发应用程序,满足公共需求或创新创业。2010年,美国国会通过更新法案,进一步提高了数据采集精度和上报频度。2012年3月,奥巴马政府推出《大数据研究与开发计划》,大数据迎来新一轮高速发展。

英国是欧洲金融中心,大数据成为其领先科技之一。2013年,英国投资1.89亿英镑发展大数据。2015年,新增7 300万英镑,创建了"英国数据银行"data.gov.uk网站。2016年,伦敦举办了超过22 000场科技活动。同年,英国数字科技投资逾68亿英镑,而收入则超过1 700亿英镑。另外,英国统计局利用政府资源开展"虚拟人口普查",仅此一项每年节省5亿英镑经费。

三、打造高效金融监管体系

(一)侦测、打击逃税、洗钱与金融诈骗

全球每年因欺诈造成的经济损失约3.7万亿美元,企业因欺诈受损通常为年营收额的5%。全球最大软件公司之一美国SAS公司与税务、海关等政府部门和全球各国银行、保险、医疗保健等机构合作,有效应对日益复杂的金融犯罪行为。如在发放许可之前,通过预先的数据分析检测客户是否有过行贿受贿、欺诈等前科,再确定是否发放借贷或海关通关。SAS开发的系统已被国际公认为统计分析的标准软件,在各领域广泛应用。英国政府利用大数据检测行为模式检索出200亿英镑的逃税与诈骗,追回了数十亿美元损失。被福布斯评为美国最佳银行的得克萨斯资本银行(TCBank),不断投资大数据技术,反金融犯罪系统与银行发展同步,近3年资产从90亿美元增至210亿美元。荷兰第三大人寿保险公司CZ依靠大数据对骗保和虚假索赔行为进行侦测,在支付赔偿金之前先期阻断,有效减少了欺诈发生后的司法补救。

(二)大数据风控建立客户信用评分、监测对照体系

美国注册舞弊审核师协会(ACFE)统计发现,缺乏反欺诈控制的企业会遭受高额损失。美国主流个人信用评分工具FICO能自动将借款人的历史资料与数据库中全体借款人总体信用习惯相比较,预测借款人行为趋势,评估其与各类不良借款人之间的相似度。美国SAS公司则通过集中浏览和分析评估客户银行账户的基本信息、历史行为模式、正在发生行为模式(如转账)等,结合智能规则引擎(如搜索到该客户从新出现的国家为特有用户转账,或在新位置在线交易等),进行实时反欺诈分析。

美国一家互联网信用评估机构通过分析客户在脸书(Facebook)、推特(Twitter)等社交平台留下的信息,对银行的信贷和投保申请客户进行风险评估,并将结果出售给银行、保险公司等,成为多家金融机构的合作

伙伴。

四、大数据推动金融产品和服务创新

大数据用已发生的总体行为模式和关联逻辑预测未来、决策未来,作为现代数字科技的核心,其灵魂就是预测。

(一)应用经济指标预测系统分析市场走势

IBM使用大数据信息技术成功开发了"经济指标预测系统",该系统基于单体数据进行提炼整合,通过搜索、统计、分析新闻中出现的"新订单"等与股价指标有关的单词来预测走势,然后结合其他相关经济数据、历史数据分析其与股价的关系,从而得出行情预测结果。

(二)追踪社交媒体上的海量信息评估行情变化

当今搜索引擎、社交网络和智能手机上的微博、微信、论坛、新闻评论、电商平台等每天生成几百亿甚至千亿条文本、音像、视频、数据等,涵盖厂商动态、个人情绪、行业资讯、产品体验、商品浏览和成交记录、价格走势等,蕴含巨大的财富价值。

2011年5月,规模为4 000万美元的英国对冲基金DC Markets,通过大数据分析推特的信息内容来感知市场情绪指导投资,首月盈利并以1.85%的收益率一举战胜其他对冲基金仅0.76%的平均收益率。

美国佩斯大学一位博士则利用大数据追踪星巴克、可口可乐和耐克公司在社交媒体的围观程度,对比其股价,证明脸书、推特和Youtube上的粉丝数与股价密切相关。

(三)提供广泛的投资选择和交易切换

日本个人投资理财产品Money Design在应用程序Theo中使用算法+人工智能,最低门槛924美元,用户只需回答风险承受水平、退休计划等9个问题,就可使用35种不同货币对65个国家的1.19万只股票进行交易和切换,年度管理费仅1%。Money Design还能根据用户投资目标自动平衡其账户金额,预计2020年将超过2万亿美元投资该类产品。

(四)利用云端数据库为客户提供记账服务

日本财富管理工具商Money Forward提供云基础记账服务,可管理工资、收付款、寄送发票账单、针对性推送理财新项目等,其软件系统连接并整合了2 580家各类金融机构的各类型账户,运用大数据分析的智能仪表盘显示用户当前财富状况,还能分析用户以往的数据以预测未来的金融轨迹。目前其已拥有50万商家和350万个体用户,并与市值2.5万

亿美元的山口金融集团联合开发新一款 APP。

（五）为客户定制差异化产品和营销方案

金融机构迫切需要掌握更多用户信息，继而构建用户 360°立体画像，从而对细分客户进行精准营销、实时营销、智慧营销。

一些海外银行围绕客户"人生大事"，分析推算出大致生活节点，有效激发其对高价值金融产品的购买意愿。如一家澳大利亚银行通过大数据分析发现，家中即将诞生婴儿的客户对寿险产品的潜在需求最大，于是通过银行卡数据监控准妈妈开始购买保胎药品和婴儿相关产品等现象，识别出即将添丁的家庭，精准推出定制化金融产品套餐，受到了客户的积极响应，相比传统的短信群发模式大幅提高了成功率。

（六）催生并支撑人工智能交易

"量化投资之王"西蒙斯被公认为是最能赚钱的基金经理人，自 1988 年创立文艺复兴科技公司的旗舰产品——大奖章基金以来，凭借不断更新完善的大数据分析系统，20 年中创造出 35% 的年均净回报率，比索罗斯同期高 10%，比股神巴菲特同期高 18%，成为有史以来最成功的对冲基金，并于 1993 年基金规模达 2.7 亿美元时停止接受新投资。

五、大数据推动金融产品和服务创新面临三大挑战

（一）数据整合困难

目前，全球各行业数据量的增长速度惊人，在我国尤其集中在金融、交通、电信、制造业等重点行业，信息化的不断深入正在进一步催生更多新的海量数据。

据统计，2015 年中国的数据总量达到 1 700 EB 以上，同比增长 90%，预计到 2020 年这一数值将超过 8 000 EB。以银行业为例，每创收 100 万元，银行业平均产生 130 GB 的数据，数据强度高踞各行业之首。但在金融企业内部数据处于割裂状态，业务条线、职能部门、渠道部门、风险部门等各个分支机构往往是数据的真正拥有者，缺乏顺畅的共享机制，导致海量数据往往处于分散和"睡眠"状态，虽然金融行业拥有的数据量"富可敌国"，但真正利用时却"捉襟见肘"。

（二）数据安全暗藏隐患

大数据本质是开放与共享，但如何界定、保护个人隐私权却成为法律难题。大数据存储、处理、传输、共享过程中也存在多种风险，不仅需要技术手段保护，还需相关法律法规规范和金融机构自律。多项实际案例表

明，即使无害的数据大量囤积也会滋生各种隐患。安全保护对象不仅包括大数据自身，也包含通过大数据分析得出的知识和结论。在线市场平台英国 Handshake.uk.com 就尝试允许用户协商个人数据被品牌分享所得的报酬。

（三）人才梯队建设任重道远

人才是大数据之本。与信息技术其他细分领域人才相比，大数据发展对人才的复合型能力要求更高，需要掌握计算机软件技术，并具备数学、统计学等方面知识以及应用领域的专业知识。

英国计算机全民课程要求 5～16 岁学生接受启蒙和基础培训，能自己设计 APPS 和撰写计算机程序。英国很多大学设有大数据硕博项目。美国麻省理工学院通过 edX MOOC 平台发布为期四周的大数据在线学习课程"挑战大数据"可发挥独特有效作用。

（资料来源：《期货日报》，2017 年 12 月 27 日。）

第八章 传统金融互联网化

本章任务目标:
1. 掌握互联网金融背景下传统金融面临的挑战与机遇;
2. 掌握传统金融互联网化的主要模式;
3. 了解互联网金融背景下传统金融的应对策略。

第一节 互联网金融背景下传统金融面临的挑战与机遇

一、互联网金融对银行体系的冲击

(一)商业银行金融垄断地位受到动摇

金融中介一直是传统商业银行的一个重要角色,在金融服务中,作为资产融合和流通的媒介,一直是传统商业银行的主要职能。但是随着互联网金融的发展,其金融中介的地位越来越被弱化。

在传统的融资模式中,因为时间、空间的限制,资金的供给与需求一般不能及时契合,因此商业银行中介地位便尤为重要。但是互联网金融的出现改变了传统商业银行"躺着赚钱"的优势。去中介化是互联网金融的最大特点之一。在互联网金融中为资金的供需双方提供了一个平台,他们可以直接在网上进行合适的匹配,而不需要经过银行、证券公司和交易所等金融中介和市场,从而降低了融资费用。

随着互联网技术的发展,信息的采集难度大幅降低,极大地减少了信息不对称,降低了交易成本。商业银行长期以来的金融垄断地位受到威胁。随着互联网金融的普及,"金融脱媒"已经是大势所趋。

对于传统商业银行融资中介地位冲击最明显的是互联网金融模式中的 P2P 网贷模式和众筹模式。在 P2P 网贷模式中，P2P 只提供平台，而资金的借贷双方借助平台自主寻找适合的搭配。而在 P2P 网贷中，贷款门槛比较低，很多在银行不易获得贷款的客户便会选择网贷。此外，相比于传统商业银行复杂的贷款流程，网贷流程清晰简洁，许多用户自然会选择网贷模式。

在传统商业银行贷款业务中，客户需要提供一系列担保才有资格申请贷款，这对一些白手起家的创业者来说，从银行获得贷款几乎是不可能的事。而在众筹模式中，许多没有担保的人，只要符合众筹的条件，就有可能获得项目的启动资金。

（二）传统金融服务模式面临挑战

在互联网信息技术日新月异的今天，客户们更积极地寻找自己满意的终端时代，都向商业银行原有的服务模式提出了巨大的挑战。传统商业银行的服务理念与模式以"物理网点"为基点，以此对客户需求进行满足。例如，银行重视从业人员的礼仪、用语、网点设计与布局的现代化程度等方面，这些曾是商业银行间比拼的重要方面，但在如今的互联网金融时代，客户的所有操作均可以在线完成，原来礼仪、用语、网点设计与布局的现代化程度都显得不再重要。当前的互联网金融重视客户体验，讲究个性化、多样性的服务模式。互联网金融企业已为客户打造出一种全新的服务体验，而且一切均严格按照客户真正需求，在这种模式下，商业银行不得不摒弃原有金融业务只能在网点办理的观念。同时在互联网时代，客户参与金融活动将大大减少面对面接触的可能，这就要求商业银行改变原有的服务理念，加快改革与创新，才能在抓住老客户的同时吸引新客户。

（三）商业银行支付结算业务受到影响

由于资金供求双方在空间上存在着不统一，商业银行的支付结算业务应运而生。银行的结算业务是指转账结算业务，也叫支付结算。在此业务中，以信用收付来代替现金收付，是指通过银行账户资金转移来实现收付的行为，即商业银行先接受客户委托的代收代付，从付款端的存款账户划出款项，转入收款端的存款账户，从而完成双方债权债务的清算或者资金的调拨。

互联网金融的出现，打破了支付结算在空间上的限制，威胁到了商业银行的支付结算业务。

在互联网金融模式下,人们一般都采用"移动支付"模式。所谓"移动支付",主要是指通过移动通信设备,利用无线通信技术来转移货币价值以清偿债券债务关系。

随着互联网金融的不断普及,移动支付凭借其便捷性越来越受用户青睐,越来越多的资金直接从资金供给者输送给资金需求者,从而避开了银行等金融中介,银行的支付结算功能被弱化。

截至2015年4月,共有270家企业获得了中央银行批准的支付牌照。随着第三方支付的发展,支付方式越来越多样化,用户数量呈指数增长。截至2015年6月,支付宝实名认证用户数量超过4亿,第三方支付方式越来越普遍。通过第三方支付平台,没有开通网银的用户仅需要通过绑定银行卡号或者根据信用卡卡面上的信息简单地完成支付,从而避开了用网银支付的烦琐。

(四)商业银行的基金销售渠道受到冲击

在商业银行的代理业务中,受互联网金融影响最大的莫过于基金的代销业务。

传统的基金产品的销售主要依赖于银行和券商,两者在与基金公司议价时掌握较高的话语权,可以通过收取高昂的渠道费用大幅度挤压基金公司的利润空间。

互联网金融的出现彻底改变了这一传统的基金销售格局。2013年6月,天弘基金与第三方支付平台支付宝合作成立余额宝。

余额宝的横空出世使得整个金融界为之一振。仅仅半年时间,天弘基金就从一家资产管理规模不足百亿元的亏损小公司迅速飙升为行业的龙头老大。截止到2014年底,天弘基金的管理规模达到5 898亿元。

反观传统渠道,中、农、工、建四大国有银行以及各大股份制银行每年销售规模最高峰时总计也不过六七千亿元,大银行的年度发行量几乎从未超过1 000亿元。基金行业空喊了十余年的"打破渠道垄断"的口号,最终在互联网基金的刺激下取得了实质性的突破。

与基金销售的线上渠道相比,商业银行等传统的销售渠道存在明显的不足。一方面,以银行网点销售的传统销售渠道覆盖范围比较小,极易受到地理位置的限制;另一方面,银行营业网点的开设受到监管部门严格的政策限制。而在线上销售模式中,不存在地理位置的限制。只要产品上线,全国各地的用户都可以购买。网上销售的产品监管相对放松一些,这都极大地拓展了基金销售的空间。

(五)商业银行的活期存款被分流

吸收存款发放贷款,以此从中赚取利差一直是传统商业银行的主要盈利模式,而互联网金融的出现,结束了商业银行这种"放贷款—冲存款—增利润"的躺着赚钱的模式。据统计,2014年,大部分商业银行的存款增速出现减缓,而成本比较低的活期存款在总存款中所占比例正在减少,银行的负债成本在不断增加。根据央行发布的数据显示,2014年全年银行业存款增速下降接近4个百分点。

对商业银行存款造成冲击的主要是余额宝。余额宝诞生之后,便凭借其超高的存款利率吸收了大量存款,许多银行存款客户把资金从银行抽出而转投余额宝。

由于余额宝存款的支取不影响收益的超强优势,大量银行存款尤其是活期存款被余额宝分流。而究其不断分流商业银行活期存款业务的原因,首先当属能给客户更高的收益。余额宝将4%~7%的收益分给了成千上万的客户,自己则从中赚取大约2%的收益。即使因为利率市场化而导致余额宝的利率一路走低,其利率也一直高于商业银行。从2016年2月21号起中国人民银行公布的金融机构人民币基准利率中活期利率为0.35%,而余额宝目前的年化收益率为2.559 0%,两者相比,高低立见。

客户将闲置资金放入余额宝,一方面可以赚取利息;另一方面,因为余额宝采取"T+0"的取款方式,可以做到随时取现,客户在使用资金的时候比较便捷。除此之外,余额宝自诞生至今,安全性也是其备受客户信赖的原因。

随着互联网金融的普及,越来越多的"宝宝"涌现而出,传统商业银行若是不能做出有效的应对措施,互联网金融将会越来越多地分流商业银行的活期存款甚至定期存款。

(六)互联网金融使商业银行融资成本上升

余额宝带来的宏观影响,主要是改变了全社会的活期存款和定期存款的比重,有可能是银行存款的平均成本上升。但是银行贷款利率主要取决于贷款者的风险溢价和贷款供需力量的对比,不一定与存款成本同比例上升。

2015年10月24日,中央银行宣布放开商业银行存款利率上限,我国利率市场化基本完成。所以，在利率市场化背景下，最终可能导致的效果可能是，银行利差收窄，由于余额宝等的分流，使得商业银行融资成本上升。

为了应对互联网金融的冲击，很多商业银行也相继推出了属于自己的"宝宝"们，但是银行推出的货币基金，在自救的同时也给自身带来了一定的影响。如民生银行推出的"如意宝"，效仿余额宝实行1元门槛准入，年利率约为2.46%，远高于目前一年期存款利率的1.50%。准入门槛的降低以及利率的提高，无疑提高了商业银行的融资成本。

此外，商业银行的货币基金一般都会和自己的银行卡绑定，这样，客户的一部分资金存入了银行，另一部分资金却用来购买了货币基金。这样，银行的融资成本还是提高了。

二、互联网金融对保险机构的冲击

互联网金融的飞速发展同样没有放过保险业这一最具增值潜力的领域。数据显示，互联网保险在2011年到2013年发展迅猛。尤其是2013年，互联网保费规模翻了几番，互联网保险已成为保险行业不可或缺的一部分。

(一) 互联网保险拓宽标准险销售渠道

互联网金融的发展，极大地促进了保险业的发展，拓宽了标准险种的销售渠道。实际上，早在十多年前，国内主要的保险公司就已经陆续开展了网上销售业务。但因为客户成熟度不够，网上消费习惯没有建立，再加上险种比较单一，客服互动不及时，导致这一时期的互联网保险一直发展缓慢。直到2013年，互联网保险得益于大数据时代的来临，发展速度日趋加快。

目前互联网保险的组织形式主要有以下几种：

(1) 利用公司官网进行直销。这是最简单也是最直接的销售方式。目前已经开通官网销售功能的保险公司超过60家，涵盖国内所有主流保险公司。

(2) 保险公司也可以与互联网服务商合作。目前不仅在天猫、京东、苏宁等电商平台有专门的保险销售频道，甚至包括新浪、搜狐等门户网站也有保险行销业务。保险公司选中这些第三方互联网公司主要是看重这些公司的用户流量。

有一点值得注意,近两年来,保险公司为了抢占互联网市场,将眼光投向天猫商城。国华人寿于2012年12月初在淘宝聚划算平台上仅用时3天就售出4 356笔万能险产品,销售额达到了1.05亿元。随后,友邦保险也于2013年7月入驻天猫商城。据相关统计,中国人保、中国太保、太平人寿、阳光保险、大都会人寿等保险公司均已进驻淘宝网。

(3)通过专注于互联网行业的垂直电商保险网站。例如"新一站"保险网、中民保险网等。该些网站流程优化程度较高,并且在很多功能方面都非常符合互联网特色,因此可以提高顾客的投保效率。

(4)通过专门的外围合资互联网保险公司进行。比如众安在线财产保险有限公司于2013年11月6日成立。其第一款保险产品"众乐宝"已于2013年12月5日上市。设立公司的目的是开发相关保险产品来弥补互联网的弱势。

日益多样化的互联网保险组织形式让网民更加方便地了解各种保险险种,关注度也日益增加,从而可以更好地提高网络销售。据中国保险行业协会的统计显示,2014年年初国内从事互联网保险业务的公司数量从三年前的28家骤升到60家,增幅超过1倍;营收规模增长8倍,达到291亿元,年均增长200%;客户数也从800万增加到5 437万,翻了5倍多。

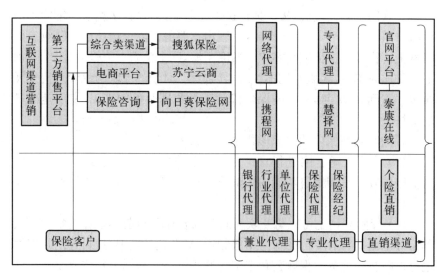

图8-1 传统保险、互联网保险展业渠道对比

(二) 互联网保险促进险种创新

1. 互联网保险使不可保风险变为可保风险

比如海啸险,因为发生概率极低,无法归集到足够的数量以分散风险,所以国内传统的商业保险一般是不予承保的。但是如果通过互联网平台销售,就可以集中大量的同质风险,进而达到分散保险公司风险的效果。

值得注意的是,改革开放以来,我国经济迅速发展,使得我国普通民众逐渐拥有了房产、汽车等资产。据统计,2012年全国城镇人口约7亿人,2.3亿户,仅仅房产一项,就蕴含着巨大的保险需求。如果这个商机被有效开发,形成各式各样的财产保险产品并被有效销售,其保费规模将极为可观。如此,地震风险就完全有可能成为一种可保风险,进而促进社会的稳定和谐。

2. 互联网保险推动创意险研发销售

随着社会的多元化发展,越来越多创意性、个性化的保险需求浮出水面,诸如爱情险、碎屏险、雾霾险等。这类风险通常被视为不可保风险。主要是因为此类风险缺乏统计数据,风险概率无法把握,险种研发缺乏精算基础。但是,如果保险公司能够借助互联网这一平台,便可以迅速地筹集到大量此类风险,从而将这些不可保风险变为一系列的可保风险。大数据时代的到来使得这一从前不可能的任务变得可能。另外,为确保自己研发的市场产品能够不断创新,应当采取措施吸引专业性的设计人才来研发保险产品,同时确立保险定价机制。

(三) 互联网保险发展趋势

1. 保险产品不断创新

线上保险和线下保险不仅仅是销售渠道不同,它们在险种的侧重和客户定位上也大不相同。线上保险更多的是将基层消费者定为其客户群体,大量研发低成本的小额险种,使互联网保险进入寻常百姓家庭,成为居民生活中的一种必需品。

与此同时,网购时代到来,各大行业领域可以开发与其相适应的互联网保险产品,并借助电子商务平台让居民网购更加安全放心。另外,为解决卖家和买家的信息不对称问题,可以选择推出各种创新性的保障网民利益的险种等。

2. 产品和客户群定位愈加精准

充分挖掘和利用互联网中存在的海量数据是互联网金融的关键所

在。互联网保险公司可以通过第三方数据公司提供的客户上网行为报告,或者自行开发的网络软件,统计分析目标客户群的消费倾向和消费习惯,并充分利用数据流以及信息流来达到量身定制客户需求的目的。与线下相比,互联网保险所特有的客户分类功能使得其客户群定位愈加精准。

3. 互联网保险链不断完善

要达到完善互联网保险的线上活动,进一步发展互联网保险的销售端,使客户可以点一下手机或者打开电脑便可以得到相应的服务或者理赔的目的,就要求选择更加专业化的服务人员来进行互联网保险线上操作,使互联网保险业务更加流程化、标准化和规范化。

同时,互联网保险也能让传统的保险公司从 1.0 时代进步到 2.0 时代,即让保险公司和客户互动起来。不仅保险公司向客户销售产品、提供服务,同时客户也对保险产品的改进、服务的提升提出建设性的意见。

另外,鉴于保险业务的特殊性,大数据的积累和应用是非常关键的。保险业数据资产的变现也是未来互联网金融的发展趋势。

三、互联网金融对证券体系的冲击

国内的证券市场在经过多年的发展之后,速度开始放缓,券商也逐渐进入瓶颈期。据统计,到 2014 年年末,信托公司管理资产规模已经接近 14 万亿元,而比信托公司基础要好、业务链条更长的证券业资管规模却只有不到 8 万亿元,并且这种增长还主要集中在近几年内。证券行业的互联网化是解决目前所面临困境的主要手段之一。

所谓网络券商,即广义的证券电子商务化,是"大平台"的概念。这一概念是"证券交易电子化"的进一步延伸,是对"证券行业网络化"的实现。如何将目前证券行业所面临的同质化竞争转换为互联网思维方式及信息技术应用能力方面的竞争,是问题的关键所在。

网络证券是指利用海量的互联网数据来获取证券实时信息,检索证券相关经济、金融以及市场方面实时行情,并通过互联网来实现交易的一系列活动。网络证券的实施能够有效地提高证券市场的效率,同时降低交易成本并突破时空限制。

当然,互联网金融带给传统券商的不仅仅是可能的机会。短期来看,互联网券商对券商业务的冲击非常显著,尤其是在经纪业务。此块业务壁垒低、现金流好,至今仍是券商主要的收入来源,总体占比仍然达到50%。

证监会于2000年正式颁布《网上证券委托暂行管理办法》。截至目前,我国所有券商均已陆续实现狭义角度的"证券电子商务",即证券的网上委托交易。

不过就目前来看,大多数券商的网络交易平台功能依旧较为单一,仍具有较大的改进空间。特别是针对高净值客户,特色服务较少。券商的网站大多只是起到对公司宣传、提供交易行情以及交易软件下载的功能;并且,这种狭义角度的证券电子商务已经完全普及,因此并不具备实际意义上的竞争力。本书所讨论的券商的互联网金融是更为广义、更为全面的互联网金融的概念。

在互联网金融高速发展的大趋势下,券商也纷纷投入金融业务创新当中。在实现狭义角度的证券电子商务之后,如何进一步推进互联网与券商相结合成为券商关注的焦点。从目前来看,券商经营模式的选择主要有以下几种:

(一) 电子商务平台建设

自建电子商务平台,其实就是券商向下游发展的一种新的模式,最为典型的是搭建网上商城。目前,华泰证券等诸多券商已陆续建成网上商城,销售包括自家交易软件,以及投资资讯服务、投资顾问套餐等一系列的增值类服务。截至2014年年底,大多数券商基本实现自建电子商务平台,也基本拥有网上开户功能。

(二) 进驻第三方电商平台

2013年3月,方正证券在天猫商城设立"泉友会旗舰店",成为国内首家登录第三方B2C电商网站的券商。该旗舰店主要定位于业务展示及服务产品销售,但从实际销售情况看并不理想。从实际效果来看,该模式与余额宝等嵌入第三方机构的理财产品相比,还有一定的差距。

(三) 与第三方电商形成战略合作

嵌入第三方电商模式中,最具有代表性的便是余额宝。余额宝由淘宝于2013年中期推出,是与天弘基金合作的嵌入淘宝内的一款新型余额增值服务。通过将资金转入余额宝中,用户不仅可以获得相对于活期存款高出十几倍的收益,而且能够随时完成消费与支出,具有极高的灵活性。余额宝发售不到6天,用户数量突破100万。2014年年初,余额宝使用人数就接近1亿元。而天弘基金也由此从籍籍无名一跃成为全球第四大货币基金、中国第一大基金和货币基金,成为互联网金融业内一大奇迹。

在互联网金融发展的大势之下,券商必须适应整个金融行业。从目前来看,通过电子商务平台的构建,将互联网打造成为券商拓展业务的另一战场,完整地将券商的主要业务转移到网络之上是实现券商互联网化的关键所在。在技术规划层面上,券商也需要通过搭建强大的数据后台、建设功能多样的中台并完善多样化的前台,来实现对互联网化的支持。

面对互联网金融所带来的冲击,券商不仅要在资金成本方面有巨大的投入,同时还需涉及诸多现有业务的流程再造问题。这使得券商在转型过程中必定会面对决策风险和经营风险。无论是哪个行业,创新要永远走在监管前面。

在崭新的金融趋势之前,券商既需要提高自身风控能力,又需要合理避免过度审慎经营,艺术地衡量好风险与机会,才能够在新一轮的金融创新大潮中实现弯道超车。

四、互联网金融下传统金融的机遇

(一)互联网金融倒逼了传统金融经营模式转型

互联网金融对传统金融业务带来了一定程度的冲击,但在互联网金融背景下,同样为传统金融的转型提供了强大的契机。

以商业银行为例,我国商业银行在高速发展过程中,依然存在着粗放经营、同质化竞争、较低水平创新等问题。随着金融市场的发展和金融改革的推进,国内银行依靠传统经营模式获得竞争优势已经十分困难,银行必须转变经营模式。作为信息和网络技术发展的成果,互联网金融能有力促进银行的转型升级。从银行本身而言,在互联网金融中取其所长,发展自身的电子商务,可以有效地推动银行商务流程再造,拓展服务渠道,降低运营成本,提高经营效率。从外部竞争来说,银行进军电子商务,可以开拓银行业务,获取优质客户,抢占市场制高点,提高综合竞争力。

(二)互联网金融为传统金融改善客户服务提供了新的思路

在互联网金融出现之前,传统商业银行服务大多聚焦于高端的大型企业,而对中小微企业以及个人客户的服务仅停留在吸收存款方面,对其贷款要求十分严格。长此以往,大多数中小微客户对商业银行的服务心存不满。

随着互联网金融的发展,作为金融长尾的中小微客户成为各大互联网企业以及银行争夺的资源。这就使得商业银行极大地改变了以往对客户服务的思路。

在消费贷款和小微企业贷款方面,商业银行利用互联网通过数据的挖掘和分析,找出潜在的客户以及客户的潜在需求,从而开发能够满足客户需求的产品和服务,更好地做到"以客户为中心",为客户提供更多更适合的信息和服务。这样,传统商业银行不仅可以拥有大型企业客户,也可以将小微企业囊括其中。

目前,许多银行已经推出了相应的可以满足客户需求的产品,如民生银行推出的如意宝,它充分借鉴了余额宝的经验,实现了随时赎回以及最低1元的低准入门槛,为客户理财提供了更多选择。

(三) 互联网金融为传统金融信用风险管理提供新的工具

在对小微企业的业务办理中,传统商业银行可以利用互联网技术,有效地突破地域限制,使小微企业实现网络社区化,从而构建一个庞大的网络"熟人社会",通过挖掘和分析整合相关人际关系的信息,进行合理的分类,大大提高小微客户信用行为的透明度。

互联网能够直接收集和监控到第一手信息,因而信息的真实性比较高,可以做到"场景性评审";相反,商业银行传统的线下审核模式只能依靠客户经理去搜寻各种第三方资料,只能做到"转述性评审"。很显然,互联网金融得到的第一手信息比客户经理搜集到的第三方资料更加可靠和准确。

第二节 传统金融互联网化的实践与模式

一、银行业的电子化与互联网化

我国银行业的互联网金融创新已经有一段历史了。最早可以追溯到1997年,招商银行推出了第一家网上银行,用以产品推广、客户服务等。

互联网技术的飞速发展,给商业银行带来了产品创新的条件,依靠技术创新的手机银行、ATM等远程服务平台也在加速建设。商业银行的大多数业务都实现了电子化，同时以提供优惠的方式鼓励用户将业务从物理网点转向电子网点。但在互联网技术快速发展而出现的与金融结合催生出新的金融模式的冲击下，商业银行必须加快金融创新的脚步。

（一）商业银行电子化和网络化的发展历程

商业银行的电子化和网络化都是为了给用户带来方便的。从发展历程来看，世界上第一台 ATM 机（自动取款机）问世于 1967 年，使得用户能在 24 小时的任何时间取款，而不仅仅局限于银行的营业时间。在国际上，常用到的取款工具诸如维萨卡、万事达卡，在国内通常是银联卡。

互联网技术在银行服务中的应用由来已久。一般有两种运营模式：一种是传统银行的网络化，即借助于互联网在传统银行的业务上增加电子银行和网上银行，一般称为网上银行，另一种是网络银行，即没有线下的物理网点的独立网上银行。

20 世纪 90 年代，随着互联网技术的应用，网上银行开始发展。1995 年，富国银行开始在互联网上提供金融服务。在国内，1998 年 4 月，招商银行开通了网上银行服务。

1995 年，美国成立了第一家没物理网点的真正意义上的网络银行——美国第一网络银行。

2000 年，由荷兰国际集团建立的网络银行 ING Direct 开始运营。

在国内，开设网络银行仍然处在探索阶段，直到 2015 年 1 月深圳前海微众银行的成立，使得我国在网络银行的探索中跨出了重要的一步。

随着智能手机的应用、移动网络的普及，电话银行和手机银行也出现在人们的视野中。

传统银行的金融服务，诸如查询、转账、公用事业缴费，甚至小额贷款等也越来越多地搬到了网上，节约了客户的时间成本。在互联网金融模式下，传统商业银行的经营模式和管理模式等都受到了冲击，对商业银行的影响是不可避免的。

（二）传统商业银行业互联网化的发展模式

面对互联网金融的冲击，为抓住互联网快速发展带来的机遇，各大银行纷纷开始了自己的布局，不断推出金融创新产品。

1. 建立自己的电子商务平台

2007 年，为解决中小企业融资难的问题，中国建设银行曾与阿里巴巴展开合作，为拥有良好网上交易信誉的杭州中小企业进行便捷小额贷款服务。但是这项合作在2011年终止了。随后建行开始建立自己的电子商务平台——善融商务。

2012年6月,"善融商务个人商城"和"善融商务企业商城"两大电子商务平台同时上线,两者分别定位为B2C(面向个人消费者)平台和B2B(面向企业用户)平台。在电商服务方面,善融商务提供的平台模式,涵盖商品批发、商品零售、房屋交易等金融领域;在金融服务方面,将为客户提供从支付结算、托管、担保到融资服务的全方位金融服务。对于认证的买方会员,"善融商城"还提供信用卡分期付款方式购买商品。

除建行外,中国工商银行推出的电子商务平台"融e购"于2014年1月12日正式上线营业。工行既顺应电子商务的发展趋势提升客户体验,同时借助于支付灵活、融资便捷的金融优势,凸显了购物可贷款、积分可抵现等服务模式。交行打造的电子商务平台"交博汇"也已经开始运营。银行在提供增值服务的同时获取用户的交易信息,掌握客户的数据信息成为银行发展的重要一环。

2. 与电商平台合作涉足小额贷款业务

为解决中小企业融资难的问题,建行携手敦煌网于2010年6月30日签署了战略合作协议,推出了"E保通",面向小微企业提供小额网络信贷业务。这项业务是基于敦煌网客户的网上交易记录及信用的在线融资服务。敦煌网卖家申请贷款无须实物抵押,不需要第三方担保。"E保通"的优点如图8-2所示。

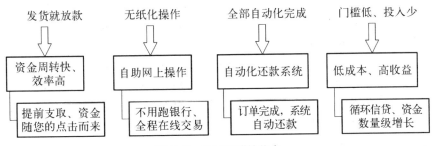

图8-2 "E保通"的优点

工商银行联手阿里巴巴推出了"易融通"。在电商平台上经营的商户提供自助申请贷款、提款、还款的短期小额流动资金贷款业务。只要经营正常、收入稳定,商户都可以根据自身的情况,采用信用、第三方保证、联保和抵(质)押的方式,通过工行网上银行或者阿里巴巴的电商平台进行自助贷款申请。工行会自动受理商户的贷款申请,并根据商户提供的融资需求量、还贷资金的来源等确定商户的贷款额度,从而实现贷款的发放。

3. 利用各类网络平台进行互联网营销

依托互联网开展营销活动成为传统渠道的有力辅助。银行的推广手段已经不仅仅局限于电话和短信,而是转向了社交网络,利用微博、微信进行"社会化营销",例如宣传企业品牌,发布最新产品资讯等。

农业银行在开心网的热门组件——开心餐厅中进行植入式营销。虚拟餐厅的游戏内容包括诸如汇款、缴费、转账等业务环节,与真实生活中的场景很相似。

农行的营销是,给经营虚拟餐厅的用户随机发送建造"农行 e 顺体验馆"的机会。游戏期间,用户还可以通过回答问题得到额外的奖励,这些问题都是与农行的电子银行业务和产品有关的。

招商银行利用微信、腾讯认证空间进行社会化营销。腾讯认证空间成为招行信用卡在社交平台的"宣传阵地",用户不仅能访问有关信用卡方面的信息,还可以查询到招行的最新热点信息。而微信服务号成了招行的客服平台。为了提供自助查询服务,招行对信用卡微信服务号进行了二次开发,这样不仅可以极大节省人工服务的成本,而且用户也可以更便捷地得到服务信息。

这些依托互联网的社会化营销不仅能够为银行节约人工成本,还能够减少用户的时间成本,让用户简单明了的清楚产品的情况。

4. 发展网络直销银行

这里说的"网络银行"与一般的传统商业银行不同,是指没有物理网点,直接在互联网进行金融产品的销售和客户服务的商业模式。最著名的是由荷兰国际集团于 1997 年在加拿大首创的 ING Direct,所有的业务都是通过网络和电话办理,没有具体的物理网点,只在一些少量的咖啡馆用于产品的宣传和满足客户对于接触实体网点的需求。

ING Direct 只推出了抵押贷款、储蓄、支付账户等简单的金融产品和服务。其理念就是通过简化产品种类和销售过程使得金融服务变得简单。

经过 10 多年的发展,ING Direct 已经成为全球最成功的网络银行。

在中国，已经有一些商业银行在这方面进行了实践。中信银行于2013年成立网络银行部，在网上销售基金、保险、小额贷款等金融产品，力争在互联网上再造一个"中信银行"。值得一说的是微众银行，严格意义上说算是中国首家互联网银行。

2014年12月12日，国内互联网巨头腾讯公司旗下民营银行——深圳前海微众银行（下称微众银行）正式获准开业，这是中国首家互联网民营银行。微众银行没有具体的物理网点，也无须财产担保，而是依靠人脸识别以及运用大数据和云计算分析客户的金融活动情况来给客户的信用评级进行放贷。

微众银行追求的是普惠金融，服务工薪阶层、自由职业者等普通人，以符合国家政策导向的小微企业和创业企业为目标客户群，提供差异化、个性化的理财方案，全力打造"个存小贷"特色品牌。

2015年1月4日，李克强总理在深圳前海微众银行敲下电脑回车键，卡车司机徐军就拿到了3.5万元贷款。这是微众银行完成的第一笔放贷业务。2015年1月18日，微众银行开始试营业。

微众银行的运营模式降低了营运成本，又应用大数据和云计算来征信放贷，无疑能倒逼银行进行创新。可以预见，将来小额贷款领域的竞争会愈加激烈。

二、证券业的电子化与互联网化

随着互联网金融的产生和高速发展，证券业也进入了积极探索期。一方面，券商将传统业务互联网化，充分利用网络运营成本低、便捷等优势，在互联网和移动平台为客户提供有效的服务；另一方面，券商基于互联网进行业务创新，在一定程度上脱离现有的各业务类别，依托大数据、社交网络、云计算等，促使投融资双方在线上直接对接。互联网与证券的融合拓宽了证券营销的渠道，加剧了同业间的竞争，同时也加速了券商业务模式的转变。

（一）证券业互联网化的政策支持

2000年以来，证监会制定了多项政策，为互联网在证券业的发展提供了相关的制度保障。

2000年，证监会发布的《网上证券委托暂行管理办法》从监督层面正式肯定了我国证券交易互联网化。

2012年,中国证券业协会发布《关于证券公司开展网上开户业务的建议》,对网上开户进行了讨论,并且初步确定网上开户的可行性。

2013年,《证券公司金融衍生品交易分析管理指引》等相关规范的发布,为证券业互联网化的进一步发展铺平了道路。

2014年,《国务院关于进一步促进资本市场健康发展的若干意见》中强调,建立健全证券期货互联网业务管理规则,支持证券期货服务业、各类资产管理机构利用网络信息技术创新产品业务和交易方式。

(二)证券业互联网化的基本思路

传统券商在多年的电子化历程中已经积累了大量的用户数据和丰富的经验。券商要想在未来互联网金融的竞争中占主导优势,必须将自身的优势和互联网金融进行有效的对接,要向互联网金融下的思维模式和商业模式转变。互联网金融的本质是利用互联网思想和技术改变传统金融,再借助互联网平台模式构建互联网金融生态圈,结合自身的专业和资源优势实现互联网金融平台的可持续发展。券商要在建设平台的过程中调整自身的业务结构,从经纪业务占主导的盈利模式向经纪业务、投资银行、资产管理和自营业务四大板块协同发展,并结合客户需求提供好增值服务。

(二)证券业互联网化的实践探索

1. 互联网开户

互联网技术的发展和相关政策的松动使得券商的非现场开户成为可能,同时非现场开户比例也在逐步提高,展业成本降低。例如,国金证券和腾讯公司于2014年2月20日开通佣金宝,实现证券行业首个"1+1+1"互联网证券服务产品,通过电脑及和手机实现7×24小时网上开户,成功开户后享受"万分之二点五"(含股票交易规费)沪深A股、基金交易佣金。

2014年3月,中山证券和腾讯公司联合推出"零佣通",将佣金直接降到了零,虽然这一业务开通仅仅一天,就被证监会叫停,但是由此可以看出,佣金率不断下降直至降到零也有可能。

2. 网络证券的推出

互联网拥有开放、平等、分享的特质。互联网金融的基本模式是平台模式,移动互联技术越发成熟也要加强移动终端的开发。券商充分利用互联网的平台模式,构建互联网金融生态圈,要加强自身的平台建设,加强与第三方平台的合作。目前,已经有多家券商在积极布局网络证券。

2013年3月,方正证券泉友会旗舰店在天猫商城开业,成为首家在电子商务平台上开店的券商,这是方正证券在金融创新方面的一次重要尝试。方正证券通过天猫平台,进行业务展示和服务产品销售。

2014年4月,中金证券联合雪球网推出互联网私募平台——私募工场。中金证券依托雪球网帮助私募客户成立公司、设计产品、提供投研服务,在平台上列示私募产品的净值以及相关业绩分析等服务。目前,已经与多家客户进行了合作。

移动互联网浪潮的兴起深刻影响着证券行业的生存业态,佣金低至红线已不可避免,独辟蹊径的券商开始瞄上小贷业务。2014年4月18日,上海证券推出移动证券平台"指e通"和移动主打产品"速e融",是业内首个"集投融资功能于一体、全线上快捷操作"的移动证券APP,即集"快速开户、快速交易、快速融资"为一体,并具有三大特点,7×24小时办理证券开户、后端对接快速交易通道、实现股票微质押业务。通过APP、移动网站不仅能够方便用户使用,而且能够增加用户黏性。

上海证券表示,这是向"全渠道互联互通,线上线下协同发展"移动金融战略迈出的第一步。

3. 构建金融服务综合性平台

从数据统计可知,目前,经纪业务收入仍然是券商的主要收入来源,比例达到40%左右,而传统券商面临着互联网金融的冲击,首当其冲的便是经纪业务。例如,佣金宝、零佣宝的出现,不仅将佣金率降到万分之二点五,甚至降到了零,如果传统券商不进行业务结构调整,将在互联网金融的冲击下损失惨重。

传统券商利用网络渠道的高效率和低成本降低经纪业务的成本,使得佣金大幅下降,证券行业的总体收入和利润也降低了。近十年来,电子商务得到快速发展,人们网购习惯普遍培养起来了,与传统券商的经纪业务模式相比,电商平台将更具吸引力,分流客户群,使得券商客户减少。

互联网企业大都采用平台模式,完全可以用平台为其他金融业务提供增值服务的收入来补贴经纪业务,如此实现经纪业务免费也是完全可行的。这一切都促使传统券商积极调整业务结构。

因此,一些券商积极构建互联网金融平台(无论是自建平台或者是与第三方电子商务平台合作),调整业务结构,以应对互联网金融的冲击。

同时，移动终端的发展也给券商提供了营销和宣传的新渠道。在便捷购买产品、服务以及产品资讯推送等方面，移动营销有着巨大的发展空间。券商可以借助移动互联网，提供智能化、人性化、一站式的金融服务。

4. 运用数据挖掘对客户进行需求分析

券商电子化过程中积累了大量的客户数据信息，利用大数据对客户的数据信息进行分析，了解客户的需求。实现客户需求的智能推荐，实现精准营销，为客户提供个性化的服务；促进券商互联网金融产品的创新，开发基于大数据的标准化和批量化的证券金融产品，打破人海战术的高成本和低效率困境。

目前多数证券公司的人员正在向总部集中，将传统的客户回访收回总部进行统一操作。一方面，方便总部统一管理，也可以避免数据在传输过程中丢失，能够使得证券公司全面掌握客户的需求，方便进行营销和制定个性化的服务；另一方面，券商可以为数据挖掘提供可靠的客户数据，也为未来移动互联网环境下为客户提供更加个性化的服务打下基础。

5. 针对互联网趋势进行内部重组和流程再造

服务思路方面，传统的服务模式是以企业自身为中心，而互联网金融将这种模式向以客户为中心转变，价格竞争将转变为服务竞争，以客户为中心的时代到来了；服务方式方面，传统的服务方式是客户主动咨询和搜索，而互联网金融模式下券商是基于大数据分析主动向客户进行智能推送，精确匹配；产品和服务方面，为客户提供个性化的产品和服务将成为券商竞争中的重要因素，这可以避免券商同质化竞争造成资源的浪费。

三、保险业的电子化与互联网化

在信息化飞速发展的时代，互联网金融给传统金融行业带来了前所未有的冲击。保险行业也不例外，由此形成了一种全新的保险经营模式——互联网保险。

中国保险行业协会（2014）在研究报告中指出，保险界一般将互联网保险定义为保险公司或保险中介机构通过互联网为客户提供产品及服务信息，实现网上投保、承保、保全和理赔等保险业务，完成保险产品的在线销售及服务，并通过第三方机构实现保险相关费用的电子支付等经营管理活动。

互联网保险以其优势颠覆了传统保险的经营和服务模式，为保险业的发展带来了机遇和挑战。发展互联网保险必然成为中国保险行业的发展趋势。

(一) 传统保险行业面临的困境

传统保险行业的整体形象较差。长久以来,保险行业的社会形象和口碑都较差,问题主要集中在:保险从业人员素质偏低、销售环节严重误导投保人、理赔困难等。这些问题给传统保险的线下销售带来了一定的困难。

1. 传统保险销售体系成本较高、利润较低

传统的保险营销分为直接营销和间接营销。直接营销方面,保险行业不得不付出大量的人工成本;间接营销方面,诚信问题使得保险代理人销售保险困境重重,而银行代销保险形成了一定的垄断势力,保险公司的话语权和议价权在逐步丧失,并且银行代销保险的佣金费用不断提高,造成保险行业利润不断降低。

2. 产品单一,服务配套不完善

传统保险中的理财产品居多,脱离了保险风险保障的核心。保险公司以高收益率的理财险吸引了大量客户,但是在我国保险资金运用收益率较低的情况下,理财险的高收益率能不能持续下去还是个未知数。

3. 资源配置效率不高

在我国传统保险市场上,大型保险公司占有大部分的市场份额,而中小型保险公司仅占有小部分市场份额。在近似于垄断的市场中,资源大部分掌握在大型保险公司手中,使得市场的资源配置缺乏效率,并且容易造成保险行业缺乏创新机制,从而影响整个保险行业的资源配置效率和健康发展。

4. 消费群体变化

在互联网环境下成长的"80后""90后"成为网络消费的主体,而对于保险业务来说,传统的保险销售渠道受到限制,对这部分消费群体缺乏敏感度,不能覆盖这个消费群,以至无法拓展新的市场。

(二) 互联网保险的优势

1. 降低运营成本

互联网可以帮助保险企业大大降低成本,成为普惠金融的最好助力工具,保险业将迎来廉价保险甚至免费保险时代。

运用互联网营销保险,可以将整个保险的价值链的成本降低至40%

左右。通过互联网营销保险,可以降低交易成本,甚至可能消除支付给代理人和经纪人的佣金,实现去中介化。

运营成本降低,不仅能使保险公司增加盈利,还能降低各险种的投保费率,从而惠及消费者。

2. 突破时空界限

通过互联网营销保险,保险公司可以随时随地提供服务,同时免去代理人和经纪人等中间环节,降低投保和理赔等环节的时间成本,使得规模经济更加突出。

3. 增强互动性

通过网络自助服务,消费者能够迅速、便捷地得到保险公司的背景资料和具体险种的详细介绍;同时能够给消费者带来更多的自主性,降低传统营销方式给消费者带来误导的风险。消费者通过网络可以了解到不同保险公司的险种情况,对比不同保险公司的产品,挑选最合适的公司投保,同时增强保险公司和消费者的互动性。互动性的增强,拉近了消费者和保险公司的距离,有助于保险公司更好地了解消费者需求,进而提供有针对性的产品和服务。

增加获得客户资源的渠道。保险公司可以与互联网公司合作或者利用网络平台进行社会化营销,不仅能宣传品牌、推广产品,而且还可以利用这些平台获取客户的名单资源,有利于保险公司进行有针对性的产品推广。

(三) 互联网保险的实践探索

互联网保险的发展可以大致划分为萌芽期、探索期、全面发展期、爆发期四个阶段。

1. 萌芽期(1997—2007 年)

1997 年底,中国第一个保险网站——互联网保险公司信息网诞生,并在当天帮助新华人寿保险公司签订了第一份网上保险单,这标志着中国保险行业迈入了互联网的大门。

2000 年 8 月,太平洋保险公司和平安保险公司先后上线了自己的全国性网站。同年 9 月,泰康人寿保险公司推出自己的全国性网站"泰康在线"等。

这一时期,市场环境和互联网技术还不成熟,网络购物还没有兴起。

2. 探索期(2008—2011 年)

阿里巴巴等电子商务平台的兴起促进了中国互联网的大发展。互联网的发展推动了保险业的发展,同时政府在政策上也加大了对互联网保险的扶持力度。

2011年8月,为大力发展保险电子商务,推动电子保单以及互联网、云计算等新技术的创新应用,保监会颁布《中国保险业发展"十二五"规划纲要》。

2010年,淘宝保险商城上线。

2011年,28家保险公司开始出售互联网保险产品。这一时期,由于技术日趋成熟,加上政府的扶持,互联网保险进入快速发展期。

3. 全面发展期(2012—2013年)

保险公司依托官网、第三方电子商务平台、网络金融超市等开展互联网业务。其中,第三方电子商务平台凭借其庞大的客户群、流量和信用等优势成为推动互联网保险发展的中坚力量。

2013年被称为互联网金融发展元年。这一年,互联网保险实现了跨越式的发展。

2013年"双十一",寿险产品的总销售额超过6亿元,其中,国华人寿的一款万能险产品在10分钟内就卖出1亿元;生命人寿在当天8小时内销售总额破亿元。

这一时期,网民数量的大规模增加以及网购的兴起,消费者对互联网保险的认知度不断提高,各个险种的保费规模呈现出高速增长的态势。

4. 爆发期(2014至今)

在这一时期,不但B2B、B2C营销模式,而且O2O(Online to Offline)模式将得到普及。保险公司利用大数据和云计算对消费者的需求进行精确分析,将会推出为消费者量身定制的险种,实现保险(诸如车险、人身保险等)的定制化。

2014年12月,为规范互联网保险经营行为,保护消费者合法权益,促进互联网保险业务健康持续发展,保监会颁布《互联网保险业务监管暂行办法(征求意见稿)》,国家对互联网保险提供了政策支持。

随着移动互联技术(诸如WiFi和4G网络)的不断发展和普及,互联网保险业务也将向移动终端拓展,保险网销成为保险销售的主要渠道之一。

(四) 互联网保险的发展模式

1. 加强自身平台建设以及其他平台合作

保险公司要加强自身网络平台的建设,还要加强与第三方平台以及其他社交平台的合作。保险公司的官网要从过去单纯介绍公司和产品、发布新闻资讯的网站转变为能够提供营销和客服功能的综合平台,能够提供即时咨询、对产品的在线投保、自动审核、即时付费、在线取得保单、自助客服和理赔操作等服务,并能记录访问客户的相关情况,以实现公司对客户的关系维护和管理。

2. 利用大数据进行分析

无论是传统的保险营销还是互联网保险营销,保险公司都积累了海量的客户数据。在大数据时代,保险公司可以根据积累的客户数据信息分析和计算,从而实现针对不同的消费者定制个性化保险产品和服务。例如,在车险方面,保险公司可以对司机的开车习惯、他经常走的线路,以及司机的性格等信息进行多维度的综合计算,精确分析出在一定时间范围内司机要交的保费;同样在寿险方面,保险公司可以对客户的生活习惯、健康状况、过往病史、家庭成员的健康状况等进行多维度的分析和计算,确定在一定年限内投保人要交的保费。可以推测,未来互联网保险可以利用大数据和数据分析在一定程度上实现保险产品的定制化。

3. O2O 模式

互联网使得我们的日常生活变得越来越高效和便捷。同样地,互联网保险也要变得更高效、便捷。这催生了一种新的销售模式——O2O 模式,即线下咨询、线上交易。客户可以在官方网站上进行需求分析测试,根据测试结果,客户可以通过电话咨询或者让保险经纪人上门为自己制订或修改保险计划,客户确定要购买后,进行扫码支付,完成最后的交易。未来的发展趋势是人们对健康的关注度越来越高。相应地,为满足未来消费者的需求,保险公司也要转变产品的设计理念,保险产品要向保险的核心产品——保障性产品转变。

这种模式也强化了保险公司的内部管理,使得保险公司培养更专业的团队以提供更专业的服务。

4. 移动终端模式

智能手机的普及、互联网的发展使得中国移动网民的数量不断增加,潜在市场的规模在逐渐增大,保险公司向移动终端的投入也应该增大。之前在门户网站投放广告,未来可以投放到移动终端上,这样广大消费者会以更便捷的方式得到产品信息,推动互联网保险在移动终端的社会化营销。利用移动终端进行社会化营销,同时还可以获得海量的用户数据,使得保险公司更全面地掌握客户的需求,增加保险公司和用户之间的交互性,促使服务更加社会化。

第三节 互联网金融背景下传统金融的应对策略

信息和网络技术的快速发展推进了金融业的转型,而未来新兴的信息和网络数据,如移动互联网、大数据、社交网络等对传统金融的转型也会起到有力的推动作用。在互联网金融发展得如火如荼的今天,传统金融应借鉴互联网思维,实施有竞争力的应对策略。

一、改革层级制度,使管理趋向扁平化

传统商业银行的层级制管理使得银行既缺乏对市场的敏感度,又存在管理机构过多、运行成本较高等问题。

传统的层级制度已经严重制约了银行的长足发展。因此,要实现商业银行的供给侧结构改革,首先要变革银行的层级制度。

银行层级制度改革,首先要压缩整个银行纵向体系的汇报层级数。在这一方面,我国商业银行可以学习英国渣打银行的经营模式。在扁平式组织构架模式下,正常设置行长、副行长等职位,但是总行需要设置相应的职能部门,各地区分行需要设置与总行相对应的职能部门。但是,渣打银行在业务处理方式上,与我国不尽相同。

例如,公司业务部对公贷款时,分行风险管理部门有权限对放款与否做出审批。对于符合条件的贷款者,分行风险管理部门可以直接向总行风险管理部门进行汇报,而不需要通过层层的分行副行长以及行长等的签字审批。在这种模式下,总分行同一部门可以实现完美对接,大大节省了各层级的业务审批时间,提高了整个银行体系的办事效率。

在互联网金融冲击下,各个分行或者支行,打造扁平式的经营模式也尤为重要。当下金融领域正在接受互联网的洗礼,互联网从技术和思维两种角度深深改变了金融领域,加速了金融领域转型的过程。

银行的管理者能够借鉴当前互联网金融改革成功案例,并且实现商业银行管理网络化、扁平化，使得员工可以通过网络平台向决策层直接提出意见和建议，充分激发一线员工的活力与创造力，缩短决策时间，凝聚银行智慧，跟上时代的步伐。

二、借鉴互联网金融优势，实现运营模式转型

面对互联网金融的挑战，传统金融转型已是必然趋势。传统金融和互联网金融像是一个体系中因环境不同所形成的两个不同分支，而不是简单地说，互联网金融的出现对传统金融是一种颠覆。互联网金融带给传统金融的真正启示是用新的互联网思维去审视和改变原有的产品与服务，使其客户获得更佳的体验并变得更有黏性，进而赢得金融长尾客户的市场并从中获得利润，这也是传统金融互联网转型的方向。

（一）发挥自身优势，打造以金融为中心的网络生态圈

在利率市场化和金融脱媒的大背景下，传统金融必须发挥自身优势，取长补短，加快对供应链金融领域的布局。

在市场经济条件下，盲目与互联网金融企业合作，并不能使传统金融机构自身利益最大化。传统金融应发挥自身的品牌优势与资源优势，跨界为客户引进、提供其生产、生活所需要的非金融服务，尝试建立以金融为中心的网络生态圈，提升客户的黏性，让数据成为资源，从而提高自己的竞争能力。

建议以金融为中心的网络生态圈，可以通过打造多层次的商户模式来实现。

要打造多层次的商户模式，首先需要构建集销售和推广平台、采购与消费平台以及支付与融资于一体的金融服务平台。传统金融可以对信息流、用户流以及资金流等数据进行统一管理。

其次，商业银行还可以运用自身的资金优势，将购物与消费信贷相结合，对于订单满一定额度的用户可以提供优惠或者可以申请分期付款等。客户可以使用自己的信用卡、借贷卡或者其他账户直接进行网上借贷，这样便将消费端与购物平台实现了无缝结合。

在支付领域，商业银行可以借鉴互联网第三方支付平台的经验，通过二维码支付的方式将商户与手机支付联系起来。这样，银行除了可以获取消费者的姓名、年龄等硬信息，还可以凭借其消费数据来判断其喜好，

从而推出更有竞争力的产品。

在打造网络生态圈的过程中,传统金融更要以客户的体验为中心。比如,传统金融机构可以免去用户烦琐的注册程序,凭借密码和网银账号直接登录等。在与商户的合作过程中,也要勇于创新。传统金融机构可以与商户联合,在春节或者其他节日时,推出有特色的主题消费活动。通过网络生态圈的方式,传统金融可以打造出一条属于自己的有特色和竞争力的金融供应链。

(二) 借鉴互联网金融思维,引入互联网银行模式

在传统商业银行中,电子银行是其网络银行的主要形式。客户在使用电子银行时存在较大的局限性,许多业务无法在网上办理。相比于互联网金融把金融产品当作商品来提供一站式购物的方案,网上银行传统的菜单式方案已经远远不能满足客户的需求。

因此,打造全方位的互联网银行式服务,为客户提供更多优质的产品,是提升客户体验满意度的重要途径之一。

互联网银行是指一般不通过传统的营业网点和柜台,而是通过电话、信件和 ATM 机,以及通过互联网和移动终端来提供银行服务的银行。在网络覆盖率日益增高的今天,互联网银行的优势愈加明显。

传统商业银行可以借鉴国外的互联网金融模式,通过网络直接提供金融服务、销售金融产品,从而打破传统的电子银行存在的技术壁垒。

通过互联网,商业银行可以直接为客户推送合适的金融产品。这样,银行便可以将传统的金融业务互联网化。客户可以在网上直接选择自己感兴趣的产品,而不用去实体网点办理。

通过运用互联网银行模式为客户服务,可以打破传统商业银行实体网点式服务在地域上的限制,使得客户可以轻松便捷地享受高效的金融服务。如此,既节省了客户的时间成本,又降低了商业银行的运营成本,提高了运营效率。

商业银行成本的降低,使得商业银行能在产品销售和服务中让利于客户,从而加强自身在互联网金融中的竞争力。

三、整合电商,加强对互联网技术的运用

在互联网金融快速发展的当下,如何利用互联网,通过电商平台开展自身业务,是传统金融在互联网金融浪潮冲击中站稳根基的关键。

（一）与电商合作

首先，传统金融机构与电商合作的方式主要是依托其在资金、风险管理、金融服务经验等方面的优势，与电商在互联网商业环境、大数据方面的优势，组成"突破性联盟"，快速构建互联网金融价值链。

这种方式符合互联网金融领域组成"突破性联盟"的特征，传统金融可以快速获得电商的商业环境资源以及大数据资源，弥补自身在互联网商业环境方面的短板，短期内就可以切入互联网金融服务领域。

在与电商合作的过程中，传统金融机构需要提升自身对整个互联网价值链的控制力，努力挖掘和掌握基础资源。因为传统金融与电商的合作基础资源原本在电商一方，倘若传统金融机构不加强对互联网价值链的控制，则容易被电商牵制。

其次，所有商业合作本质上都是利益谈判的结果，合作的双方若是不能抱着共赢的态度，则最终只能分道扬镳，最典型的例子就是中国建设银行曾在 2007 年与阿里巴巴合作。阿里巴巴为其平台上的 B2B 商家提供融资服务，阿里提供平台企业的数据，建设银行提供贷款。这项本来看起来是强强联手、优势互补的合作最终在 2011 年破裂。究其分手的根本原因，无非是双方在利益和话语权上发生了不可调和的矛盾。分手后的阿里开始专心经营阿里小贷，建设银行则推出了电商平台善融商务，均选择独立自主的方式经营运作。

（二）自建电商平台进行渠道扩展

建设银行和阿里巴巴合作的失败，让传统金融机构意识到，与其与电商企业合作，不如通过自建平台来进行渠道扩展。由于传统金融有雄厚的资源，所以可以凭借自身优势构建完全自主的电商平台，发展自身可以完全控制的互联网商业环境，进而获得大数据并发展自己的互联网金融业务。

在自建平台开展业务中，传统金融机构可以控制整个互联网价值链的主要环节，按照自己的策略开展互联网金融的相关业务。在长期的业务发展中，可以不必受制于大型互联网金融企业。

但是由于电商行业已经成熟地发展了多年，而且电商领域具有很强的"网络效应"，所以传统金融在构建自身平台时，必须加强对市场的敏感度，防止错失互联网金融发展的最佳时机。

当前，传统金融和互联网金融企业的竞争很大程度上是数据的竞争，自建电商平台,传统金融可以增强自身的竞争优势。

在传统的电商交易平台上,客户通过第三方支付进行交易,但是交易的详细数据第三方支付机构通常不会告诉银行,银行只能知道自己用户的消费金额,却不知道用户究竟购买了哪些商品,而交易数据正是供应链金融的核心。银行作为信用中介,有天然做第三方支付的优势。银行参与第三方支付,不仅能强化第三方信用中介的作用,通过第三方支付与传统银行产品如信用卡类的结合,还能实现线上与线下的支付结合,提供更为高效、便捷的支付服务。

同时,银行的第三方支付还可以将银行的理财、融资服务迁到第三方账户,通过第三方交易账户获得客户的数据,从而能精准获取客户的服务需求,提供更为精准、更为贴近客户的金融服务。

(三) 扶持独立的电商平台

由于传统金融受监管、商业银行法等的限制不能直接投资、收购电商等非金融机构,所以传统金融可以扶持独立的电商平台。

传统金融机构和独立电商之间是业务协同关系而不是行政管控关系。如此,传统金融可以在互联网金融价值链总体可控的情况下发展独立的电商业务。

四、提升客户体验,赢得金融长尾客户

在互联网金融时代,客户的体验满意度占据了重要的地位。互联网金融的出现突破了时间和空间的限制,层出不穷地设计出许多让客户满意的产品和服务,商业银行传统的以账户为基础的服务模式越来越不能满足客户日益增长的需求。在互联网金融背景下,如何顺应时代潮流、提升客户体验的满意程度,是传统金融业务发展的重中之重。

(一) 打造供应链金融,缓解中小微企业"融资难"问题

随着金融脱媒和利率市场化的快速演进,银行之间的同质化竞争日益激烈。银行急需开拓中小企业这个迅速增长的市场。然而,传统的信贷控制技术无法应对中小微企业无抵押、无担保、假报表等难题,其较小的贷款金额也让银行感觉无利可图。因此,打造供应链金融,可以为商业银行切入中小微企业市场提供有力的抓手。

供应链是指由于市场需求结构纷繁复杂和变化快速,企业逐渐倾向于将主要资源集中于核心竞争力的开发,而将低附加值的非核心业务逐

渐外包。于是就形成了以原企业为核心的一整条供应链，供应链的上下游通常是一系列的中小企业，他们分别承接了从核心企业分离出来的各种业务。

在供应链金融模式下，银行可以首先对核心企业的行业前景、市场地位、财务实力以及对整条供应链的管理效率做出评估。若能符合标准，银行即可对产业链上的企业提供融资规划，而无须对具体某个企业的财务状况进行特别评估。银行在给供应链上的企业融资时考虑的重点不再是企业自身所拥有的可抵押资产，而是其在整体供应链上的地位以及与核心企业的历史交易记录。融资企业在获得资金后，将被严格控制于与核心企业之间进行交易，而不许挪作他用。融资企业在获得销售收入之后，将直接用于偿还银行授信。

通过供应链金融，银行可以跳出针对单个企业的局限性，而站在整条供应链的全局高度进行综合授信，以供应链企业之间的真实产品和服务贸易为基础，强调贸易的连续性和完整性以及授信后的实时监控和贸易流程管理，从而促进供应链上核心企业及上下游企业建立长期战略协同关系，提升整条产业链的竞争力。同时，同一条供应链上的中小微企业贷款，可以极大地节省商业银行的调研成本。

目前，已经有多家银行启动了供应链金融业务，如中信银行的"银贸通"、民生银行的"贸易金融"、浦发银行的"浦发创富"等，并取得了不俗的成绩。

在互联网金融冲击下，商业银行更要完善自己的供应链金融业务，力争在与电商企业的竞争中立于不败之地。

（二）重视客户体验，优化银行业务流程

商业银行传统的推销式的业务模式，追求的只是完成计划与考核，因而会变相鼓动客户多签约、多办卡，却没有充分考虑客户是不是需要，长此以往，便会使得客户对银行服务满意度越来越低。此外，一直以来，我国商业银行收入的主要来源是存贷款的利率差。随着利率市场化的基本完成，商业银行的利差逐渐收窄。如果商业银行不改变传统的盈利模式，那么在将来的竞争中必然会处于被动地位。

反观西方发达国家或地区的商业银行，其大部分收入来源于零售业务，金融长尾的强大力量不言而喻。我国商业银行若想在将来的竞争中立于不败之地，就需要大力挖掘小微企业或个人客户。商业银行需要不断完善自身的风险管理制度,制定比较合理的贷款和担保方式,大力帮助需要融资的有潜力的小微企业。

在小微企业产品的设计中,要做到产品最大可能地满足客户需求。除此之外,在提高产品和服务质量的同时,尽量减少不必要的流程。例如,传统的银行小额贷款要经过客户申请、银行调查等一系列复杂的程序,耗时耗力。商业银行应借鉴互联网金融思维,简化业务流程,提高小微企业客户体验满意程度。

第四节 互联网金融与传统金融的未来

一、互联网金融促进了传统金融的变革创新

(一) 互联网金融的创新

互联网金融的创新表现在三个方面:

一是金融体系的创新。我国金融体系尚未发育成熟,互联网金融的产生促进了传统金融体系的创新。即使在发达国家,金融体系也产生了较大的创新性。

二是制度的创新。在我国目前的监管环境下,互联网金融的产生有利于突破现有政策、体制、法律体系、市场结构等限制因素。

三是业务的创新。在互联网技术上创新应用、提高当前金融行业的业务效率方面,互联网金融与金融互联网从本质上来说,没有很大的差别,只是两者融合的初始方向不同。

(二) 互联网金融对传统金融的变革压力

1. 促进了金融脱媒的力度

结合当前互联网金融的发展来看,第一,人们在技术手段上,实现需求匹配的方法更加便利。第二,金融脱媒后,无论是企业法人还是个人,都获得了更低的资金成本。第三,互联网的透明与技术升级,使得人们获得更为安全的投资机会。金融机构面对的对手在便捷性、成本、收益三大方面均出现明显的超越时,金融脱媒的力度就会大于以往。

2. 推动传统金融进入"普惠"领域

世界银行于2005年提出"普惠金融"的概念。普惠,顾名思义就是让

更多的人受益,主要通过降低金融服务的门槛来实现。普惠金融服务模式是指创建一个"包容性金融服务体系"。其理念在于能够为社会所有阶层和群体提供有效、全方位的金融服务。该体系将惠及包括最贫困群体的所有人及所有地区,尤其是为那些金融体系现在还没有覆盖到的低收入阶层及农村经济发展提供服务。

在该体系下,凡是有金融服务需求的人均能得到价格合理的服务。而在传统的金融架构下,金融意味着高门槛和高成本,"普惠"根本不是金融的题中之义。但随着互联网金融的发展及实践的成功,人们逐渐接受了普惠金融这一概念。尽管在普惠金融的推广中,面临着很多问题,遭遇很多挫折,但是普惠金融的发展势在必行。

3. 促进了传统金融的"民主化"

随着经济货币化、资产证券化的不断发展,金融活动能够更加高效地通过数字化技术来实现。传统金融的专业性功能将不断淡化,精英与大众的差距越来越小。如同自动挡的出现,使得职业司机和业余司机的差异变小。互联网的发展也终将使金融的专业性弱化,让更多的人拥有自主能力。

互联网是金融民主化的重要推动力,拉近了人们的距离,消除了地域的差距,简化了金融活动的流程。比如,许多资金的需求者避开银行或风险投资,利用众筹网站进行大众融资。将来,众筹融资很可能发展成为一种重要的融资形式。这其中互联网的贡献必不可少。

(三)互联网金融与传统金融的融合

在互联网经济的大背景下,两者的融合存在两条路径:一种路径是互联网企业的金融化,另一种路径是金融机构的互联网化。

自2013年以来,互联网企业迅速金融化,产品创新及商业模式不断创新,对传统的银行业务形成巨大的冲击。而面对互联网金融的快速发展,金融机构也纷纷调整战略,将视角转向互联网,表现为金融的互联网化,以应对互联网企业对其业务的蚕食。但金融机构的互联网化仅限于网上银行等渠道方面,产品创新相对缓慢。

区分互联网金融与金融互联网的意义在于,如果我们认同互联网对传统行业的颠覆性,那么对金融的颠覆必定来自互联网金融,而不是把互联网仅仅视为一个新技术的金融互联网。因为传统金融业难以改变自己的行业视角,无法从精神层面接受互联网自由、平等、开放的革命性。

金融企业之间、互联网企业之间、金融与互联网企业之间的业务争夺战已经开始。无论如何定义颠覆性，AOL可以收购时代华纳，阿里巴巴就可以收购平安，因为银行资产规模再大也有估值的上限。然而，互联网要颠覆传统金融，则需要更深刻理解金融的实质，从互联网的角度解构金融存在的逻辑，从金融的命脉入手以减少试错成本。

二、互联网金融最终难以撼动传统金融的主导地位

互联网的特点是开放共享、平等、多元，富于想象力和创新意识。其核心是民主精神。其自身所具有的一些特点使得互联网金融具备颠覆传统金融的可能性。也就是说，互联网金融先天具有创新基因。不过无论是参照欧美发达国家经验，还是检视国内的经济环境，互联网金融可能最终只有"改良宿命"，而无法撼动传统金融的主导地位。

互联网金融最终不可能取代传统金融，主要有以下几个方面的原因：

（一）商业银行的特殊地位和优势

首先，传统商业银行承担着调控金融市场、引导宏观经济政策发挥作用的主渠道功能；央行承担着发行货币、控制通胀的功能，其特殊的地位决定着这一职能将继续存在而不会被互联网金融所代替。

其次，商业银行的优势还在于拥有相对完备的信用体系，充分保障了客户的私人信息以及资金安全。而互联网金融要想抛弃商业银行重新构建自己的信用体系，明显是十分困难的。

另外，如果其自建信用体系得不到金融监管当局的支持以及现行法律制度的认可，其在支付结算、技术创新甚至是发展方面都将面临阻碍。

最后，互联网金融作为近几年兴起的事物，其在社会公信力、业务经验、支付结算体系、专业性等方面都远远不及传统商业银行，尤其是风险防控方面更是严重缺乏经验和人才，或者疏于管理。

（二）互联网金融本身存在诸多缺陷

首先，有关互联网金融的法律法规出台相对滞后，致使监管缺位，骗贷违规等现象时有发生，损害了互联网金融客户的利益，影响其投资热情；另外，过于考虑客户的时间成本而提供便捷的支付结算方式，忽视了技术上的安全性。

其次，互联网金融的交易数据与真实的资金流向具有不一致性，由此带来的判断失误易引发信用风险。这些敏感的交易数据存放于虚拟的互联网云端,若套用资信模型,难以保证能够将违约率控制在一定范围内,使客户化及金融机构的资金安全受到威胁。近期发生的"棱镜门事件"就是一个典型的例证,反映出公众对互联网金融大数据的信任危机。

再次,互联网金融主要通过网络途径核实客户关键信息的真实性,防控业务风险,亟须相关互联网技术来防止木马病毒、钓鱼网站、第三方欺诈的侵袭。另外,由于尚未接入央行的征信系统,从而缺乏商业银行与互联网金融机构之间的信息共享机制,也没有设立抵押担保机制和事后惩戒机制,易于诱发恶意骗贷、借新还旧等风险,不利于行业的长远发展。

最后,互联网金融本身会在一定程度上影响我国货币政策传导机制和金融市场的稳定,主要表现在:一方面,互联网金融的融资交易往往游离于监管之外,对传统的金融市场管控机制造成威胁;另一方面,电子货币一旦流入实体经济,会对法定货币产生"挤出效应",不利于我国人民币的正常流通。

三、互联网金融与传统金融将并行发展

(一)信息融合,突破瓶颈限制

信息融合与共享在互联网金融和金融互联网的互动过程中扮演着基础性和先导角色。以融资业务为例,互联网金融主要是为了满足小众微贷需求,且依托大数据的优势对网络贷款企业在交易环节进行充分的信息分析,能够实现实时监控、实时处理,降低信用风险,确保贷款能够收回。然而,如果只依赖电商单兵挺进而忽视信息融合,将难以突破行业瓶颈的制约,获得长足发展。具体原因有三:首先,当互联网企业发展到一定规模,其庞大的资金需求量很难单靠网络小贷来满足;其次,互联网金融过分依赖大数据进行信息分析,而忽略了对于市场或产品的调查研究,对于行业风险的评估不足;第三,小微企业之间的产业链一般具有相关性,一旦某个环节出现问题,就会传染到其他企业,使行业风险加剧。

(二)业务融合,升级服务理念

互联网金融与商业银行并不是简单的代替与被代替的关系。实际上,两者可以在业务上互补融合,在弥补对方短板的同时发挥自身的长处,实现金融行业的全新模式发展。具体有以下四点:

第一,商业银行虽历经长期发展,却依然存在一些盲区,互联网金融的创新技术和组织模式可以为商业银行业务延伸到盲区创造条件,从而

实现产业更新升级。

第二,互联网金融与商业银行合作能够升级服务理念、提高服务效率。一方面,互联网金融发挥数据分析方面的优势,快速定位到目标客户,降低商业银行的搜索成本,拓展客户;另一方面,商业银行依托自身完善的基础金融服务和支付结算体系,弥补互联网金融安全性、稳定性差的弱点,有效降低了风险。美国的花旗银行与脸书在业务营销方面的合作就是一个成功的典范,值得我们借鉴。

第三,商业银行标准化的支付清算体系不适合小额、频繁的金融交易,而第三方支付恰恰弥补了这一缺陷,使资金处理及信息整合的效率都有所提高,在给银行客户带来便利的同时,提高了客户体验和黏性。另外,沉淀在第三方支付系统中的支付资金托管在商业银行的账户上,也无形中给银行增加了可观的存款。

第四,商业银行具有一套完备的内控机制,但出于政策以及风险的考虑,存在对小微企业惜贷的现象。而互联网金融的大数据优势可以帮助商业银行从更多的渠道分析企业的交易行为,开展贷前调查,实时监控资金流向,并对客户进行评估,大大降低了银行的信用风险和市场风险,并通过创新业务提升移动支付的支付成功率。

(三) 信誉融合,打造新的金融生态链

互联网金融与商业银行在竞争与合作中将不断创新与发展,并逐步相互融合,有利于打造全方位、多层次的金融生态链。前述所讲的信息与业务的融合均可以通过一定手段得到解决,信誉的融合才是互联网金融最棘手的问题。

众所周知,商业银行具有成熟的运营模式和良好的信誉保障,只有与之合作,互联网金融平台才能够更好地得到客户的信任和青睐。但是,如果互联网金融机构与客户之间出现交易偿付纠纷,商业银行也将受到影响。比如,亿佰购物由于自身经营不善而关闭,被认为是优胜劣汰的自然结果,但因曾与银行合作,波及银行信誉而使问题变得错综复杂。

互联网金融的大潮尚未退去,正经历着业态的大变迁、大整合,在融合与风险交汇的过程中,最终会形成一批具有核心竞争力的互联网金融平台。由于其间伴随着诸多风险,对于商业银行而言,应做好风险评估和预案。

第五节 工商银行互联网化案例

作为全球市值最大、盈利最多的商业银行——工商银行,面对互联网金融的汹涌来袭,早已有了足够的警惕。在信息化飞速发展的今天,曾经大到近乎"不可一世"的柯达、摩托罗拉、诺基亚等,都没能逃脱被互联网时代淘汰的命运,这让全世界都看到了互联网爆发出的强大能量。作为国内银行业的领跑者,工行很早就认识到,在互联网金融时代,竞争实力的逆转更容易在瞬间实现,仅仅采用防守战略难以抢到主动权,只有做互联网金融的战略先行者才有可能成为赢家。为此工行审时度势,在战略上充分重视、行动上积极融入,借力互联网金融"冲浪",在数据挖掘、网络创新、流程管理等方面都进行了一系列探索与实践。

一、工商银行互联网金融实践

虽然工商银行在资产、资本、存款、利润等诸多核心指标上名列全球银行业首位,得到国内外各界的广泛认可,但是经过多年的改革发展,中国金融业已经到了一个新的发展阶段,整个金融业都明显感受到国内金融脱媒和利率市场化进程正在加速,银行的发展开始进入一个高速增长后的转折期,或者说是一个新的瓶颈期。金融业在金融危机前高速增长的阶段已经过去,将来可能会进入一个比较低速的增长阶段,工商银行也不例外。特别是面对互联网金融的挑战,工行及时做出各项调整措施,努力发挥银行优势,转变思维和理念,争取形成无法复制的核心竞争力,以迎来更长时间、更加健康的发展。

面对互联网金融大潮的挑战,工商银行不慌不乱,着眼于互联网金融崛起的良机,深刻理解和把握金融的本质及互联网精神的实质,巩固自身在风险控制、投资管理等资金时间再匹配方面的优势,借鉴互联网企业在支付结算等服务上贴近客户、快捷方便等资金空间再匹配方面的特点,积极贯彻战术上扬长避短、战场上勇于"亮剑"的竞争策略,融合传统金融智慧,再造新的互联网金融,以期成为互联网金融的推动者、领跑者。为此,工商银行董事长姜建清提出了"五个 I"的互联网金融思路。

(一) 信息共享

信息共享(Information Sharing)，主要是未来要将各类信息进行集中、整合、共享、挖掘，对结构和非结构数据进行统一管理应用。银行在这方面的工作非常大，因为大量的数据是非结构性的，很多信息以报告的形式放在银行的档案里面，没有发挥作用。所以要把所有非结构化的数据变成数据加以处理，并在这个基础上挖掘、建模、分析处理大容量、大规模的信息。

(二) 互联互通

由于目前大多数银行业务并没有按照大数据或者是互联网的思维去做，受传统业务和管理模式的影响明显，跨部门、产品、业务之间存在割裂。而互联网时代的思维要求高度的互通互联(Interconnected)，下一步需要做到在客户端里进行统一，所有业务、系统、产品要标准化，前、中、后台统一管理、渠道协同、机构联动、流程高效。

(三) 整合创新

整合创新(Integration)，就是要把信息流、业务流和资金流高度整合。比如对于核心企业和上下游企业之间的资金流、物流、信息流要整合好，在一个核心企业的产业链上面，有几百个上下游的公司跟它有密切的产销联系；在几百个上下游公司之间，很多公司又跟其他的产业链形成密切的关系，这种复杂的关系超越了孤立的经度和纬度的关系，形成类似蜘蛛网式的，或者说是集成电路式的关系。只有打通整个服务的链条，不断整合创新，才能真正实现信息流、业务流和资金流的统一。

(四) 智慧管理

智慧管理(Intelligence)，主要是指数据挖掘、分析工具、科学建模实现智能化，然后分析海量的结构化和非结构化数据，依此判断市场、精准营销、发现价格、评估风险、配置资源，改变银行过去凭经验、凭直觉的状况，变被动的响应为主动的营销。

(五) 价值创造

价值创造(Incremented Value)，要把所有的金融服务，如交易平台支持、咨询增值服务等一体化综合金融服务体系整合起来，里面海量的客户信息，包括宏观和微观的经济信息、银行的资金、运营信息等，银行可以从中发现在经营活动中存在大量的供给和需求的信息不对称。其实，商业就是源自信息不对称，如果世界上信息全部对称，就没有商业了。在一个区域,可能信息不对称的机会有限,如果放到一个省、国家乃至全球,信息不对称造就的商业机会更多,能够掌握信息优势者,就是商业的强者。信息化银行,就是要能够最大程度上把那些信息不对称的需求和供应方撮合起来,转化为实际的业务竞争优势。

二、银行互联网金融模式分析

(一)"融 e 购"电子商务平台

工商银行的"融 e 购"B2C 商城于 2014 年 1 月成功上线,截至当年 7 月,工商银行"融 e 购"注册用户已达 560 万,签约商家 170 多家,商品数量 6 万多种,累计成交额 170 多亿元,日均交易额 7 300 多万元。截至 2014 年年底,商城注册用户数超过 1 千万,累计成交额超过 500 亿元,成绩斐然。

工商银行上线"融 e 购"B2C 商城是其走向互联网金融的第一步,也是至关重要的一步。工商业银行"融 e 购"B2C 商城强力维护产品品质,坚决杜绝假货,对所有用户实行实名制注册。

目前工商银行的 B2C 商务业务尚处于起步阶段,为吸引更多的商家入驻,工商银行采用零成本入驻和运营推广的业务模式。工商银行充分利用自身的业务优势,不断丰富产品种类和提升服务效率,积极抢占电商市场,加快提高成交额,努力提升在消费者心目中的地位,快速挤入电商行业前列。

(二)"融 e 联"即时通信平台

即时通信平台是当下用户社交和沟通的主要工具,企业通过即时通信平台充分挖掘客户的信息。以当下最为流行的即时通信工具 QQ 和微信为例,正是凭借其朋友圈、公众号将大量的商用和生活信息整合起来,将个人的日常生活与社交活动紧密联系在一起。

工商银行紧跟互联网时代的步伐,于 2015 年 9 月 1 日推出"融 e 联"即时通信平台。平台自推出以来,累计签约用户 500 多万户,日均推送信息 200 多万条。"融 e 联"平台具有三大功能:一是给客户提供更多影音图像,提供智能快捷服务,代替传统短信服务功能;二是银行客户经理、柜员、客服人员与客户进行联系,起到快速汇集、传播信息的功能,有效支持了创新化的营销服务模式;三是运用大数据开发实行精准营销,通过对客户关注公众号和热点的数据的搜集与整理,进行针对性更强、效果更明显的营销。

第八章 传统金融互联网化

(三)"融e行"网络直销银行

2015年3月23日,工商银行推出的"融e行"直销银行正式上线,与传统电子银行相比,网络直销银行具有以下特点:(1)它具有独立的法人资格,独立维护旗下客户的全部生命周期;(2)它针对的是增量客户,而电子银行针对的是存量客户;(3)它构建的是一个全新的独立的金融形式。

工商银行推出的"融e行"主要办理电子账户开立、存款业务、投资理财、交易等核心功能,是一个开放、快捷购买的精品业务平台,是传统电子银行有力的补充。当前国外的网络直销银行通常推出几款产品就能有效满足用户的日常需求,这是工商银行可以借鉴的地方。直销银行与网上银行、手机银行、电话银行等相比具有更适合在移动端展示的优点,随着智能手机的不断流行,这项趋势不可估量,工商银行可以抓住直销银行的新方式,重新获得客户的青睐。

(四)线上金融产品

银行为应对互联网金融的竞争,除了建立"融e购"电子商务平台、"融e联"即时通信平台和"融e行"网络直销银行之外,还积极推出"三大产品线",具体产品包括"工银e支付"、"逸贷"融资产品和"工银e投资"等。

"工银e支付"支付产品是工商银行2011年推出的快捷支付产品。2014年"工银e支付"增加了线上收单和通用缴费平台功能,目前该产品的支付产品线已经比较完善,客户凭借手机短信验证可实现快捷支付功能;另外它还具有金融领域高规格的支付安全措施。该产品一经推出便受到广大用户的一致好评。截至2014年年底,"工银e支付"完成累计成交额600多亿元,注册用户数5千多万。

"逸贷"融资产品是一款基于线上B2C和线下POS的小额信用贷款产品,涵盖了个人消费信贷和小微商户信贷两大领域,具有金额小、受众面广、企业数量多等特点。该产品自推出以来,以累计贷款余额1.7千亿元,与全国P2P网贷成交量相当。自助式的网贷通产品办理流程更加方便快捷,不仅为客户带来了方便,还有效地节约了成本,提升了银行的竞争力。目前"逸贷"融资产品是中国互联网金融领域规模最大的一款融资产品。

"工银e投资"是我国国内商业银行唯一一个面向个人投资者的投资交易平台,目前已拥有用户超过15万户。"工银e投资"的投资理财产品具有起点低、购买赎回简单、操作便捷等特点,可以有效利用长尾效应中长尾部分的客户,另一方面也提高了大众在理财市场上的收益率。

三、工商银行互联网金融面临的挑战

(一)认识不够,银行基层员工思想观念转变慢

作为五大国有银行之首,世界五百强企业之一,工商银行可谓"船大难调头",在发展互联网金融的过程中,肯定会伤害到一些员工,尤其是基层一线员工的利益。

在一项问卷调查中显示,有30%的员工认为互联网金融与他们无关。必须提出的是,工商银行未来大部分的业务都可以实现网上办理,传统营业网点大量减少,到那时大量的银行员工将被闲置出来。

工商银行面临着如何转变这部分人的思想观念,让整个银行的转型更有执行力,人员的震动更小,只有这样才能推动整个互联网金融的改革。只有让银行的中层和基层员工都深刻认识到互联网金融带来的冲击,建立起危机意识,才能在具体的转型过程中有更强的执行力。

(二)大同小异,同质化竞争严重

综观当前商业银行已经开发的电子商务平台,基本大同小异,绝大部分同时拥有B2B和B2C,而且最初的切入平台都是B2C的思路,同质化十分明显。在商业银行传统的业务模式上,各行已经属于同质化竞争,而在互联网金融上,该现象变得更明显,呈现出显著的"马太效应"。

工商银行面临着差异化的市场定位问题。互联网金融不是要商业银行放弃线下业务,而是在保证线下渠道优势的情况下发展互联网金融。目前来看,在将来比较长的一段时间内,银行的营业网点和自助渠道仍然是其重要的核心竞争力。打造线上渠道的核心竞争力需要优化网上银行、手机银行、电话银行等功能,投放更多的自助银行设备,拓宽线上渠道的用户覆盖面,随时随地都能提供便捷服务,增强客户黏性。

在差异化竞争方面,如果做低端大众型电商平台,显然无法直接与淘宝、京东这样的购物平台竞争,不具备竞争优势。因此,工商银行开展互联网金融服务需要利用自身的优势,突出银行做电商的特色。

(三)业务流程太长,运营缺乏效率

工商银行的信息数据系统完整性很好,但许多系统和数据库之间整合不够,业务运行和系统之间分隔,各种子业务之间相互独立,甚至数据

之间还出现专业分隔、标准不一、流程过长、数据短缺等问题。在这样的背景下,即使工商银行拥有大量的信息,信息转化为价值的效率依然很低。

(四) 缺乏专业性人才

互联网金融发展迅速,来势汹汹,随着这场革命的到来,行业人才的争夺和储备也变得激烈起来,同时具备网站设计或IT技能和金融知识的从业人员十分稀缺。

例如,工商银行的"融e购"明显缺乏高素质的IT技能人才,在平台的页面布局和搜索导航方面直观性不强,商品标识不够精细,站内搜索精确度低,产品更新速度滞后等。

四、工商银行应对互联网金融的对策

(一) 重视客户体验,打造以客户为中心的经营模式

在互联网金融模式的推动下,商业银行需要更加充分地考虑客户需求,重视客户体验,不断推出符合客户需求的互联网金融产品和服务。工商银行从过于自我的重布局、产品的渠道建设策略转变为真正以客户为中心,将满足客户需求、提升客户体验作为全行的核心目标。对于线上渠道,工商银行现在更加着眼于满足客户的金融需求,努力成为线上用户的主要金融服务入口,优化客户体验,尤其是基础金融服务的体验。

(二) 构建新的价值网络

互联网的作用在于方便个人与个人之间、个人与企业之间的沟通,在资源共享、分享快乐的同时,也将个人和企业牢牢地吸引在互联网之中。例如,2014年春晚,微信红包一夜走红,成为一种新时尚。在Web3.0时代,随着移动智能设备和社交网络的普及,互联网已经进入点对点和强关系网时代。工商银行积极思考如何利用新型网络工具,增强与用户之间的沟通,及时分享金融产品和金融信息,为企业提供全新的用户接触渠道。

(三) 重视复合型人才队伍建设

互联网金融是一个跨学科、跨领域的行业,融合了信息技术、金融和通信等多个行业,既需要懂互联网,又需要懂金融,更需要将两者结合起来的人才。但目前这类人才稀缺。工商银行在构建人才队伍方面,更加注重员工的技能培训,摒弃传统的重业务、轻素质的传统观念,加大对网

络信息的收集、处理、分析以及网络系统设计开发维护方面的培训,构建一支既懂网络原理和程序设计又懂金融管理的人才队伍,可以同时完成引导客户、培育客户和留住客户的任务。

（四）加强同互联网科技企业的合作

在如今的互联网金融时代,商业银行和互联网科技企业不是传统的零和博弈。互联网企业既是商业银行的竞争对手,又是其合作伙伴。双方可以取长补短、合作共赢。目前,工商银行加强了同互联网金融企业的合作,例如2015年,百度与工商银行签署战略合作协议,双方在互联网金融、地图服务、网络营销、金融业务以及生活服务等业务范围内开展合作,这对节约成本、提高效率和完善金融业的风险管理都有很大的好处。

五、案例分析

通过工商银行的案例我们发现,传统金融机构可以借助互联网信息技术优势,构建互联网业务平台、降低业务运行的成本来提高收益。高风险、高收益是指借鉴互联网金融中小企业经营贷款业务的特点,通过高定价水平来获得较高的收益。

传统商业银行的线上业务与互联网金融企业相似,商业银行要在新的形势下获得更好的发展,就必须加大线上业务的发展。商业银行在线上业务建设过程中要充分体现其便捷性和安全性,通过线上业务给用户带来的体验巩固和发展客户群体,通过线上业务与信息技术的不断融合逐步扩大互联网金融的发展广度和深度。

传统金融机构未来会朝着互联网金融模式方向发展。互联网信息技术在金融业务中的运用,迫使传统金融机构主动融入互联网浪潮中,推动了金融业务模式的创新。反过来,随着金融模式、金融业务和金融产品的不断创新,传统金融机构的传统业务越来越难以满足消费者,为了维持现有的市场,传统金融机构又会加大业务创新的力度,将自己更深入地融入互联网这一大环境中来,以增强其竞争力。

面对金融市场的变化能够迅速做出反应,战略眼光独特,积极创新产品和服务,善于跨领域协作,注重客户体验,这些都是值得尚未转型和正在转型中的商业银行学习的。以商业银行为代表的传统金融机构互联网化,需要立足于以下几个方面。

一是要坚持以客户需求为中心的创新。商业银行在产品设计与创新过程中，必须掌握金融市场的动向，发现客户的需求，才能研发出市场接受、客户满意的好产品。如果一个金融产品无法顺应市场，或者毫无卖点，就算营销做得再好也不能打动客户获得预期的收益。

二是强强联合应对互联网金融的冲击。仅靠商业银行单打独斗很难在互联网金融业务上崭露头角，这就需要与优秀的有合作意向的企业联手，互惠互利，协作共赢。

三是着力打造自身互联网金融平台。商业银行为了顺应互联网金融迅猛发展的态势，通过自建或者与其他电商合作的方式打造本行的互联网金融平台，实现集电商与金融于一身的综合性线上平台，这比传统的电商平台更具优势。商户不但能够入驻银行的电商平台进行产品和品牌的营销，商业银行还可以为这些商户提供如融资、理财、支付结算等金融服务，更可以通过物流系统实现整个供应链上的一整套业务流程。

四是线上线下渠道的协同。客户在网络环境中产生的行为数据十分庞杂，从海量数据中筛选出有价值的数据并不容易，因而不能够完全依赖线上的数据，对于线下数据的把控同样十分重要。特别是在大数据技术的推广和应用使得传统的金融生态发生了深刻变革的条件下，传统的网上银行已经不再能够满足客户需求，而直销银行的经营模式则成为商业银行应对互联网金融跨界竞争的抗衡利器，通过建立直销银行体系，可以实现低成本、个性化的客户服务。另外在物理网点、服务人员和机器设备等线下渠道，商业银行需要从客户的角度出发，利用自身专业优势架构一个线上线下协同服务的生态圈。

值得指出的是，在互联网金融迅猛发展的大环境下，以商业银行为代表的传统金融转型虽然取得了一定成绩，但仍有不少可改进之处。首先，在与互联网企业合作的过程中，应当在更深层次分享用户的数据信息，这样才能在放贷时降低评估的成本，也能更加符合客户的深层次需求。其次，在发展互联网金融业务的同时还应当有步骤地推出后续的关联性产品和服务，完善层次紧密的金融生态圈。再次，虽然现阶段互联网金融的监管比较宽松，但可以预见，在不久的将来，监管层为保护金融消费者权益，一定会出台更多的规章制度来进行监管，金融机构的各种创新模式必须符合国家监管的要求。最后，由于电子商务的蓬勃发展，网上消费金融有着巨大的潜力，而相关的网上消费服务的需求必然会大量增长，在未来的业务创新中可以推出更多的网上消费金融服务,从而积累新客户,增加老客户的黏性。

本章小结

  本章主要论述了传统金融互联网化。第一节分析了互联网金融背景下传统金融面临的挑战与机遇;第二节分析了传统金融互联网化的实践与模式;第三节提出了互联网金融背景下传统金融的应对策略;第四节展望了互联网金融与传统金融的未来;最后,以工商银行互联网化为例,对本章内容进行了案例分析。

复习思考题:

1. 论述互联网金融背景下传统金融面临的挑战与机遇。
2. 分析传统金融互联网化的主要模式。
3. 互联网金融背景下传统金融的应对策略。

拓展阅读

传统金融互联网化是个大金矿

  2015年1月辞去京东副总裁,赵国栋再次创业了:3月创办互联网金融服务平台"钱包金服",4月即获A轮1000万美元投资,5月全面收购中融金,目前已经发展了近40家银行客户,预计银行客户年底将超过百家。眼下,赵国栋正准备B轮融资,已有多家投资机构找上门来。

  "我们抓住了传统金融转型的窗口期。"赵国栋在接受《中国青年报》记者采访时说,他2003年创办网银在线,一直习惯创业的状态,后被京东收购。虽然位列高管,但他坦言自己"不适合做职业经理人,更多想去闯一闯",考虑再三觉得互联网金融刚起步,2014年以来国家出台了一系列利好政策,时机非常难得,所以重新出发继续创业。

  在赵国栋看来,互联网金融的本质是金融属性,对于金融来说风险控制是最重要的,"风险控制谁最有经验,谁做得最好? 我认为还是传统银行。传统金融如果加上互联网的工具,肯定能迸发巨大的活力,是一个大金矿,所以我们选择帮传统银行进行互联网化转型"。

  银行也在积极行动,互联网转型基本上是行长在抓的"一把手工程"。"传统银行缺乏互联网经验和技术,我们免费提供一套系统,把他们的试错成本降到最低,所以很多银行愿意尝试合作。"赵国栋表示,银行由于资金投入少,承担的风险非常小,这是"钱包金服"迅速占领市场的重要原因。"现在很多银行都积极联系我们希望合作,如果有更多的人和时间去签约,我们可能发展得更快。"

赵国栋介绍,"钱包金服"帮传统银行转型主要包括两大方面:一是把线下用户转到线上,"当前用银行APP的用户很少,用银行互联网服务的也少,我们帮助银行激活线上用户,然后推广到全国市场去吸引更多他行客户和异地客户";二是帮助银行做社区金融O2O,"银行有很多商户和社区网点资源,这是做O2O业务必备的条件。我们通过一些互联网的方式帮银行做起来。这是我们的核心竞争力和未来的一个重点"。

"钱包金服"在创立之初就提出"理财、消费、信贷"一体化的理念,除了帮助传统金融机构进行互联网转型,还向商家、小微企业提供融资、大数据等金融服务,也向个人用户提供一站式互联网理财服务。"在各种理财产品年化收益率都逐步下降的时候,我们旗下P2P平台'好贷宝'销售的理财产品年化收益依然可以保持在$8\%\sim14\%$,而且经常一发售就被'秒杀'。"赵国栋说。

前不久被钱包金服集团全面收购的中融金公司总裁张嘉认为加入"钱包金服"是"强强联合","无论从技术还是从整体解决方案来说,前景都会很广阔"。

收购了中融金后,赵国栋还在考虑收购或者投资一些团队,"不是所有的事情都要重新开始做,时间更重要,我们相当于拿资金去换团队。目前社会上已经有一些很优秀的团队,不断地并购和融合也是一个很好的激励创业者的机制。如果没有并购,非得等每个公司都上市,会把整个创业环境做得越来越差。未来能成功的公司一定要有开放心态,能和不同的团队去融合,这样才能做得越来越快、越来越好"。

谈及未来的目标,赵国栋想通过互联网的工具、思维方式、手段去服务更多的银行、用户和小微商家,更好地打造理财、消费、信贷三位一体的服务平台。

作为国内互联网金融领域的元老级人物,赵国栋再次创业依然谦虚,"创业者一般在第一次创业过程中会积累一些经验和教训,可能很多人会过多依赖这些经验,过去的成功反而会成为未来创业的负担。我觉得首先要虚心,不断接受整个行业趋势的调整变化。比如过去我创业的时候是 PC 互联网时代，未来可能一切都是移动互联网了，所以我也要不断跟上潮流，不能沉迷于过去的经验，还要有归零的心态。在京东时我们是绝对甲方，银行可能需要求着京东做支付。现在我创业就要摆正心态，就算再小的银行也要提供最好的服务，否则是做不起来的"。

赵国栋认为，互联网金融领域创业亟待完善信用体系，"当前信用体系不完善，违约成本比较低，风险控制就会偏低，很多创新都做不了。公众信用意识的教育、建立还有很长的路要走"。

（资料来源：《中国青年报》，2015 年 9 月 8 日。）

第九章 互联网金融征信

本章任务目标:
1. 掌握互联网金融征信的定义;
2. 掌握互联网金融征信的必要性;
3. 掌握互联网金融征信的方法;
4. 了解我国互联网金融征信存在的问题及发展建议。

互联网金融作为一种新型金融模式为传统金融带来了创新。随着互联网金融的不断发展,作为互联网金融发展的基础工程,征信体系建设的不健全问题逐渐凸显,市场急需一套满足互联网金融发展要求的征信体系,这为征信体系建设提出了更高要求。

第一节 互联网金融征信的相关概念

一、征信的概念
(一) 信用

"信用"一词的使用由来已久。从词源学上来讲,"信用"一词源于拉丁文"Credo",即"给予信任"。在中国汉语中,"信用"最早用来描述道德水平,指一个人信守承诺的人格特点,古汉语中有"人而无信,不知其可也""一诺千金",儒家文化中也有许多描述道德行为的名句,如"君子一言,驷马难追""言必信、行必果";现代社会有"守信用""讲诚信"等。在我国民间,早期的借贷关系大都发生在熟人之间,有时不需要借条,全凭双方的个人信用,这也是信用在借贷领域使用的初始阶段。

在经济学的范畴,对"信用"研究和界定的文献很多,但概念界定不是很统一,历史上有代表性的人物如熊彼特、马克思都曾对其做过定义。

熊彼特在其著作《经济分析史》中写道:"桑顿将其定义为信任。"另一位经济学大师马克思对信用的研究着重于经济关系领域,他曾引用洛克对其的概述:"信用,在它最简单的表现上,是一种适当或不适当的信任,它使一个人把一定的资本额,以货币形式或以估计为一定货币价值的商品形式,委托给另一个人,这个资本额到期一定要偿还。"

总体来看,在经济学上,信用是指授信方和受信方之间通过商品或货币让渡的形式建立的信任关系,是一种价值观念和道德约束。

(二)征信

1. 征信的概念

"征信"一词最早源于《左传·昭公八年》中"君子之言,信而有征,故怨远于其身"。所谓征信,是指对企事业单位等机构与个人的信用信息予以收集、处理和加工,并向信息使用者提供的活动。简单来讲,就是通过一定方式征得对方的信用信息对其进行信用水平界定。

"征信"在英文中可以表述为"credit reporting""credit investigation"等。征信的基本功能就是收集、调查和审查信用,

客观、公正地评估参与主体对经济行为的履行能力,主要目的是为了降低交易双方的信息不对称,并确保交易双方掌握对方对等的信用信息,减少交易成本和不确定性,维护市场秩序,提高经济效率和稳定性。

2. 征信的目的

征信主要通过手机被征信人历史交易记录、个人信息等方式,确保调查信用主体具有履行偿还义务的能力,主要收集被征信人历史交易记录、个人信息等,目的是降低信息不对称。之所以存在信息不对称,是由于生活中存在许多私人信息,这些信息具有很强的隐蔽性,但却对偿还能力的评估十分重要,就需要征信机构不仅要采集已有的交易记录,更应从生活中收集和审查信息提供者的信用信息。

征信涉及逆向选择和道德风险。逆向选择是指交易双方由于信息不对称,拥有与事实不相符的信息,从而导致双方的错误判断;道德风险是指交易双方为了实现自身利益最大化做出的损害他人利益的行为。征信工作的好坏关系到交易双方的根本利益,因此需要尽可能消除因隐私信息导致的信息不对称,防止逆向选择和道德风险的发生。

3. 征信的原则

征信的原则是用来指导征信工作安全、合法、顺利开展的科学法则，主要分为以下几类：

(1) 真实性原则，是指在征信过程中，征信机构必须通过适当标准确保信用信息的真实性和准确性，体现了征信活动的科学性。征信机构必须以客观的标准对被征信人的信用信息加以收集和整理，并向信息使用者提供不含有虚假内容的信用报告。

(2) 系统性原则，是指征信机构需确保所采集的信用信息既全面又具有关联性。全面性体现在正面和负面信息都应包括在内。正面信息指被征信人的正常交易信息，如借贷款、支付等；负面信息包括被征信人欠账、拖欠贷款、破产等信用状况。正面信息和负面信息共同组成了征信报告中客户履行借贷款行为的偿还能力，可以全面地评估信用主题的信用表现。关联性体现在信用信息中不仅收集历史交易信息，更应考虑到信用主体的个体差异，如人格、婚姻、性别、收入等，这些信息与其能否履约有直接或间接的关系。

(3) 及时性原则，是指征信机构在征信过程中必须确保采集到被征信人最新最全的信用记录，降低因信用主体的信息变更而引起的信用内容不准确、信用评估风险较高等问题发生的可能。

(4) 隐私性原则，是征信机构在采集信息时最基本也是最重要的原则，体现了征信机构的道德标准，也是法律监管最重要的一环。征信机构应该明确机构与被征信人之间的界限，确保信用主体的隐私不被泄露或用于非法活动。

4. 征信的类型

第一，根据所属权的不同，可以分为公共征信、私营征信和混合型征信。公共征信最早起源于欧洲，是指由政府建立、中央银行运营和管理，主要收集商业银行信贷信息，并为全国商业银行、中国人民银行和政府金融机构提供有关企业、个人和整个金融系统的债务和经营水平等信用信息。公共征信主要执行监督管理的职能，不以营利为目的。许多国家都在鼓励建设本国的公共征信体系。

私营征信由民间资本投资和建立，作为公共征信的有益补充，主要收集商业信用信息，并为银行信贷、经贸往来提供服务。其特点是信息量巨大且零散，发展空间巨大。美国就是典型的以私营征信为主的国家。

有别于公共征信和私营征信，混合型征信由政府为主导建立并拥有征信数据库，并由民间资本参与市场化运作。日本采用的就是混合型征信模式。

第二，根据征信对象的不同，可以分为个人征信和企业征信。个人征信的基本功能是收集、整理、分析和提供个人基本信息和信贷信息。美国通过成立消费者信用局对消费者的融资、贷款信息进行收集和处理，并按相关法律规定出具消费者信用报告。企业征信利用收集大企业的生产、交易和借贷款信息，在调查和分析的基础上对企业进行信用评估。

第三，根据服务对象的不同，可以分为金融征信、行政管理征信和商业征信。金融征信是指由金融部门主导建立，以商业银行为主导，以金融机构为服务对象，如银行、证券，并以为金融业提供信用信息风险为目的的运行管理机制，具有多元化的特点。

行政管理征信由政府主导建立并服务于政府，以收集企业和个人信用信息为主要征信对象，目的是在政府和各个部门之间实现信息共享，并实行一定的监管与惩戒职能。其最大的特点是公共性，由政府运营管理来实现社会的井然有序。

商业征信体系由非政府企业、行业协会及其会员主导建立，收集企业和个人信用信息，促进信用信息在政府、企业和个人之间共享，确保市场交易安全可靠。其最大的特点是市场化，信息来源较广，信息量巨大，并且蕴藏巨大发展潜力。

5. 征信体系

征信体系是指涉及征信活动的法律法规、组织结构、市场管理和监督、文化建设以及宣传教育等的系列安排，不仅包括征信工作本身，还涵盖与征信有关的所有体系建设。换句话说，所谓征信体系，是指对信用信息的收集、整理、分析的微观数据处理，以及对征信制度、征信机构和市场、征信产品和服务的宏观保障工作。

征信体系与信用体系有所区别。信用体系包括整个征信体系，侧重于宏观层面，目的是为了促进形成良好的社会信用环境而建立的一系列安排，重点是制度建设。征信体系的征信范围包括在信用体系中，包括收集、整理和对外提供信用服务，侧重于实际操作层面。信用体系是目的，而征信体系是手段。

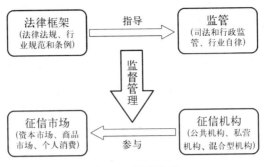

图 9-1 征信体系

二、互联网金融征信

(一) 概念

互联网金融征信主要是指利用大数据、云计算等技术来采集、分析个人和企业在使用互联网各类服务时产生的信息数据,结合线下收集的数据对征信对象进行综合信用评定。另外,作为传统征信的补充,互联网征信将为其提供海量的用户数据,以创新的交易方式为金融服务带来一次变革。

(二) 互联网金融征信与传统征信的区别

除了发挥相互补充的作用外,互联网金融征信与传统征信也存在较大区别。

第一,数据范围和内涵的区别。传统征信的数据全部来源于借贷领域,而互联网征信主要通过信用主体的在线行为数据,包括网上交易数据、社交网络数据等。互联网的信息数据可向收集者提供更详尽和真实的个人特质,据此对信用主体进行信用评估。

第二,信用评估思路的区别。传统征信的思路是用过去的信用记录判断现在的信用水平,这对于判断过去有不良和没有信用记录的人的信用状况带来困难。而互联网征信却时时记录着个人的行为轨迹,包括个人性格、心理和经济实力等,这些更私人化的信息为推断其履约能力提供了重要参考。

第三,覆盖面的区别。截至 2014 年末,人民银行征信系统已经为 8.57 亿自然人建立了信用档案。截至 2015 年上半年,中国网民数已达 6.68 亿,互联网普及率为 48.8%,这些网民都会在使用互联网的过程中产生海量的行为数据。在互联网征信技术的带动下,更多的个人信息将会通过对上网信息和社交数据的收集来丰富和建立个人信用档案。

第四,数据来源、数据内容和评估方式的区别。互联网金融征信信息评估更倾向于一些信用主体的本性信息,可以用于更生活化、私人化的征信领域,比如租车、租房、预订酒店等。

(三)大数据、互联网金融与征信的关系

大数据是指利用计算机技术,对海量数据进行收集、整理和分析,并产生价值巨大的产品和服务的技术。大数据正在改变传统金融服务模式,从用户体验、交易方式、管理模式,到金融体系的组织结构、数据处理,以及信用信息和风险防控等方面都产生了巨大影响。

大数据是互联网金融发展的基础之一,互联网金融企业产生的交易信息是大数据中重要的组成部分。首先,互联网金融借助互联网平台所产生的海量用户数据,通过数据挖掘和分析,预测和掌握用户对服务的喜好,实现业务的精准营销;另外,通过大数据和云计算,互联网金融收集和利用社交信息,形成有价值的信息链,为信用评估提供重要参考。

大数据对于互联网金融企业来说就是最主要的信用信息来源,对于征信体系来说,需要完善的不是传统银行的交易信息,而是如何囊括体量更庞大的互联网金融交易信息。

互联网金融与征信体系都需要信用信息作为基础支撑。从金融交易的角度来看,征信体系包括金融信用信息基础数据库在内,都是利用收集到的金融交易信息为金融活动服务。另外,互联网金融评判信用的标准只有信用信息,这些信息一是取自中国人民银行征信体系,二是来源于自有征信体系,交易中产生的海量大数据构成了自建征信系统的主要信息基础。总之,互联网金融和征信体系既有共同的基础,也相互促进。

互联网金融征信体系的建立需要互联网金融企业自有征信系统、中国人民银行的征信体系以及民间征信机构三方共同努力。一方面,互联网金融企业通过大数据收集和分析用户交易信息,自建信用评估系统。另一方面,征信机构从互联网金融机构如P2P平台收集大量数据,再把数据提供给中间征信机构,实现信用信息共享。

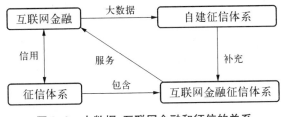

图 9-2　大数据、互联网金融和征信的关系

第二节　互联网金融征信的必要性

互联网金融的健康快速成长要以完善、安全、高效的信用信息体系为根基。互联网金融归根到底还是金融,金融的本质是资金融通,金融的核心是信用风险的监督管理,交易成本是信息不对称,而缩小成本根本上就是要通过建立一系列体系和制度,并施以有效的信用风险管理来最大限度地降低信息不对称。

信息不对称的存在给资本市场高效、健康发展带来诸多阻力。这些成本大多来自信息不对称导致的信用缺失、融资成本高。而对于大多数互联网金融企业来说,作为资本市场的一员,依然避免不了信息不对称所带来的一系列问题。是否能够高效使用信用信息和确保其安全性是信息不对称问题中十分重要的一环。

对于互联网金融企业而言,面对如此庞大的金融市场,首先要考虑的是信用安全问题,因而其发展便离不开完善的征信体系。征信不仅为互联网金融企业提供全面、可靠的个人、企业和市场信息,也为整个金融系统的安全运行提供信用保障。因此,如何合理、有效地收集和利用信用信息,关系到互联网金融企业能否健康发展,关系到互联网金融行业能否维护创新的金融秩序和进一步改善人民生活方式,对整个国家经济的安全都将产生重要影响。

对于中国而言,互联网金融的快速发展所暴露出的问题已经把加快征信体系建设的急切任务提上日程。为了解决该领域企业的发展成本问题,建立完善、高效的征信体系的呼声逐渐加强。党的十八大提出"加强政务诚信、商务诚信、社会诚信和司法公信建设",同时十八届三中全会还提出"建立健全社会征信体系,褒扬诚信、惩戒失信",2013年6月公布的《中共中央国务院关于加强和创新社会管理的意见》和《中华人民共和国国民经济和社会发展第十二个五年规划纲要》都将征信体系的建立列为重点任务之一。

2015年7月18日,由中国人民银行等十部委发布的《关于促进互联网金融健康发展的指导意见》明确指出,要鼓励"推动信用基础设施建设,培育互联网金融配套服务体系",为互联网金融企业提供和创造一种安全有序的经济环境。另外,中国13亿人,真正有信用记录的只有3亿左右,中国征信市场还有很大的发展空间。因此,在互联网金融背景下,建立一套互联网金融征信体系不仅有利于弥补社会信用信息体系在新型经济领域的不足,而且有利于提高经济效率,加强抵御金融风险甚至抵御大范围经济危机的能力。

第三节 基于大数据的互联网征信方法

一、大数据征信方法概述

大数据是指体量巨大并且类别众多的数据集,该数据集无法在一定时间范围内用常规软件工具进行捕捉、管理和处理,是需要新处理模式才能具有更强的决策力、洞察发现力和流程优化能力的海量、高增长率和多样化的信息资产。

全球最大的信息技术和业务解决方案公司 IBM 指出大数据具有 5V 特点:Volume(数据体量巨大,从数百 TB 到数百 PB 甚至到 EB 的规模)、Velocity(数据处理速度快,甚至 1 秒即可处理完毕)、Variety(数据种类和形态繁多)、Value(大数据包含着巨大的商业价值)、Veracity(追求高质量的数据)。

在大数据时代,我们更加追求的是数据的全部性,而不是随机样本;不要求数据的精准性,而是混杂性;追寻数据的相关关系,而不是因果关系。

所谓大数据个人征信方法,就是指运用大数据相关技术和处理方法来对个人信用数据进行收集、整理以及分析,最终对个人的信用状况进行评价。

大数据个人征信方法是随着互联网金融的发展而产生的,互联网金融的发展面临着比传统金融业更高的个人信用风险,一方面,互联网金融贯彻着普惠金融的理念,遵循长尾理论的互联网金融更加注重被传统金融业忽视的那70%的人群,形形色色的参与者使得个人信用状况也变得更加复杂,个人信用风险也随之增加;另一方面,互联网金融的交易媒介主要是互联网,而互联网的高度隐秘性以及随意自由性决定了如果使用传统金融产业的个人征信的方法,其对个人信用数据的真实性的判断更加困难,那么,个人信用风险必然会进一步上升。

传统金融产业的个人征信体系效率低、覆盖范围窄、数据更新慢,根本无法满足互联网金融个人信用风险的控制,要想进行有效的个人信用风险控制还必须使用大数据个人征信方法。

大数据个人征信方法中个人信用数据包括个人基本信息数据和个人行为数据,但以个人行为数据为最主。个人基本信息数据与传统金融产业的个人征信体系中所收集的个人信用数据基本一致,包括姓名、身份证、家庭住址、学历、婚姻状况等,而大数据个人征信方法的创新就是能够对个人行为数据进行收集、筛选和分析,从而对个人的信用状况做出评价。个人行为数据主要包括网站浏览记录、社交记录、电子商务记录以及休闲娱乐记录等,这些个人行为数据规模巨大、更新较快、数据格式没有统一的结构,但是,通过大数据技术对其进行处理可以客观地反映出个人基本特征以及预测其未来的行为状况,从而比较准确地反映出个人的信用状况。

二、大数据金融征信方法的优势和不足

大数据个人征信方法具有传统个人征信方法无法比拟的优越性。

1. 个人征信的覆盖范围更加广泛

传统的个人征信方法主要就是依据中国人民银行的个人征信系统,其中包含了个人基本信息、社保记录、信用卡记录以及贷款记录等,但是其仅包括了与银行发生过信贷关系或服务关系的个人,这部分个人的数量是有限的,而采用大数据个人征信方法,覆盖人群将更加广泛,因为大数据个人征信方法采用的是互联网思维和相关技术手段,只要在互联网

上留下了足迹，都可以根据个人的行为数据来对其进行个人信用分析。

2. 大数据个人征信方法的可靠性更强

大数据个人征信方法更多地是对个人的行为数据进行收集、整理和分析，这些个人行为数据能更多地反映出个人的本质特征，不管是性格还是心理，据此推断出的个人信用状况更加可靠。

3. 大数据个人征信方法的时效性更强

传统个人征信方法主要是对个人的历史信用信息进行分析，其由于数据传递以及数据分析存在一定的时差，所以导致了传统的个人征信方法中的个人信用状况更新较慢，时效性差，而大数据个人征信方法由于采取了互联网相关技术手段以及大数据的分析方法，所以个人信用数据的传递速度和分析速度都很快，能够实时反映个人的信用状况，具有很高的时效性。

当然，在目前的情况下，发展大数据个人征信还是存在一些问题。

1. 个人征信相关法律法规基础不健全

不管是传统个人征信方法还是大数据个人征信方法，都必须要有相关的个人征信的法律法规来做支撑，其不但能够给大数据个人征信方法提供行为准则，还能保障其正常、有序地开展。其中，要着重注意信息安全和个人隐私权的保护，大数据个人征信方法更多地采用互联网相关技术手段，个人信用数据在各节点流通的安全性必须得到保障，同时，个人信用数据的收集范围被进一步扩大，涉及了大量的个人隐私，如何保护个人隐私也必须要引起高度重视。

2. 中国人民银行的个人征信系统无法与大数据个人征信系统进行对接

中国人民银行的个人征信系统是我国个人征信体系的基础，虽然它存在覆盖人群范围窄以及数据更新不及时等问题，但是它的基础作用是不能忽视的，大数据个人征信系统只是其有益的补充，所以，他们之间必须能够有效对接起来，但是，目前来看，由于数据标准以及技术标准存在一定的差异，对接起来比较困难，那么，大数据个人征信方法对整个社会的个人征信体系的作用就不能发挥到最大化。

三、个人信用评分模型

所谓个人信用评分，就是指个人信用评估机构利用个人信用评分模型对个人的信用状况进行量化分析,最终以数值的形式呈现出来。个人信用评分是个人征信产品中最重要的增值产品,也是最能够直观反映出个人信用状况的。目前,大多数大数据个人征信机构都是以个人信用分的形式来呈现个人的信用状况。

早期的个人信用评分模型主要是多元线性回归、判别分析以及决策树等,随着互联网技术和人工智能技术的高速发展,出现了更多的个人信用评分模型,如神经网络、专家系统以及遗传算法等。目前,世界上的一些主流个人征信机构都采用以"5C"模型为基础个人信用评分模型,我国很多的大数据个人征信机构借鉴国外的先进经验,也普遍采用了"5C"模型来进行个人信用评分。

"5C"模型主要从道德品质、还款能力、资本实力、抵押能力以及环境条件这五个方面来对个人的信用状况进行考核。

(1) 道德品质(Character):这是评估个人信用状况的最重要的指标,是指个人按时履行偿债义务的可能性,如果一个人连付款的意愿和诚意都没有的话,其个人信用风险肯定很大。

(2) 还款能力(Capacity):指个人的偿债能力,主要包含个人的流动资产的数量和质量以及其负债情况。

(3) 资本实力(Capital):指个人的财务实力和财务状况,用来表示个人在偿债时可以依靠的经济背景。

(4) 抵押能力(Collateral):指个人一旦拒绝还款或者无力还款时可以用来抵押的资产。

(5) 环境条件(Condition):指可能会影响个人按时还款的经济环境。

在美国得到广泛使用的FICO信用分就是以"5C"模型为基础所得出的个人信用分,美国的益百利(Experian)、艾贵发(Equifax)以及全联公司(Trans Union)这三大征信机构都使用FICO信用分,它是美国费埃哲公司(Fair Isaac Company)研发出来的,三大征信机构会在他们出具的每一份个人信用报告中标明个人的FICO信用分,所以,FICO信用分在美国就成为个人信用分的代名词。

FICO信用分利用海量的大数据,选取了三大指标,包括个人信用和个人品德以及支付能力,将这三大指标划分出不同的档次并且给予每个档次一定的分数,最后将各个指标的得分进行加权得出个人的FICO信用分。

FICO信用分的范围在325~900分之间,越高的FICO信用分意味着个人信用风险越低,一般来说,如果FICO信用分达到680分以上,就可以认定个人信用很好,信用交易将顺利开展;而如果FICO信用分低于620分,个人就必须增加担保来进行信用交易,更有甚者,某些金融机构会用各种理由拒绝个人的信用交易;FICO信用分介于620分到680分之间的,将会作为个案处理,采取其他的个人信用评分手段。

FICO个人信用评分模型主要关注五类要素:信用偿还历史(约占比35%,包括各类信用账户的偿还历史以及逾期偿还的具体情况)、信用账户数(约占比30%,个人有限的还款能力被用尽意味着个人信用风险很高)、使用信用的年限(约占比15%,一般来说,使用信用的历史越长,就越能增加FICO分)、正在使用的信用类型(约占比10%,包括持有的信用账户类型和账户数)、新开立的信用账户(约占比10%,短时间内开立很多信用账户且信用历史不长的人具有很高的信用风险)。

第四节 我国互联网金融征信的发展及存在问题

一、我国互联网金融征信的发展现状

从20世纪80年代至今,中国征信体系的探索历程跨越了20余年。早期在经济贸易快速发展的同时,由于众多企业和个人的信用丧失等不良行为,给经济带来巨大经济损失,迫切需要建立一套完善的征信体系。由此,在1996年,中国人民银行开始研究和组织建立了商业银行"贷款证"制度与银行信贷咨询系统,为全国商业银行提供信用信息共享平台。在此过程中,中国形成了公共征信体系和私营征信体系互补的格局,建成了全国统一的企业和个人信用信息基础数据库,涵盖人数和机构为世界之最。

近几年,互联网金融在中国蓬勃发展,P2P、第三方支付、网络理财、众筹等互联网金融模式逐渐改变了传统的金融格局。这些新兴金融方式的快速发展和其庞大的市场基础为征信体系的建设提出新的要求,要求

征信体系既能符合传统金融模式的发展,又能为互联网金融企业的信用评价工作提供信用信息的采集、分析、整理服务和制度、监管保障服务。

对于我国而言,互联网金融还属于新生事物,其发展趋势方兴未艾。再加上中国在征信体系建设的探索上还有深入的可能,从而使得互联网金融快速发展的背后也暴露出征信体系建设的不完善问题,因此,亟待一套能满足互联网金融业务发展所需的社会信用体系。

我国现有的服务于金融信用信息领域的征信机构主要可分为以下三类:第一类是以中国人民银行征信中心为代表的主要向银行等大型金融机构提供信用服务的传统征信机构;第二类是以上海资信、深圳鹏元、北京安融惠众为代表的利用网络金融征信系统从事商业征信的市场化征信机构;第三类是以芝麻信用、腾讯征信为代表的利用自身电子商务平台数据的新兴个人征信企业。

中国人民银行主导建设的征信中心,作为传统信息共享系统,运行模式为由大型金融机构先接入征信系统并报送数据后,再为其提供查询信用报告等征信产品的授信服务。而对于小微金融机构和不是金融机构的P2P机构来说,却没有资格接入到央行征信系统,央行征信系统服务的金融机构在范围上仍有局限性。其提供的征信服务难以满足互联网金融的征信需求。

上海资信是中国人民银行征信中心控股的全资子公司,在从事企业和个人征信等传统业务的同时,也提供互联网金融征信服务、银行授信之外的领域进行信息采集等创新业务。2013年6月,上海资信开发的NFCS网络金融征信系统开始运营,作为P2P机构之间共享自身信贷信息的网络金融征信系统,帮助P2P机构实现同类型机构之间的信贷信息共享,并向P2P机构提供信用信息查询服务。该系统的建立在一定程度上化解了网络金融征信的难题和平台间信贷数据共享的问题,降低了线下征信成本,加快了贷前审批时限。但NFCS系统作为第三方信息共享平台,仅能共享接入的P2P机构数据,无法共享央行征信系统中的信用数据,并不具备一个真正意义上的征信系统的完备功能,离做到有效的防范互联网金融领域信用风险仍有距离。

以阿里征信为代表的依托电子商务平台的征信机构,平台注册用户多、交易数据体量大,通过大数据、云计算挖掘、分析收集到的各类用户数据,构建自己的信用数据库。其将交易数据和传统资产负债、抵押物等信息综合，挖掘银行、证券、保险、信托、基金等信息，控制信贷风险，并对外提供征信服务。但央行在2015年初要求芝麻信用等8家民间征信机构做好个人征信业务的准备工作后，在年中组织验收后却迟迟没有进一步向这些民间征信机构发放征信牌照。

二、我国互联网金融征信存在的问题

（一）法律法规不健全

虽然国家已经颁布了一系列法律法规来为社会信用体系的建立提供政策支持，但是这些法规在实际应用过程中并没有发挥应有的作用，对于互联网征信体系的建立更是缺少实质性的法律法规。

首先，缺乏整体宏观视角。虽然于2013年颁布的《征信业管理条例》对社会征信行业的发展指明了方向，但是缺乏与之相配套的具体层面的措施，只有宏观政策引导，没有具体措施的指导，从某种程度上也属于不完整的宏观视角，使得目前所颁布的法规条例处于空中楼阁的状态。

其次，可操作性不强。目前所颁布的法规条例体现了政府部门在国家层面对征信业的重视，但是从其实质内容上来看，也只做到了政策文件的最基本工作，即只停留在普及教育、整顿市场的呼声上，对于完善征信业的运营规范、建立系统性征信体系的时间表、每段时间的任务安排、各种信用工具与手段的综合运用，既没有明确规定也没有职能安排，这在很大程度上制约了征信业的发展，从而波及互联网金融的发展。

从互联网金融领域来看，用户资金保护机制缺失，第三方监管缺失，很多领域还存在监管盲区。互联网金融不良行为的记录查询功能还不完备，在低成本的情况下极易导致违约和欺诈行为的发生，信息安全性大打折扣。另外，虽然已出台实名制注册的法律规范，但配套法规未完善，导致最基本的实名制注册都未普及，从而缺少对客户安全的保护。这些都使得互联网金融的安全环境无法与社会信用体系达到相当的安全标准，导致互联网金融征信无法获得全面、有效的信息，制约着互联网金融的发展。

同时，评级业务法律法规和信用信息标准体系法律的不健全也造成了各个征信机构建立的评估模型不一致，增加了信息共享的难度，导致资源浪费。

(二) 信用信息环境较为恶劣

首先,信用信息的分散。目前,由于缺乏严格的法律法规的限制与规定,各种类别的信息收集者利用自有信息资源过度公开、过于保守而不公开、不出售,使得数据开放程度不一,为征信业整合信息资源带来巨大困难。

具体来讲,在互联网金融领域,互联网采集用户在使用网络过程中的碎片化信息,包括社交信息、交易信息、行为习惯等,并作为互联网金融征信的重要信息来源。征信过程中,需要把收集到的信息进行修正和校验,才能形成较为可靠的风险评估模型。由于行政体制的限制,许多信息分散于各个机构和行业中,信用信息缺乏有效的透明度,各部门分割比较严重。

其次,信用信息难以实现共享。在互联网金融领域的突出表现就是互联网金融企业之间的信息共享不通畅。众多互联网金融企业都拥有各自的操作平台和数据收集系统,但这些数据大多数没有实现资源共享,企业处于信息来源单一化的境地,无形中增加了企业收集和使用信用信息的成本。

另外,互联网金融企业难以接入中国人民银行所建立的基础性的征信体系这一问题也制约着信息共享和企业的进一步发展。单一的信息采集渠道让许多企业只能收集到某一用户片面的信息,导致企业不能全面、真实、可靠地对此类用户进行信用评估,从而产生信息不对称,必然加大交易成本,为金融交易埋下隐患。而中国人民银行所建立的征信体系却可以弥补这一不足,为众多接入系统的企业提供全面真实的用户信息。解决这一难题,就需要配套和完善的法律法规以及更强大的互联网技术作为支撑,对中国而言,这些领域还有很大的改进和提升空间。

(三) 用户个人隐私安全受到威胁

互联网金融企业主要通过社交网络、网上交易等方式收集大量客户信息,包括用户财务状况、消费记录、个人偏好等。但是在2013年出台的《征信业管理条例》对采集个人信息的行为进行了明文规定:采集个人信息应当经信息主体的统一,未经本人允许不得采集。这一规定规范了传统征信机构的信息采集行为,但是对于新兴的互联网金融企业而言,它们的采集行为处于法律的边缘,极易做出超出法律范围的征信行为。当普通用户登录互联网金融企业的网站,就会产生信息记录,在多数情况下,企业没有告知用户便自动记录并采集用户的网络行为,这种采集行为超出了法律的范围。

(四)商业征信市场尚不成熟,影响了互联网金融征信的发展

以企业和个人信用信息基础数据库为基础发展起来的金融征信在中国蓬勃发展,但相比较而言,商业征信的发展可谓步履蹒跚。首先,商业征信机构规模和数量较小,成熟度较低,发展不均衡。与国际大型商业征信机构如邓白氏、穆迪、标准普尔和惠誉国际相比,国内最大的商业征信机构规模却很小,且都集中在北京、上海、广州等一线大城市中,二、三线城市的分布不均,征信业有效需求尚未激发和释放,发展潜力巨大。

其次,目前市场上的征信机构所提供的服务种类单一,质量不高,由于市场规模不大且整个社会信用意识淡薄,公众对征信机构的公信力和权威性存有疑虑。由于征信机构自身发展不足,技术水平并不高,使得征信服务的质量和种类也不尽如人意,进而影响到机构权威性和市场规模,商业征信市场的建立还有很长的路要走。

再者,人才的缺乏制约着商业征信的发展。商业征信的性质决定了其技术密集型、知识密集型的行业特点,因此,其发展必须有专业人才作为支撑。对我国而言,现阶段征信专业人才的缺乏十分严重,并且普遍素质未达到从业要求,如缺乏应有的基本信用常识、缺乏技术分析能力等,进行专业技能培训将会花费企业大量成本,从而导致专业人才数量和待遇不高,行业流动性很大。

最后,对互联网金融企业来说,商业征信一方面可以作为征信市场的有益补充,另一方面也可以为互联网金融企业的征信服务提供巨大便利。对于企业规模较小的互联网金融企业,自建征信系统的成本较大,收集的信息量较小,收集渠道单一,通过商业征信的渠道可以节省大量资金成本。但是,目前商业征信市场还未发育完全,互联网金融企业的需求却很强烈,这将会为市场带来巨大的发展潜力。当商业征信与金融征信一样发展成熟后,互联网金融企业可以根据业务发展需要和自身支付能力自行选择征信服务,既促进了互联网金融的发展,反过来也带动了征信业的整体发展。为了满足市场需求,并为互联网金融的发展铺平道路,今后还需要不断加强行业发展能力,建立和完善征信市场体系。

第五节　互联网金融征信的政策建议

一、建立健全互联网金融征信相关法律法规

体系健全的互联网金融征信法律法规是规范互联网征信市场的必要保障。一般来说，完整的征信法制框架包括三个组成部分：一是关于个人信息（或隐私）保护的法规，其调整对象是个人，主要目的是确保个人数据的安全性及不受侵害；二是关于政府和企业信息披露的保护立法，这类征信法规是以政府部门和企业为调整对象，其目的在于增加信用信息的透明度，提高信用信息共享与传播的效率，同时也保护企业的商业秘密和政府机密不受侵害；三是关于征信业管理的法规，这类征信法规以征信机构和全社会的征信活动为调整对象，其主要作用在于规范征信机构的运营管理，促进征信行业的健康发展。

目前我国已颁布实施的征信相关法规中，立法层级最高的是国务院颁布的《征信业管理条例》，该法作为行政法规，以规范征信活动、引导征信业健康发展作为主要内容。其次是中国人民银行发布的《征信机构管理办法》，该法作为部门规章，以对征信机构的监督管理为主要内容。其他部门规范性文件主要是在本行业内针对具体事项做出规定。从法律层面来看，我国必须尽快出台关于互联网金融用户隐私保护和商业秘密保护的立法，如《网络用户信息保护法》《企业信用信息基础数据库管理办法》等针对信息保护的上位立法。围绕互联网金融信用征信活动开展的各个环节，出台一套从针对网络用户的大数据采集、整合、使用、管理到规范监管主体、信息采集方、信息使用方、信息主体各方行为的法律法规。在法律层面上，为征信活动提供一套完整的行为规则，使得征信活动各参与方的行为都能有法可依。

二、建立互联网金融信用信息分层共享机制

互联网具有网络环境开放、信息共享便利的特点，网络用户通过在电子商务平台上的交易行为、借贷行为直接产生了大量的多维度个人数据。网络平台零成本获取客户数据的同时，也面临着如何将所获的大批量数

据,甚至是一些缺乏利用价值的数据转化成可以用于信用评估的有效数据的问题。随着互联网金融征信模式的不断发展深化,大部分网络平台都能基于各自的系统积累大量的用户数据,然而数据转化难、信息标准不统一却是互联网金融征信在现阶段难以跨越的一道坎。因此,迫切需要针对互联网金融信用数据采集领域建立一套统一的征信标准化体系。

征信标准化体系的缺失不仅仅体现在互联网金融征信领域,在传统征信领域中,由于国家级的信用信息标准尚未建立,各部门、各行业间以及各级地方政府也只能参照各自的标准构建行业内或地区内的信用信息系统,各系统间缺乏关联,更是不能达到统筹协调,使得信息难以在不同行业、不同区域间实现便捷流通与共享。同时,在信息的采集、传输,乃至信用报告的形成过程中,对信息传输标准、信用报告的格式规范与版本多样性以及征信服务等标准缺乏细则规定。各征信机构自成体系,难以实现互联互通。

三、明确互联网金融行业间信息共享规则

目前,我国广泛存在行业间信息共享机制缺失或不健全的现象,尤其体现在跨行业、跨地区的应用机制方面。这就有可能导致一家企业在某个行业内发生违规行为,却在另一个行业内被评为信用良好企业的现象发生。除中国人民银行在全国范围内建立起来的征信中心,各地方政府也纷纷建立了在本地方范围内的信用信息系统,导致各地方犹如一座座分散的"信息孤岛"。"信息孤岛"的出现,造成了地方政府大量人力、物力、财力的浪费,更由于各地信息采集标准不一,造成了信息难以集中共享的局面。要打破行业间、地方间以及中央与其他部门间的信息难共享的壁垒,需尽快对个人、企业及政府部门间的信用信息共享条件、共享程度加以明确,并制定违背上述规定的惩戒机制。

基于互联网金融机构间的竞争关系,上述现象尤为突出。在目前以 P2P 为代表的互联网金融机构中,信用信息封闭问题尤为严峻,各机构虽然都在各自的业务范围内对借款人进行征信并建立了本系统内的失信人名单。但由于业内竞争关系,各机构间往往不会采取合作的态度共享失信人名单,债务人在 A 平台逾期归还资金后,又能以良好的信用记录去 B 平台恶意借款,从而导致了投资人的利益受损。统一信息采集标准、打破各互联网征信机构间的信息壁垒才能促使互联网金融征信业务更好更

快的发展。

四、强化网络信息安全监管,保护网络用户隐私、权益

信息流转是信息使用的前提,在信息流转的过程中,征信机构及信用信息使用者主要对数据的安全传递负特定的保护义务。而在信息使用过程中,会涉及征信机构及信用信息使用者的多重权利义务,通过对信息使用主体的义务加以明确从而达到保护信息主体权益的目的,以实现信息主体与信息采集者、使用者之间的利益平衡。

网络用户产生的信息数据大部分属于个人隐私,但由于互联网信用征信活动的开展,使得个人信用信息被全方位记录,形成了网络用户信用信息数据库。个人数据的处理应当在信息主体明确同意或在必要的情况下进行,在信息采集和提供阶段信息主体均应享有同意权。保护信息主体知情权,是信息主体有效行使其他权利的基础。当征信系统对外提供服务时,一定要让信息主体知晓自身的信用信息是如何被采集和处理的,例如,使用某单位信息时,要对相关信息来源、处理目的、信息内容以及信息查询者的单位进行披露。让信息的主体有权查阅自身信用信息的使用情况、信用评价及信用等级。此外,当信息主体认为自身的信用信息有误时,有权要求征信机构予以更正、补充和更新。只有保证了信息主体的异议权和更正权,才能不断提高征信系统的全面性、准确性和及时性。我国澳门特别行政区的《个人数据保护法》第 11 条规定:"在不得拖延的合理期限内及无须支付过高费用的情况下,数据当事人享有自由的、不受限制地从负责处理个人数据的实体知悉法定事项的权利,并对不符合该法规定的数据尤其是不准确、不完整的数据有更正删除和封存的权利。并且,信息本人可以将以上情况通知曾知悉有关资料的第三人,第三人也应同样对数据进行更正、删除、销毁或封存。"此规定保障了信息主体的救济权,从而使信息主体维护自身合法权益有了依据,在法律层面确保了征信服务机构和信息使用机构能够依法办事,使信息的使用合法有效。

征信机构在征信活动中应注意以正当的方式对征信数据进行使用,不应以牺牲个人隐私权为代价。然而实践中,征信机构收集的个人信息很大一部分都属于被采集人不会对外界公开的隐私信息,尤其是大数据、云计算的出现,使网络用户的上网轨迹、行为偏好均被作为大数据进行加工后形成个人信用信息。所以个人信息共享与隐私权保护之间的冲突已成为目前亟待解决的问题,而解决这一问题的关键则在于明确隐私权价值位阶的最高性,并以此最高价值目标为原则对征信机构的信息使用活动进行立法与监管。同时,应加紧制定具备实践操作性的实施细则,规范征信机构的信息采集准则、增强隐私数据使用的保密性,以及完善被采集人被侵害权益的事后救济机制。

五、建立健全失信行为惩戒机制

个人失信惩罚机制的建立能够把互联网金融交易双方中失信方的失信行为扩大为失信个人与个人征信体系之间的矛盾,从而加大失信方的道德压力,对失信方进行经济处罚或限制其参与互联网金融,以使其付出高额的失信成本,个人失信惩罚机制产生的约束力能够提高个人以及全社会的信用观念。

建立健全互联网金融个人失信惩罚机制应该从以下几点出发。

（一）建立个人失信黑名单制度

设定黑名单制度的达标标准,定期对个人信用数据进行维护,对满足黑名单制度标准的个人及时更新进黑名单,对不满足黑名单制度标准的个人及时排除出黑名单,及时将黑名单抄送各互联网金融机构,并且将黑名单在互联网或者媒体上进行公开披露,以保证黑名单制度的权威性。

（二）建立健全个人信用奖惩机制

在建立安全稳定的信用信息服务平台的基础上,建立和完善违法失信行为的惩戒机制,加大对失信者的惩戒力度。首先,建立全社会的信用监督惩戒机制,借助于网络和社会舆论的力量加强对失信行为的监督和整治;其次,建立和完善市场退出制度,对不同程度的违法违规行为进行曝光、警告和强制退出市场的处理;最后,完善不良行为的信息披露机制,借助市场选择的力量,增加失信者今后的交易成本,减少失信行为的发生,确保征信行业健康发展。

对个人信用良好并且无失信记录的个人进行奖励,如在 P2P 借贷中对个人资信良好的投资者给予利率上浮的奖励,对个人信用记录较差且存在失信记录的个人进行惩罚,这种惩罚可以是直接经济惩罚,也可以是限制其互联网金融交易。

（三）完善失信个人的申诉机制

对失信个人的定性及惩罚有可能是存在偏差和错误的,如果不给失信个人合理的申诉机会,这样失信惩罚机制显然是不科学的,所以,要完善失信个人的申诉机制,这会使得失信惩罚机制更加的合理。

第六节 互联网金融征信案例分析

一、美国网贷平台征信实践——以 Lending Club 为例

(一)基本情况

Lending Club 是一家成立于 2006 年,总部设在美国加州旧金山市的 P2P 借贷公司;是第一家在美国证监会登记注册的利用二级市场提供借贷服务 P2P 机构。

Lending Club 作为世界上最大的 P2P 借贷平台,运作着确保借款人获得贷款、投资人购买基于借贷的会员偿付支持债券(notes)的在线借贷平台。截至 2015 年 6 月 30 日,该平台共计发出 111 亿美元贷款。

Lending Club 的迅速发展离不开其独特的运营模式和成长背景。

(1)美国利率市场化已经完成,信用卡贷款的年化利率一般为 18%,个人无抵押贷款更是高达 15%~25%,而在 Lending Club 平台贷款利率最低低至 6%。相对比,中国的利率市场化还处于探索阶段,人民币存贷款基准利率仍受人民银行控制,根据贷款时长,目前人民币贷款基准利率区间为 4.35%~4.90%,使得中国的网贷平台在贷款利率上不具优势。

(2)美国具备成熟的征信体系、个人征信覆盖率高达 85%,Lending Club 使用 FICO 信用评估系统在线完成对借款人的信用评估,区分并预测各类风险,并只对 FICO 信用评分高于 660 的借款人提供贷款。根据统计网站 Nickel Steamroller(简称 NSR)计算的 Lending Club 平台年均违约率可知,自 2007 年至 2014 年间平台违约率显著下降,目前保持在 5% 的水平。而截至 2015 年 4 月底,我国央行个人征信系统收录的 8.6 亿多自然人,其中有征信记录的约为 3.2 亿人,仅占人口总数的 23.7%,远低于美国征信体系覆盖率,故中国的网贷平台无法仅依据借款人的信用评分来进行贷前审核,而更多采用了线下审核、线上放贷的运作模式。

Lending Club 吸引借款人的地方不仅在于其与银行相比较低的借款

利率,还在于其信用评分模型可根据借款人的资信状况对其灵活适用不同的借款利率,这使得信用优秀的借款人能拿到更低的借款利率,而信用评分不佳的借款人在支付高利率的同时也能获得贷款。Lending Club 作为脱媒化的网贷平台代表,有效地利用了 FICO 信用评估系统,使用技术手段加强风控的同时也注重缩减借贷中间环节、不断降低单笔借贷经营成本,以其成本优势和利率优势持续开拓美国互联网金融市场。

Lending Club 在放贷流程中致力于消除供求双方的信息不对称,借款人需要在平台上发布自己的 FICO 信用评分以及报送诸如借款目的、借款金额、借款期限、月收入、债务收入比等个人资料,Lending Club 再利用自己创造的信用评分标准对这些信息进行综合评估后全面、透明地呈现给投资人。投资人可以通过浏览借款人列表来决定对哪个借款人投资、投资多少,或根据自己的风险偏好选择组合型投资。

(二) 案例分析

互联网金融信贷市场颠覆了传统信贷市场中资金供求双方信息不对称、无法及时有效地获取交易决策信息,必须借助银行等金融中介机构才能达成交易的局面。互联网大规模的应用,解决了信息不对称及供求双方无法直接沟通的问题,使得传统商业银行作为促成供求双方达成交易的中介地位逐步下降。图 9-3、图 9-4 阐明了传统信贷市场与互联网金融信贷市场解决信息不对称问题的不同做法。

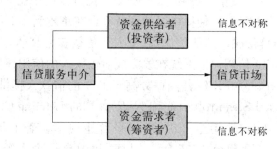

图 9-3　以中介解决信息不对称问题的传统信贷模式

Lending Club 作为实现供求双方点对点直接交易的纯信息平台,仅负信息披露、信息核实义务,不向投资人提供平台资金担保,也不对借款人的违约行为承担赔偿责任,所以,平台不仅对借款人有较高的要求,也对投资人的经济实力、风险承受能力做出一定的要求。

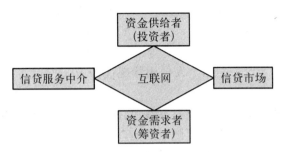

图 9-4　互联网金融下资金供求双方直接沟通消除信息不对称

相比之下,英国和中国的 P2P 平台就显得没有那么纯粹了。英国的 P2P 平台 Zopa 于 2013 年推出"Zopa 安全基金"(Safeguard fund)作为其新的风控手段,将其盈利的一部分交给非营利性信托机构 P2P SLimited 保管,用于在贷款人逾期违约时对投资人进行赔付,目前该基金规模已超过 600 万英镑。这种设置风险准备金的做法一定程度上能让投资者感到安心,并能帮助风险偏好程度低的投资人做出投资决定。

而中国多数的 P2P 平台都以承诺收益、提供担保的方式,吸引投资人,无法做到美国 P2P 平台的"去担保"化。中国 P2P 平台的担保模式可划分为以下四种:平台自身担保、一般担保公司担保、融资性担保公司担保以及保险公司承保财产险向客户提供保障。由于国内征信系统建设的不完善、行业监管力度不足、平台风控能力参差不齐,让投资人在这样的环境中做出投资判断并承担 100% 的风险是极不合理的,唯有改善我国互联网金融市场的整体投资环境,才有可能使中国的 P2P 回归到平台"去担保"、投资人风险自担的点对点纯信息平台模式中去。

二、芝麻信用案例

(一) 基本情况

芝麻信用是蚂蚁金服旗下独立的第三方个人征信机构,其个人信用数据采集来源主要是阿里巴巴集团旗下的所有产品线,包括淘宝网、天猫网、聚划算以及支付宝等大量的产品,

芝麻信用运用大数据技术和云计算技术对这些海量个人信用数据进行分析,最终以芝麻信用分的形式直观呈现出个人的信用状况。

芝麻信用的个人信用评分模型是以"FICO 信用分"为基础建立的,

芝麻信用分的分值范围从 350 分到 950 分，分数越高代表个人信用状况越好，其可以分为五个档次：350 分到 550 分表示个人信用状况较差、550 分到 600 分表示个人信用状况中等、600 分到 650 分表示个人信用状况良好、650 分到 700 分表示个人信用状况优秀、700 分到 950 分表示个人信用状况极好。

目前，芝麻信用采取与支付宝钱包合作的方式，个人只需要动动手指下载支付宝钱包 APP 就可以随时随地查看自己的芝麻信用分。当然，在此之前你必须要允许支付宝钱包授权开通芝麻信用分。当个人芝麻信用分达到了一定的分值，就可以开启信用生活了。你可以在线以低利率迅速获得借款；也可以享受先消费后付钱或者便捷分期的服务；更可以免押金借到汽车和公共自行车；当然，你也可以免押金租到房；甚至，你还可以更快速、更容易地办理签证，当然，你能凭借你的芝麻信用分享受的便捷信用生活远不止这么多。

（二）芝麻信用的评分体系

1. 信用数据来源

芝麻信用的个人信用数据主要来自四个方面。

（1）阿里巴巴集团旗下的电商平台

主要包括 B2C 天猫网、C2C 淘宝网、聚划算平台、Ali Express 跨境零售平台、1688 国内批发平台、Alibaba 跨境批发平台，阿里巴巴旗下的电商平台涵盖了批发和零售环节，拥有了海量的交易数据和用户数据。据统计，2016 年上半年中国电子商务市场交易规模达 7.9 万亿元，同比增长 36.2%，其中，阿里巴巴集团占据了中国电商服务商市场份额的 38.5%；网络零售市场交易规模达到了 2.3 万亿元，同比增长 43.4%，其中，天猫排名第一，占据了 53.2% 的市场份额。

（2）蚂蚁金融服务集团

2014 年 10 月，蚂蚁金服正式成立。蚂蚁金服起步于 2004 年成立的支付宝，致力于打造开放的生态系统，通过互联网相关技术为小微企业和个人消费者提供普惠金融服务。

蚂蚁金服旗下及相关业务主要包括生活服务平台支付宝、智慧理财平台蚂蚁聚宝、云计算服务平台蚂蚁金融云、独立第三方个人信用评分体系芝麻信用以及网商银行等。其中以支付宝为核心，其他的业务基本建立在支付宝基础上，支付宝主要提供网购担保交易、网络支付、在线转账、信用卡还款、手机充值、水电煤缴费、个人理财等多个领域的服务，支付宝也随着阿里巴巴集团电商平台的发展而迅速崛起，凡是需要通过阿里巴巴集团电商平台进行交易的个人或商家都必须成为支付宝的用户。可想而知，蚂蚁金服必然能够提供大量的个人信用数据。

(3) 阿里云服务

阿里云是阿里巴巴旗下的云计算品牌，也是全球卓越的云计算技术和服务的提供商。阿里云可以给客户提供很多的行业解决方案，如多媒体解决方案、物联网解决方案、游戏解决方案、O2O解决方案以及医疗解决方案等，因此，阿里云上活跃着大量的知名用户群，如12306网站、微博、魅族、锤子科技、CCTV5以及中国药品监管网等，也有很多城市与阿里云展开合作建设智慧城市，如浙江、广西、海南以及河南等，这些都能够为芝麻信用提供海量的个人信用数据。

(4) 阿里巴巴投资的其他领域

阿里巴巴这些年在其他领域进行了频繁的投资：在文化传媒领域，阿里巴巴投资了文化中国、优酷土豆、虾米、天天动听、华谊兄弟以及恒大足球等；在社交领域，阿里巴巴投资了微博和陌陌；在移动互联网领域，阿里巴巴投资了UC、墨迹天气、魅族、美团、滴滴以及高德地图等；在物流领域，阿里巴巴投资了汇通、圆通以及菜鸟物流等。这些投资的领域虽然不是阿里巴巴的核心业务，但从长远角度看，其必然能够给芝麻信用的大战略提供更为广泛的个人信用数据来源。

2. 信用评分模型

芝麻信用的个人信用评分模型主要通过五个方面的维度进行综合的评估，包括信用历史、行为偏好、履约能力、身份特征和人脉关系。

信用历史(占比35%)：是指个人过往的履约记录，主要是指过往的信用卡还款记录以及信用账户历史。丰富的履约记录将帮助个人获得更高的芝麻分，个人失信将会对芝麻分带来负面影响。

行为偏好(占比25%)：指个人在购物、缴费、转账等活动中表现出的偏好以及稳定的行为特征。

履约能力(占比20%)：指个人在各种信用生活中的履约表现，如无抵押租车时是否按时取车和还车、使用打车软件时能否按时到达指定地点等。

身份特征(占比15%)：指个人的基本信息，包括年龄、性别、职业、家庭状况以及婚姻状况等。

人脉关系(占比5%)：指个人好友的信用状况以及和好友的亲密程度。

芝麻信用的个人信用评分模型是基于"5C"模型来开发的，因此，芝麻信用的个人信用评分的五个维度基本上是与"5C"模型一致的：

(1) 信用历史：可以反映出个人的道德品质、还款能力、资本实力以及环境条件。

(2) 行为偏好：可以反映出个人的道德品质、还款能力、资本实力以及环境条件。

(3) 履约能力：可以反映出个人的道德品质以及资本实力。

(4) 身份特征：可以反映出个人的道德品质、还款能力以及环境条件。

(5) 人脉关系：可以反映出个人的社交品质。

3. 信用评估

芝麻信用通常会每个月进行一次个人信用评分，并且于每个月的6日在支付宝钱包中进行更新，每个人的芝麻信用分相对来说是比较稳定的，不会出现太大起伏。个人可以通过以下途径提升自己的芝麻信用分：

(1) 补全自己的详细资料，除了最基本的信息以外，补全自己的学历学籍、单位邮箱、职业信息、海外信用报告、车辆信息以及公积金信息等；

(2) 按时还款，包括信用卡、天猫分期、花呗以及借呗等；

(3) 多在淘宝网、天猫网以及聚划算等阿里巴巴电商平台进行消费；

(4) 多购买理财产品，如余额宝、招财宝以及股票基金等；

(5) 使用支付宝按时缴纳电费、水费、燃气费以及物业费等；

(6) 多使用支付宝进行爱心捐款，不管金额多少；

(7) 保持基本信息的相对稳定性，不要经常进行更改。

4. 芝麻信用评分体系的特点

以芝麻信用为代表的大数据个人征信从根本上来说是源于传统个人征信的，但是，与传统的个人征信相比，芝麻信用又具备了其自身的特点。

(1) 个人信用数据采集来源广泛且成本较低

传统个人征信体系主要是从金融机构以及公共事业部门采集个人信用数据，而芝麻信用的个人信用数据主要是从阿里巴巴集团相关业务中采集而来，利用大数据技术以及云计算技术等进行个人行为数据的处理。

总的来说,芝麻信用采集的个人行为数据范围更加广泛、种类更加丰富且成本更加低廉。

(2) 个人信用评价的维度更加广泛

传统的个人信用评价主要是从个人财务状况入手,评价维度较为狭窄,而芝麻信用除了考虑个人的财务状况之外,还融合了更多的评价维度,包括个人的品质、行为偏好以及社交情况等,个人信用评价维度的扩展进一步提高了评价结果的准确性。

(3) 个人信用评价的用途进一步拓展

传统的个人信用评价主要应用于贷款领域,范围相对狭窄,而芝麻信用的个人信用评价可以用于住宿、租房、租车、购物以及交友等众多领域,而且,随着芝麻信用业务的不断深入开展,其个人信用的评分结果的应用范围将更加广泛、应用前景将更加广阔。

(三) 案例分析

芝麻信用作为一个全新行业的代表,其做出了有益而且成功的尝试,但是,就目前情况来看,芝麻信用的发展依然面临着一些问题,这些问题也是这个全新行业存在的共同问题。

(1) 个人信用数据的孤岛问题

芝麻信用的个人信用数据来源主要是阿里巴巴集团内部的各种业务,虽然,阿里巴巴集团不断收购和入股一些企业,但处于行业支配地位的企业控制着所在行业的需求,它们掌握了大量的个人信用数据并以此来赚取利润,所以,不太可能向阿里巴巴集团出售这些经济资源,这就造成了芝麻信用的个人信用数据的孤岛问题,这也是制约芝麻信用扩大发展规模的瓶颈。

(2) 非结构化数据的处理问题

非结构化数据主要是图片、视频以及音频等内容,芝麻信用目前主要处理的是以文字为主体的个人结构化行为数据,而非结构化数据的处理技术发展相对比较缓慢,但是,非结构化数据的使用范围越来越广、频率越来越高,如何在其中获取有效的个人信用数据就是一个亟待解决的问题。

(3) 刷信用分行为如何避免的问题

芝麻信用提供了提高个人芝麻信用分的途径并且是公知的,就会导致部分不法之徒为了能够享受便捷的信用生活而以提分途径为对照进行非法的刷分行为,导致个人信用违约风险增加,从而增加了芝麻信用平台的风险。如何识别出这类刷信用分的行为并且有效控制和规避这种行为是芝麻信用要着重关注的。

(4) 其他问题

芝麻信用还面临着与传统个人征信相类似的问题,如个人隐私权的保护问题、个人信用数据的安全问题以及争议处理和救济问题。

本章小结

本章主要论述了互联网金融征信。第一节阐述了互联网金融征信相关概念;第二节分析了互联网金融征信的必要性;第三节介绍了基于大数据的互联网金融征信方法;第四节分析我国互联网金融征信的发展及存在问题;第五节提出了互联网金融征信的政策建议;最后,以 Lending Club 和芝麻信用为例,对本章内容进行了案例分析。

复习思考题:

1. 简述互联网金融征信的定义。
2. 论述互联网金融征信的必要性。
3. 简述互联网金融征信方法。
4. 分析我国互联网金融征信存在的问题及发展建议。

拓展阅读

互联网金融最后一片蓝海:征信业的信用评分怎么玩?

有人说,婚姻制度落后时代的最大原因在于:契约没有时限!应该像劳动合同那样有个时限,到点了重新审视决定双方关系,降低离婚成本,还可以在建立个人征信档案的时候把婚姻也写进去,说不定还能隔离家暴、出轨和"直男癌"等。想跟妹子谈恋爱,先拿出芝麻信用评分让丈母娘过眼。

美国征信界鼎鼎大名的"FICO 分"进入中国市场,是否会给本土原生的"芝麻分"带来冲击?这是最近互联网征信业思考的新问题。

与"芝麻分"相比,舶来品"FICO 分"拥有美国悠久的征信历史背景,以及完备的信用发展制度,通过收集消费者的付款经历和信用历史等数据来评测个人真实的信用水平,为征信机构和借贷机构提供业务支撑,但其评测逻辑并非匹配中国关于信用的理解,而且国内应用场景也不多。与之对应,蚂蚁金服推出的"芝麻分"在国内家喻户晓、备受关注,虽然有起步晚、起点低的短板,却因背靠支付宝而短期内成功吸引了大量拥趸。

其实,早在2015年,互联网征信热就已开始,央行先后印发《关于做好个人征信业务准备工作的通知》和《征信机构监管指引》,征信管理局也发布《征信业务管理办法(草稿)》对征信机构进行规范,充分体现了"中国特色"。

而让互联网征信尤其是个人信用评分在人们眼前被彻底放大是因为支付宝的改版,其推出的社交产品"圈子"设置≥750分的门槛,不过线就只能打赏,不能评论,一度引起刷分热潮。无独有偶,这样用评分划分权限的场景在热门剧《黑镜》描绘的未来世界中也有体现,女主蕾茜因人品评分不够无权限购买高档社区房,就按照咨询公司的指导进行涨分实践,甚至铤而走险。试想一下,随着互联网数字化,看脸、看才华的世界变成一个看分的世界怎么样?

据CNNIC发布的最新统计报告,截止到2016年12月,中国手机网民占比达95.1%,增长率连续三年超过10%,线下手机支付习惯已经形成。这很大程度上成了互联网征信的基础,技术变革倒逼征信行业快速升级,眼明手快的人已经跑步进场,向互联网金融这最后一隅挥动铲子掘金,征信业将迎来爆发时机。据清晖智库统计,中国个人征信市场空间约2 000亿元,个人征信和企业征信总规模约为20亿元。

古往今来,征信业最重要的仍然是数据。征信最早起源于消费分期,但仅通过口碑积累的定性无法准确判断消费者信用,后来有了电子化的数据沉淀积累,才发展成使用数据统计模型来计算和评估信用。至今,互联网大数据承载量非常大,任何数据都可以与信用相关联,AI深层次挖掘信用数据,甚至可预测未来,成为可衡量、可变现的资产。

关于数据模型的来源和采集,除了常规的公共部门数据和移动运营商数据,做好个人征信业务还需具备充分的多样化个人信用数据,如个人基本信息,与金融机构或其他部门已经发生过的信用关系情况,因获得相应服务而与公共事业单位所发生的资金往来信息,与个人信用状况有关的行政处罚、犯罪记录和案件审理结果等司法信息,以及在日常工作生活中留存在工商企业或互联网企业中的经营活动或社交行为数据等。"芝麻分"的个人征信建模就包括身份特质、履约能力、行为偏好、人脉关系和信用历史这五大维度,详细刻画个人信用全貌,分数高的人在诸多生活场景中均会被"开绿灯",简直没有比数值化更直观的筛选工具了。

互联网信用评分之所以如此受到关注,是因为其对授信人、受信人以及社会都会带来巨大价值。

第一,互联网信用评分覆盖人群广泛,数据实时鲜活,可作为征信体系的有效补充。中国央行征信中心数据库是中国征信业的最大优势,大大提高了金融的获得性,但其也有短板,即覆盖面较窄、数据来源单一以及存在一定门槛,目前仅有4亿人在央行征信系统有信用记录,而中国目前网民规模达7.31亿,相当于欧洲人口总量,人群覆盖面非常广,通过其网络行为留下的记录进行数据挖掘和分析,可以对现有征信状况进行有效补充,让更多人的信用状况得以刻画,继而获得金融及生活方面的服务,在线实时的互动数据也能使当前业务的决策快速有效。

第二,互联网信用评分是云平台运力推算而得,有净化互联网环境的效果。在合规的前提下,大数据征信企业可科学、客观、公正地评价个人的信用水平,通过输出各种标准化和定制化的身份识别、反欺诈、信用风险识别、跟踪产品与服务,具备如人脸识别等身份识别和反欺诈能力,回归"以人为本",保护公民隐私,以商业化的方法净化互联网环境,推进互联网征信业务的健康发展。

第三,互联网信用评分开启诚信便民生活,建立全民信用文化。当前社会,社会大众对于信用消费的认知度与接受度不断提高,超前消费理念逐渐普及,民众信用意识不断增强,其通过互联网信用评分获取服务的场景也越来越多,旅游、信用卡、租房、租车等方面均有体现,像是"芝麻分"在650分以上的用户神州租车可免押金租车,坏账率仅为千分之一左右,有利于受信人充分利用各种信用产品,使普通老百姓感受到信用的力量和价值,提高整个社会的经济效率。

随着数据的盆满钵盈,我国互联网征信也将日益成熟。然而,在国内,信用数据共享问题仍是制约互联网征信业务发展的掣肘之一,相关立法也仍未落实。

(资料来源:融360,2017年2月8日。)

第十章　互联网金融风险防范

本章任务目标：
1. 掌握互联网金融的风险类型；
2. 了解国外互联网金融风险防范方法、国外互联网金融风险防范的特点以及国外互联网金融风险防范对我国的借鉴；
3. 掌握中国互联网金融风险防范措施。

金融行业本身就是各种风险的大集合，而互联网本身又具有"放大镜"的特点，对传统金融的风险起到推波助澜的作用。随着互联网金融对传统金融的渗透，互联网安全问题所带来的安全事件频发。

2013年6月，某银行网上银行支付出现问题，"超级网银"授权漏洞风波爆发。骗子利用网银漏洞诱导用户进行授权，从而骗取客户大量资金。

2013年8月，P2P平台"网赢天下"由于大量投资者撤离资金，无法兑付，最终破产。该平台仅运行4个月，其成交额近7.8亿元，破产后仍拖欠近1.8亿元，数千名投资者无法收回本金。

2014年2月，世界上最大的比特币交易运营商，因交易平台的85万个比特币被盗而宣布破产。

2014年3月，我国P2P网贷平台"网贷之家"遭到黑客攻击，引发客户信息安全担忧。

2014年3月22日，携程安全支付出现漏洞，可能导致大量用户的身份及银行卡信息被泄露。携程网页官方确认了安全支付问题的出现。

从以上各类安全事件中，我们发现互联网金融在给大家带来方便快捷的同时，也带来了很多令人担忧的安全问题。互联网金融的模式在其自身发展过程中会面临不同的风险、安全问题。

互联网金融大行其道不仅使其"鲶鱼效应"日益凸显,对传统金融监管和风控体系的冲击影响也逐渐不容小觑。以"余额宝"为代表的碎片化理财产品、P2P网贷、众筹众贷等都属于新兴事物,有很强的监管规避性,在现有的监管体系下存在很多无法涉及的地方,也开始逐渐暴露出许多问题,需要不断完善现有的监管制度,规范互联网金融的发展。但目前的现实是,互联网金融的发展远远超越互联网金融监管的能力,创新孕育的风险正在不断积聚。这需要监管者尽快制定法律、法规,对互联网金融监管做到领先半步。

第一节 互联网金融的风险类型

不论是互联网企业还是传统金融机构发展互联网金融,都无法改变其金融服务的本质和互联网的属性。因此,互联网金融既具有与传统金融业相似的风险,又具有自身特有的风险,需要其正确认识和分析。

一、与传统金融业相似的风险

(一)系统性风险

系统性风险是在经济联系越来越紧密的今天,各行各业都需要面对后果比较严重的风险。随着金融市场脱媒趋势的不断演进,投融资双方可以直接通过互联网金融企业获得资金融通服务,因此,与传统金融业一样,互联网金融也需要注意系统性风险,且其主要有四个特征:

一是对系统或全局功能的破坏,而不仅仅是某一机构或局部;

二是具备非常强的蔓延性和传染性,一旦发生,便可传导给毫不相干的第三方,造成重大损失;

三是具有非常强的负外部性,对整个金融市场甚至实体经济产生负面的溢出效应;

四是由于该行业技术领先、业务发展效率高、支付快捷,因此传播速度非常快。

互联网金融的系统性风险的形成途径大致有以下几点:第一,系统中各种风险暴露且相互关联,以致某个特定的冲击便会对全局造成影响;

第二,与经济周期具有一定的相关性,由于金融体系与经济周期波动之间存在较为紧密的相互反馈机制,所以这种亲经济周期性容易导致系统性风险;第三,由于金融市场创新形成风险,各类金融市场的联动效应增强很可能诱使互联网金融爆发系统性风险。

(二) 非系统性风险

该风险是除系统性风险以外的偶发性风险,包括市场风险、信用风险、操作风险和流动性风险等。

1. 市场风险

市场风险是指由于产品价格波动使得实际、预期收益发生偏离所带来的损失,包括利率风险、汇率风险等。比如,若市场利率上升,可能导致互联网金融产品投资者所持有的理财产品价值缩水,或借出款项的收益率低于市场利率从而造成收益金额减少;若市场利率下降,可能使借款人通过其他渠道获得资金以致提前还贷,从而减少贷款人的收益;再者,利率的波动可以通过影响借款者进行融资的方式,进而影响互联网金融产品的年化收益率变动,从而影响投资者的收益。所谓汇率风险,是指汇率变动的不确定性给参与者带来的不利影响。

目前,互联网金融涉及的业务范围或提供的服务不仅在本国范围内,而且在国际上也展开,随着互联网金融的不断发展,以后将会有更多的业务跨越国门的界限,在国际上开展相关的互联网金融业务,这就会受到汇率波动的干扰。

2. 信用风险

可以说,信用风险不仅存在于一切信用活动中,而且也存在于一切交易活动中,在互联网金融方面则主要表现为信息不对称风险和道德风险。

由于互联网金融的业务活动大多都是在由电子信息构成的虚拟空间中进行,交易双方不需要面对面的接触,只需通过网络便能进行交易,这在给交易双方带来便利的同时也增加了对交易者身份和交易真实性的验证难度,从而导致交易双方在身份认证、信用评级、财务状况等方面的信息不对称的程度加大,进而导致信用风险加剧。

就道德风险而言,信用风险也是制约互联网金融发展的重要风险因素。比如电商小贷,其贷款是依托于电商的庞大数据,经过一系列的分析处理,并依据相关结果对贷款人进行自动化处理,这在降低交易成本、提高运作效率和资金周转速度的同时,仍然面临难以克服虚假交易和虚假信用的难题；此外，由于征信体系不完善，难以有效实现信息共享，很容易造成不同体系和不同平台之间的信息套利，这种道德风险对搭建平台的互联网金融模式带来的损失将是巨大的。可见，无论何种道德风险，对互联网金融所产生的信用风险都是难以估量的。

3. 操作风险

操作风险是指企业或机构由于内部控制不健全或失效、人为操作失误或外部事件等原因造成损失的风险。

从上述定义可以看出，所有互联网金融中介和市场的内部程序在任意环节出现的问题、相关业务人员出现的疏漏，都属于操作风险的范畴。

根据风险的来源差异可以分为：内部操作风险、第三方风险和客户操作风险，其中内部操作风险主要来自对互联网金融机构网上银行业务缺乏系统性管理、内控相对滞后，第三方风险主要来自服务提供商风险、互联网金融机构与银行信息技术外包风险。

操作风险涵盖的内容广泛，相对于传统金融模式而言，互联网金融的内部程序和系统所带来的操作风险有所上升，而且针对不同模式，又会产生不同形式的操作风险，其所带来的后果可能是非常严重的，甚至是致命的。

4. 流动性风险

流动性风险是指企业或金融机构无法及时提供足够的资金，或产品在市场上无法及时变现而遭受损失的风险。

流动性风险按照形成原因可以划分为两种：一种是融资流动性风险，是指企业或金融机构为了履行其支付义务，影响正常运作或基本财务状况的风险；二是市场流动性风险，是指由于遭受市场价格大幅下跌而产生损失的风险。

目前，互联网金融在这方面还面临新的挑战：

一是金融产品的创新和复杂化。由于创新的金融产品面市时间不长、历史数据缺乏、信息披露和透明度较低、交易欠活跃等原因，难以全面准确地了解和评估其流动性风险特性。

二是支付系统的变革和发展。在原有的支付清算系统基础上，网上支付和移动支付越来越普遍，网络金融和手机金融等业务逐渐普及，加大了流动性风险管理难度。

三是跨境业务的发展。跨境交易规模的日益增大，可能导致流动性问题在各经济体的经济体系内扩张,维护本国利益,这些国家很可能进一步限制资金的自由流动。

二、互联网金融特有的风险

(一) 技术性风险

技术性风险主要是指来自计算机网络系统在当前阶段的不足所带来的风险。主要表现在以下三个方面:

第一,由于软件、计算机系统、认证系统等存在缺陷,从而造成相关的技术性风险。比如,在防火墙和防御体系不够强大的情况下,互联网金融软件容易被病毒或其他不法分子所攻击,计算机硬件会受到人为、自然破坏等。

第二,由于未经授权的访问,尤其是那些黑客和病毒程序对互联网金融的攻击,目前针对互联网金融各种模式的木马程序不断翻新,盗取客户的数据资料,从而威胁到客户的资料安全和经济安全。

第三,通过伪造交易客户身份,即以盗取合法用户信息的方式,用假冒身份进行金融诈骗,从而产生技术性风险。这种情况一般发生在客户身份认证存在安全漏洞,或客户身份信息在互联网传输过程中安全保密措施不到位,使得不法分子趁机伪造身份进行金融欺诈甚至恶意攻击。

从上面可以看出,互联网金融的技术性风险所带来的危害是不言而喻的,可能直接造成客户无可挽回的巨额经济损失,与普通互联网平台的技术性风险存在巨大差异。普通的网站和软件可以通过不断升级进行完善,偶尔遇到宕机问题也不会带来太大的问题,但是互联网金融的各类平台是绝对不能出现宕机问题的,否则后果不堪设想。

因此,在目前某些互联网金融模式准入门槛较低的情况下,应该对互联网金融的技术性风险管理予以高度重视。

(二) 法律政策风险

法律政策风险是指与互联网金融相关的法律法规不健全甚至缺失,以致交易过程中出现的问题,没有明确的法律规范进行处理,从而导致的权责不明的风险。主要表现在以下两个方面:

一方面,现存的法律法规对电子货币、网上支付等交易和运作过程所能涵盖的内容不全面。比如,在互联网金融的交易过程中,大多数采取无纸化的交易与支付,倘若电子货币的交易系统和运作过程的法律框架不健全、不完善,则有可能给那些具有合约权利与义务的运营机构带来诸多不良影响;而且由于电子货币是匿名的、单个交易也难以追踪,所以很容易被相关犯罪分子所利用。

另一方面,对于互联网金融的新兴业务,如果没有及时出台健全的法律政策对其进行监管,很可能出现监管漏洞,这既包括监管主体不明确,又包括运作流程监管缺乏,从而容易引发金融风险。以 P2P 网贷的外部监管为例,我国实行的是严格的存贷利率管制,传统金融机构存贷款利率浮动范围有限,相应的风险较小,而 P2P 网贷则在法律上完全没有利率限制,最终双方达成的交易利率可能非常高,在没有严格的风险控制策略下,信用违约风险就会很高。同时也缺乏对于从业公司严格的资格审查,导致出现了很多非法集资和卷款逃跑事件。因为缺乏相应的法律法规对其监管主体进行明确和对其运作流程进行监管,对其各项经营指标的披露也没有明确的法律规定,从而造成了目前整个 P2P 行业比较混乱的局面。

当下互联网金融制度建设需要不断完善。一是有必要进一步明确并细化监管部门的职责,尽快落实具体部门;二是监管部门着重提升网络监控和风险分析能力,加强实时监管和系统监管。

(三) 货币政策风险

货币政策风险是指由创新业务衍生出问题,且缺乏有效监管和应对措施,进而导致货币政策实施不能充分发挥作用,存在一定风险。主要表现形式有:

第一,互联网金融的创新业务通过影响市场主体的交易行为,进而通过利率等变量影响货币政策的传导机制。比如,当中央银行实行紧缩的货币政策时,受贷款限制的厂商或行业可以通过网络借贷的方式获得急需资金,从而在一定程度上削弱了货币政策的信贷传导渠道;再比如,由于互联网金融的交易成本大大降低,使得越来越多的中小投资者直接投资于资本市场,这在一定程度上加大影响货币政策的财富效应传导渠道。

第二,市场主体的现金需求和交易审慎性需求会改变现金—存款比率和超额准备金需求,导致货币乘数扩张对货币政策造成困扰。

第三,虚拟电子货币的发行,尚未纳入 M2 和社会融资总量的范畴,易导致货币供应量被低估。可见,互联网金融对货币政策带来的风险是不可小觑的,通过多种途径和方式对货币政策造成影响,且作用机理较为复杂,从而对互联网金融的货币政策风险进行防范具有较大难度。

(四) 安全风险

互联网发展中的安全问题可以归纳为如下两个方面。

第一,支付安全问题。线下 POS 支付有比较成熟的技术,并且有一整套的机制,相对安全。而线上支付环境则较为复杂,假冒类木马、恶意插件、二维码病毒等,使得线上支付用户面临资金安全问题。这就要求支付公司对支付手段和方式进行不断地改进。为了进一步加强线上支付风险管理,央行出台了网络支付管理办法,对个人线上交易、转账金额做出了具体规定,同时还暂停了二维码支付和虚拟信用卡等支付产品。

第二,信息安全问题。互联网金融与传统金融的最大区别在于其可利用网上的大量原始信息,通过数据挖掘技术,得到个人信用信息。而传统机构并没有这些原始交易信息。互联网供应商在享受这些信息带来好处的同时,也会面临对大量私人信息的保护问题。这些私人信息和商业机密的泄露会带来很多安全隐患。如支付宝掌握着几亿用户的信息,如果其用户信息被泄露利用,将会带来很多安全隐患。前述携程安全支付漏洞的出现,只是许多支付安全问题中的冰山一角,需要引起公众的警惕和重视。

另外,我国银行的征信体系与互联网企业征信体系并不互通,双方不能互享信息带来的好处,就会带来逆向选择问题。未来大数据立法对于互联网信息安全的保障非常有必要。

(五) 洗钱犯罪风险

互联网金融的洗钱犯罪风险是指由于电子货币、网上支付、网络银行等产品和服务方式不断涌现,传统洗钱方式与他们相结合,使风险进一步增加。成因主要有以下几个:

第一,由于互联网金融的快速、便捷和隐蔽等特点,使得获取交易信息资料、识别客户身份和可疑交易、监测分析资金活动等反洗钱日常工作不能得到有效落实。

第二,在互联网金融法律体系不健全、监管体制不完善的情况下,部分互联网金融企业对客户身份、交易流程、资金用途等内容的审核监督机制不完善,极易使套现和洗钱等犯罪活动藏匿其中。

第三,尤其是虚拟电子货币的出现,其具有全世界流通、无法辨认用户身份信息等特点,为进行洗钱、逃税等非法活动拓宽了途径。据调查,目前洗钱犯罪活动在网络渠道的帮助下日趋频繁,且犯罪金额较大,国际上出现了该类犯罪现象。因此,互联网金融的发展,加大了洗钱犯罪的可能性,为洗钱犯罪活动的监管提出了新的挑战,应该全方位、多角度地采取相应措施对洗钱犯罪活动进行防范和惩处。

第二节 互联网金融风险防范的国际实践

互联网金融在国外并不是新兴的产业,有比较成熟的监管法律、法规体系。在此我们试图梳理典型国家的风险防范措施,总结出互联网金融的风险控制方法。

一、国外互联网金融风险防范方法

(一)美国的互联网金融风险防范

美国具备完善的金融体系、健全的征信系统、全面的金融法律机制,面对互联网金融快速发展的趋势,美国有其独特的监管模式来防范互联网金融风险的发生。比较值得借鉴的经验有以下五点。

第一,扩大美联储的监管范围,互联网金融企业也被纳入其中,并成立了金融服务委员会,它的主要职责就是监视系统性风险。

第二,对网络银行采取审慎宽松的监管政策,通过补充部分金融法律法规,在保证其安全的前提下,基本保证原来的监管规则不过分干预网络银行发展。

第三,针对第三方支付平台的风险防范,从下列几方面进行:一是明确定位第三方支付机构的性质,把其定位为货币服务机构,而不是存款类金融机构,以发放牌照的方式进行管理和规范,并对初始资本金、投资范围限制、报告制度、自由流动资金以及反洗钱等诸多内容做出明确规定;二是明确界定在途资金的性质,将其视为平台的负债,由美国联邦存款保险公司对其监管,并且在途资金必须存放在参保商业银行的无息账户上;三是在金融犯罪执行网络上注册,降低通过网络进行金融犯罪的风险;四是既受到联邦政府监管又受到州政府监管。

第四,针对众筹平台的风险防范,采取了以下措施:一是制定法律法规,颁布《促进初创企业融资法案》,中小企业可以通过众筹融资获得股权资本;二是限制项目融资总规模和投资人融资规模,以达到防范风险和保护投资人的目的。

第五,针对P2P网贷平台的风险防范,美国目前主要是通过强制信息披露来加强对放款人的保护,其他监管方案尚在进一步筹划中。

(二)欧盟的互联网金融风险防范

受到国际金融危机和欧债危机严重破坏的欧盟国家,为避免再次在此情况下遭受巨大损失,进一步提高了监管强度和扩大监管范围,加大了金融风险的防范力度,将互联网金融等新兴金融业务模式也纳入其监管范畴。欧盟在防范互联网金融风险方面做出的努力也有其独到之处,重点有以下五个方面值得借鉴。

第一,成立的欧洲系统性风险管理委员会,专门监测欧洲金融市场上可能发生的系统性风险,互联网金融企业也被包括在监测范围内。

第二,对网络银行进行监管,既注重建立一个清晰、透明、良好的法律环境,又注重坚持保护消费者合法权益和适度审慎的原则,通过加强地区间的监管合作,对网络银行可能带来的风险进行实时监控。

第三,主要采取功能监管的办法,比如针对第三方支付机构的监管,主要通过监管电子货币实现,明确规定资本金监管、投资范围、业务风险以及信息披露等内容。

第四,对于P2P平台的监管,尚未制定具体的法律法规,主要依靠行业自律进行风险防范。

第五,欧盟建立互联网金融体系的核心目标在于维护一个公平、公正、透明的互联网金融监督管理法律环境,进而形成一个完善的法律制度基础,保证欧盟所进行的互联网金融可以做到有法可依,也是欧盟进行后续的互联网金融监督管理的核心基础层面。

(三)其他国家(地区)的互联网金融风险防范

目前,国际上除了欧美国家在防范互联网金融风险上是比较成功的典范,其他国家的互联网金融并不是非常发达,其防范互联网金融风险的经验也就并不是非常充足,但也有值得借鉴的地方。

比如,日本出台和颁布了一系列法律,比如《地下金融对策法》《资金清算法》等。这些是互联网金融监管的主要法律依据,具有一定的前瞻性,将这些法律与现有的其他金融法律法规相结合,形成比较完善、健全的金融法律体系,对防范互联网金融风险、保护投资者利益、维护金融市场稳定起到了积极作用。此外,日本的金融监管当局与专业协会通过制定一些指导原则和规定对互联网金融机构进行日常监督和管理,在一定程度上也起到了防范互联网金融风险的作用。

日本的互联网金融管理的核心在于进行对互联网金融的分类,并以此为研究基础,专门找寻出相应的项目管理部门,进行对于互联网金融制度和管理体系的完善规划,并以《针对新形态银行资格审查及监督运用指针》等相应的法律法规制度为基础性内容,进行对于互联网金融的科学管理。

二、国外互联网金融风险防范的特点

从国外互联网金融的运营实践看,国外互联网金融风险防范可以总结为以下四方面的特点。

一是许多国家用法律的手段对互联网进行监管,在强调法律约束的同时,倡导行业自律。一切的经营活动都需要在法律允许的范围内,同时已有的消费法律法规也必须遵守。

二是强调监管主体。各国根据本国的实际国情,对于互联网金融的不同形式纳入不同监管机构。美国将第三方支付纳入了货币转移业务监管,采用州和联邦分管的监管体制,FDIC负责第三方支付机构监管,各州辅助监管。欧盟则将第三方支付纳入金融类企业监管,对沉淀资金实行专账监管,强调行业自律引导发展。

三是以信息披露和注册登记为主要监管手段。信息披露是企业接受社会监督的有效手段,对上市公司信息披露的监管要求是值得借鉴的地方,同时强调行业的自律引导发展,重点在保护消费者和投资者的相关利益。

四是缺乏相对统一的主监管机构,一般由各监管机构分管。目前我国也主要采用这种形式,P2P模式和众筹模式分别归属于银监会和证监会监管。

三、国外互联网金融风险防范对我国的借鉴

从国外互联网金融的监管措施和相关法律、法规建设中对我国互联

网金融监管有很多有益的借鉴。

第一,充分相信市场的力量,但是不能盲从。这样才能既有效控制风险,又能保持互联网金融的健康发展。

从经济学的角度,市场的力量可以更有效地调节经济活动,比如消费者会自发选择那些较好的商品,进而淘汰那些差的、信息安全有问题的产品,从而使商家必须不断改善服务。但市场自身力量发挥作用需要相应的机构起到监督作用,比如美国许多州政府要求第三方支付机构必须履行信息披露计划,并颁布了相应的惩罚机制。

而在我国,虽然经常有关于互联网企业数据泄露事件的报道,但从来没有一份完整的报告对此加以梳理和披露。这显然不利于优胜劣汰,也不利于在互联网金融快速发展的情况下,敦促互联网企业加强自我约束。

第二,消费者权益的保护是重点。在前文叙述的国外互联网金融的监管特点中,我们可以发现,在众多法规、条例中,有多数直接或间接是关于消费者利益保护的,所有监管的出发点都是消费者利益保护。互联网行业从事者首先有充分、及时、真实披露信息的义务,使得消费在充分掌握信息的前提下进行自主选择。

目前我国在监管方面还是很缺乏,消费者无法获得许多互联网金融产品真实的信息,造成对潜在风险的忽略。比如目前众多的"宝宝"类产品,企业往往大肆渲染其收益率,不对其他信息进行充分公开,造成消费者盲目选择。

第三,监管的"实质重于形式"。互联网金融的发展使得很多行业的界限变得模糊,许多企业都是混业经营,具有很强的监管规避性。如果在监管中仍然采用固定形式的监管,将会使监管变得没有效率。如美国贝宝(PayPal)公司的注册经营类型仅为第三方支付。但在美国被纳入银行监管,理由是其许多经济业务的实质已经是银行业务。如果仍然按照第三方支付的监管,就会使贝宝逃过很多本来应受监管的地方。我国目前实施牌照监管,而许多活动牌照的公司其业务范围在不断扩大,实质上做了很多与银行一样的业务,却游离在银行监管之外。

最后倡导被监管者自身应该加强对规则的了解,使"规则"成为互联网从业者的常识。我国现在有些互联网金融从业者,一直自负地认为他们比"内行"更懂金融。但是实际上我国互联网金融的发展仍处于起步阶段,这就要求对现有监管政策的了解应当成为业内常识,不仅在技术上,而且在对监管政策的理解上也要更进一步。

第三节 中国互联网金融风险防范措施

我国互联网金融监管在借鉴国外较成熟监管理念的同时,应根据自身实际情况,制定符合我国实际情况的监管政策。

一、互联网金融风险防范及监管的总体思路

在制定监管政策时,我们首先要认清互联网金融与传统金融之间的联系和区别,才能制定出更为合理的监管政策。

第一,互联网金融是金融与互联网的融合,并没有改变其金融的本质。互联金融的创新是在交易渠道、交易方式和服务主体上的创新,大多数情况下依然可以运用传统金融监管的制度政策对其实行监管。

第二,互联网金融和传统金融可以取长补短,共同促进。传统金融依然具有其不可替代的优势,而互联网金融具有开放、平等、普惠等特点。传统金融可以借助 NFCS(互联网金融征信体系)完善小微客户征信体系,在有效控制信用风险的同时扩大信贷范围,增加收益来源。

借鉴传统金融监管,我国互联网金融监管思路可从以下四个角度进行考虑。

一是从登记角度。相关互联网企业在申请网站经营许可证的同时,必须注明是否经营金融业务,涉及哪一类金融业务,强调登记的作用而不是行政审批。

二是从信息披露角度。凡是经营金融业务的互联网企业,有义务定期进行信息发布,向消费者、市场详细披露经营业务的细则,明确各方的义务与权力。

三是从信息安全角度。保证信息安全是互联网金融发展的关键。信息安全不仅包括国家层面的互联网安全,也包括互联网企业自身的信息安全,更涉及消费者权益保护。

四是从行业自律的角度。除了强有力的外部监管,行业自律是保证互联网金融健康发展的另一个重要因素。目前以阿里巴巴、腾讯、百度为首的互联网三大巨头和行业队伍基本形成。行业企业之间可以互相协商制定行业之间的"约定"。

二、互联网金融监管理念

目前我国互联网金融的监管的理念,可以总结为以下四点。

(一) 鼓励与引导相结合的理念

与传统金融相比互联网金融仍然属于新兴事物,在为目前金融市场带来了活力和发展机遇的同时,也带来并放大了更多风险。这就要求在互联网金融发展的初级阶段,能够给予它更多的尝试机会和发展空间。

目前我国的传统融资体系较为单一,互联网金融的发展能够提高社会资金配置的效率,促进融资体系的发展,为我国构建一个多元化的融资体系、完善多层次的资本市场。因此监管者对于互联网金融应以鼓励为主,同时加强引导,尽快制定相关政策,加强信息披露,注重消费者权益保护。

(二) 注重互联网金融对传统金融带来的风险外溢

互联网金融的诸多风险往往表现出与传统金融十分不同的特质,需要监管部门尽快出台措施加以控制,降低因监管失效而对传统金融造成的影响。虽然在整体规模上互联网金融只是金融体系中很小的一部分,但鉴于互联网金融对传统行业的深度渗透,其风险有很强的内在关联性,将与以银行为主导的传统金融紧密联系在一起。就如同"蝴蝶效应"一样,互联网金融风险很可能只是一个触发点,最终导致更大的系统性风险。

(三) 分业监管模式向功能性监管过渡

互联网金融的发展已经越来越表现出综合混业经营趋势。我们需要防范混业经营模式与分业监管模式的制度性错配,逐步由分业监管改为功能性监管。

混业经营显然并没有进入监管机构的日程表,但该趋势一直在趋于明显。比如由于余额宝的发展对银行理财产品市场带来了巨大的冲击,银行机构也被动推出了类似"宝宝"产品,结果是银行的混业经营趋势进一步加大。分业监管的现有体制在应对混业经营的市场现实时,往往表现出监管不力的问题。这就要求监管者注重被监管者的业务实质而不是行业类别,处理好分业监管和混业经营的关系。

(四) 消费者权益保护和信息安全是出发点和落脚点

逆向选择和道德风险问题在互联网金融服务中更为常见,保障消费者的合理利益需要制定更有针对性的信息披露制度。例如，P2P贷款中存在的借贷双方信息不完全、平台存在非法吸储等问题。如果在双方信息披露上有更强的约束性，平台破产问题将会大大减少，消费者利益也会更有保障。对监管当局而言，最要紧的是启动消费者保护机制，强制信息披露。

三、互联网金融风险防范措施

（一）建立和完善互联网金融法律法规体系

目前，我国互联网金融的各个模式的发展起步时间不同、发展进程不一，虽然有的模式逐步配套了比较齐全的法律，但是大部分模式存在大量的法律空白。而且现行的互联网金融法律法规的位阶较低，多数属于相关部门制定的行政法规或部门规章，并不属于国家法律层面的法律，其覆盖范围的作用效力有限。

再者，互联网金融作为一种新兴业态，现有的部分金融法律显现出严重的僵硬性和滞后性，已经不能适应互联网金融发展的需求。针对上述存在的问题，建立和完善相应的法律法规体系现已迫在眉睫，主要可以从以下几个方面着手。

第一，明确各个模式的法律定位和监管主体，并且对业务流程加强监控。目前，只有第三方支付模式具有明确的法律定位和监管主体，其他模式均没有。应尽快对各个模式的性质进行明确，明确监管主体和监管职责，使该行业发展具备良好的法律环境。然后，在确定各个模式监管主体的情况下，可以监控各个模式的业务流程，掌握行业的发展和运营情况，为后期制定监管规则提供依据并且可以防范风险的发生。

第二，形成多层次的法律法规监管体系，实现监管有法可依。首先，尽量出台一些部门规章或实施细则，弥补现有法律法规对这一新兴行业的监管漏洞。其次，根据现实情况，及时调整不适应该行业发展需求的法律法规。再次，对互联网金融机构的组织形式、经营模式、资格条件、风险防范等内容进行规范，研究并出台与信息数据开放、保密、使用等相关的法律法规。通过以上步骤，形成多层次、全方位的法律法规体系，对该行业的监管提供法律保障。

第三，构建互联网金融与反洗钱之间的法律制度体系。互联网金融的新兴业务为洗钱犯罪提供了更多的渠道，加大了反洗钱工作的开展难度，应该建立起互联网金融与反洗钱之间的法律制度，将第三方支付、电子货币、P2P网络借贷和众筹业务等都纳入反洗钱监管范围内,规范行业发展,坚决打击各种试图利用新兴行业存在的漏洞所进行的违法犯罪活动,保障国家的利益。

第四,完善市场参与主体的权益保护制度。不健全的互联网金融参与主体的权益保护制度,致使许多互联网金融的投资者和消费者的权益受到侵害。因此,为保障行业中投资者和消费者的合法权益,应制定相应的互联网金融参与主体的权益保护办法,明确规定互联网金融的信息披露范围、参与主体的个人信息保护内容等,大力开展互联网金融的投资者和消费者的权益保护教育,建立互联网金融投资者和消费者的投诉受理渠道,调解金融纠纷,构建参与主体的保护体系。

(二)构建合理有效的监管体系

互联网金融对于当前的金融监管构成了相当大的挑战,不完善的监管体系将导致行业的无序化、市场混乱甚至产生系统性金融风险。但是,过度监管会抑制其业务创新,不利于整个行业发展。因此,对互联网金融的监管既要做到营造良好的行业发展环境,又要做到保证互联网金融的健康稳定发展。

目前,互联网金融存在交叉广、参与主体多且复杂、普遍都是跨领域经营等情况,运用单一的主体监管和机构监管方法已经很难满足监管需求。对此,可以将业务分类,然后以各种业务的性质、功能以及潜在影响为基础,建立一个以监管主体为主、相关部门为辅的多层次、全方位的监管体系,充分发挥分业监管和混业监管的作用,提高监管效率。此外,为避免监管缺位和重复监管,可以成立监管协调小组并制定相应的监管协调措施。

此外,建立并完善金融宏观监管协调机制,可以针对互联网企业的不同发展阶段给予一定的政策支持,同时通过设定特定交易条件来强化互联网金融监管从而保证交易安全。

(三)推进互联网金融信息技术安全建设

目前我国的互联网信息技术还处于较低水平,安全保障还存在较大问题,为保障互联网金融的信息技术安全,防止信息泄露引发信息技术安全风险,应该从政府、互联网金融机构以及个人三个角度推进信息技术安全建设。

第一,政府层面需要做的努力包括:一是加快对计算机和互联网核心技术的创新和开发,推进使用国产化设备,逐步实现自主可控;二是完善互联网金融信息安全保障的基础设施,通过逐步完成信息安全产业化的系统性任务,从而在互联网金融行业形成基于攻击语境的主动防御体系;三是制定互联网金融信息安全的标准规范,引导互联网金融企业构建安全可靠的服务平台,从而构建互联网金融信息安全运行的环境;四是推动信息安全产业链的安全合作,保证互联网金融信息来源的可靠安全,实现信息资源共享,采取联合方式防范化解风险。

第二,互联网金融机构需要做到以下几方面的努力:一是加大对信息技术安全的资金投入力度,从软硬件设施上加强信息安全保护,从而防范一般性的信息技术风险;二是拥有雄厚经济实力、安全运营体系和完善服务体系的互联网金融企业可以通过创新信息安全产品、推动信息安全产品国产化等多种方式保证交易的安全性;三是机构间可以通过信息共享,掌握客户在整个互联网金融系统的具体情况,尽量避免客户在不同平台多次融资导致风险叠加;四是提升互联网金融机构自身对信息安全保护的意识,认识到信息技术风险的破坏性,切实做好客户信息的保密工作,保障客户和自身的权益。

第三,个人需要增强信息安全保护意识。随着互联网金融对人们日常生活的渗透,一方面,个人应该强化对这一行业的了解和认识,对媒体、网络等方式曝光的互联网金融信息安全的欺诈行为需要引起重视,引以为鉴;另一方面,提高个人自身识别风险的能力,选择安全可靠的网络环境进行互联网金融业务的操作,加强个人隐私、账户、密码等信息保护的意识。

(四) 推动互联网金融的行业自律形成

由于这一行业的业务创新较快,许多国家都来不及制定相应的法律法规对其进行风险防范,他们一般都是通过形成行业自律规范其发展并实现一定的监管作用,在英国、日本等国家已有了成功的经验。

监管部门和社会的他律约束是互联网金融健康发展的重要条件。而行业自律则是互联网金融行业可持续发展的重要保证。2013年国内颁布了互联网行业自律标准,在风险防范、消费者权益保护等方面都具有指导性意义。

在行业从业人员不断增加的情况下,再加上法律法规不完善,可以通过推动行业自律组织的形成,加强同行业之间彼此监督,引导行业健康发展。

第一,政府积极推动行业自律组织建设,逐步形成行业规范。2014

年 3 月成立的互联网金融专业委员会属于我国第一个专门针对互联网金融行业的自律机构,它既可以防范一定的风险,又可以加快推动互联网金融行业规范的形成,还可以推动更高级别的行业自律组织的形成。我们应充分发挥自律组织的作用,对金融监管形成有效补充,制定科学合理的行业规范,从而降低互联网金融行业产生大规模风险的可能性。

第二,互联网金融机构间不断探讨行业发展情况,形成行业准则。互联网金融机构在业务创新和发展过程中,可以加强机构间的交流,共同探讨适合行业发展的准则,为行业发展营造良好的环境。

第三,加强机构间的相互监督,提高自律性。随着互联网金融行业自律组织的逐步建立和完善,形成配套的行业规范和行业准则,可以引入相互监督机制,将互联网金融机构的违规行为纳入机构信用体系评价并备案,当互联网金融机构多次违反行业规范或行业准则时,可以通过媒体曝光其行为以降低其信用,从而达到规范其业务发展、提高自律性的目的。

第四,建立行业准入制度和退出机制。首先,建立行业准入制度。根据不同的互联网金融模式的运营方式和特性,可以考虑采用设立审批或备案制的方式进行准入限制,制定初始资本金、流动资本金、风险控制能力、从业人员资格等准入条件。然后,引入市场退出机制。在制定退出机制的过程中,要注重保护投资人的权益,尽量减小互联网机构退出市场所带来的冲击。

第五,加强互联网金融信息披露,增强信息透明度。目前,互联网金融机构的信息披露不充分,包括传统金融机构的信息披露也存在问题,导致投资者和消费者不能全面掌握影响其做出决策的信息,进而可能导致判断错误造成经济损失。因此,应该加强对互联网金融机构信息披露的监管,明确规定资金运转情况、会议记录、企业重大决策等内容的披露,提高信息透明度。

(五)健全和完善征信体系建设

目前,我国的征信体系尚不完善,央行的征信体系只对传统金融机构开放,对于 P2P 网络借贷这样的互联网金融新兴业态,只有在完善的征信体系下,才有可能实现良好发展。我国的征信体系与发达国家相比还存在较大差距,一方面,征信立法滞后,监管缺位,征信服务不规范,且我国市场上的征信机构的产品和服务也相当有限;另一方面,个人信用数据信息比较分散,拥有个人信用数据的机构缺乏共享信息机制,难以准确、全面地收集到个人信用数据。因此,为促进互联网金融的良好发展,规避这一行业产生的信用风险,需要完善征信体系建设。

第一,完善征信体系的制度建设。征信业在法律法规和市场需求等因素的制约下,发展较为缓慢,随着《征信业管理条例》的发布和实施,征信业开启了新的里程碑。确立以政府主导、市场为辅的发展模式,建立分工明确、相互合作的征信管理组织体系。

第二,加快建立专业化的征信机构。随着互联网金融业务的不断创新,对个人信用和企业信用提出了更高的要求,可以通过建立服务于不同市场、不同金融模式、不同业务的专业化征信机构,不断规范其业务运作。此外,由于信用信息的不客观和不完整,可能给客户带来一定的经济损失,所以,在征信体系建设和使用过程中,专业化机构必须保证信用信息的完整性和客观性。

第三,推进征信信息的统一管理,实现信息共享。目前,由于征信机构比较分散,信用信息不集中,而且现有征信机构的规模较小及其信息积累程度不够等因素,决定了在现有的征信体系下部分新兴业务模式不能取得长远发展。因此,应该将大量的、分散的民间信用信息集中统一起来,尽早与央行的征信体系对接,建立信息共享机制,让互联网金融机构也能获得客观、完整、全面的征信信息。

全国首个基于互联网交易大数据信息,提供专业化服务的系统——网络金融征信系统(即 NFCS),已于 2013 年 6 月正式上线,对于规范我国互联网金融业务、控制线上风险具有重要意义。目前 NFCS 已经与国内近百家互联网企业建立合作关系,未来会更多地将网贷企业引入平台中。作为非银行领域的征信系统,NFCS 将大大加快全国征信系统的建立。

第四节 互联网金融风险案例解析

一、国外互联网金融风险案例

(一) 网络信用卡 NextCard 破产案例

· 事件:

美国 NextCard 网络信用卡公司于 2002 年宣布破产。主要原因是公司坏账激增，资不抵债。NextCard通过网络信用审批系统，为申请者提供信用卡申请服务。信息相对缺乏的用户，则需要一定存款作为保障，方可申领信用卡。

公司该项业务的主要特点是手续简单、方便。NextCard虽然在极短的时间内就积累了100多万个信用卡账户，但同时呆坏账的总量也上升到20亿美元。NextCard在迅速发展的同时风险在迅速积累，最终导致破产。

·案例分析：

消费者通过信用卡可以透支消费，满足自己当前需要。但是如果银行的众多信用卡透支资金无法收回或面临恶意欺诈时，中介机构将面临很大的风险，甚至破产。

传统银行机构对于信用卡的申领，有一套比较严格的信用审核体系，可以很好地控制风险。NextCard公司大多数用户信用资质比较差，难以从其他信贷机构获得信用卡，但是通过NextCard公司比较容易获得信用卡服务。

在售前NextCard将会面临更大的逆向选择，在售后将面临道德风险问题。同时NextCard把许多客户故意拖欠不还的普通信用坏账归为"欺诈"损失，财务上没有计提相应的准备金，当面临大量信用损失时，NextCard丧失了大量资金流，不得不宣布破产。

从事件中我们可以发现：风险管理对于任何银行和信用卡公司来说都是至关重要的事情，NextCard公司对其面临的信用风险估计不足，同时对于风险事件的处理也不当，最终的后果使公司毁于一旦，也给其他投资者带来了损失。

（二）贝宝货币基金清盘

·事件：

2011年6月份，贝宝（PayPal）官方发布声明称，将于2011年7月29日关闭货币市场基金。贝宝解释："基于市场条件，保留该基金将难以给客户带来财务。"结合宏观经济背景，由基金逐年发展的趋势不难看出，贝宝所称的市场条件主要是指长期零利率下货币市场基金的超低收益。考虑到贝宝经过多年的发展建立了稳定的市场份额和客户基础，在面临货币市场基金总体下滑和成本高企的双重压力下，运作了将近12年的贝宝货币基金主动关闭，退出了历史舞台。

贝宝货币基金清盘有以下几个基本原因。

一是货币市场基金总体下滑。货币市场基金之所以能成为替代活期存款的类现金资产，是因为其投资范围受到严格监管，只能投资于银行同业存款、大额存单、美国国债、政府机构债券以及高信用等级的短期债券等安全级别很高的资产。"保本"的特性还体现在货币市场基金区别于其他基金的特有计价方式——红利转投资方式。基金的单位净值固定为1美元，基金每日清算，超过1美元的收益部分被折合成相应的增加份额。美国的市场利率在20世纪70年代末80年代初期达到了高峰，之后就开始一路下滑，距离现在比较近的两次下滑，一次是2000年互联网泡沫破灭之后，另一次就是2008年金融危机之后，特别是2008年金融危机之后，市场利率接近于零，这使得货币市场基金的收益下滑到了自产生以来的最低谷。

一方面是货币市场基金每况愈下，很多基金扣除手续费后几乎不能提供正的收益，另一方面是其他市场蒸蒸日上，同期股票市场比货币市场基金提供了更高的收益，加剧了货币市场基金的资金流出。2008年之前货币市场基金不断侵蚀股票型基金市场，这一现象在金融危机之后发生了逆转，无论是股票型还是债券型基金，都得到了比货币市场基金更多的青睐。零利率下的宏观政策环境给货币基金全行业带来了系统性的打击。根据美国投资公司协会（Investment Company Institute，ICI）的数据，从金融危机发生到贝宝基金的关闭，三年间美国货币市场基金规模相比峰值时期缩水了超过30%，数量减少了约40%。

二是高费率补贴难以为继。虽然宏观环境不容乐观，但处于相同环境下的货币市场基金公司却表现出差异。为何有些公司能够屹立不倒，而有些公司却像贝宝基金一样以清盘告终呢？

随着货币基金市场收益越来越低，巨大的管理费用已经成为贝宝越来越沉重的负担。

相比于其他类型基金，货币市场基金素来以低费率为一大优势，基金公司之间也以手续费作为相互竞争的重要筹码。对于贝宝基金而言，降低管理费用以维持正收益也是减少客户流失的唯一手段。但贝宝由于自身规模的限制，基金运营费率始终较高。以2005年基金章程中对管理费率的说明为例，基金年净运营费率为1.13%，其中基金需支付日均净资产的1%给其顾问公司PayPal Asset Management，另外0.1%由投资公司

Market Portfolio 支付给 BGFA，还有 0.03% 的其他费用。为了吸引投资者，贝宝以合同的形式将基金的净运营费率降低到 0.2%。显然在市场利率难以维持微不足道的正回报时，贝宝为这部分费用的埋单给自身带来了巨大的财务压力。

另一方面，个人投资市场对冲击的反应明显比机构投资者更为强烈，2009 年货币市场基金的个人投资流出比例高于机构投资 12.51%。贝宝的投资者来源于贝宝用户，几乎完全为个人投资者，在金融危机期间发生了更多赎回。

对于贝宝公司来说，设立货币市场基金只是吸引客户并增加客户忠诚度的一种手段，当贝宝已经成长为全球最大、使用最广泛的网络支付公司之后，货币市场基金已经不再重要。贝宝也没有必要持续地补贴费率去维持一个只有几亿美元规模的基金。基于以上原因，贝宝最终主动清盘了货币市场基金。纵观美国利率市场化和货币市场基金的发展历程，贝宝基金为我国发展时间不长的货币市场基金以及刚刚兴起的互联网金融提供了很好的借鉴。

•**案例分析：**

贝宝失败的主要原因是宏观经济环境导致货币市场基金收益率严重下滑，无法维持高于普通存款的收益率。尤其是 2009 年，美国财政部宣布不再为货币市场基金托底，投资货币基金可能面临严重损失。众多投资者纷纷撤资，最终基金规模不断缩水导致最后清盘。

我国互联网模式的"宝宝"货币市场基金发展速度远高于贝宝当年的发展速度。其原因可以归结为两个方面：

第一，我国利率市场化水平远低于美国。传统银行体系的利率受到严格的管制，银行储蓄收益偏低，但国内利率水平整体偏高，一年期的银行间同业拆放利率可以在 5% 左右。这为"宝宝"货币市场基金创造高收益率提供了前提。

第二，互联网金融在我国属于新兴行业，各方面监管还未完善，因此经营活动并不受传统金融监管的约束，也不要计提准备金。互联网公司可以无限制获得用户资金，并把它投资于银行间货币市场，获得很高的收益率。

但是随着监管政策的不断完善，我国利率市场化的不断推进，货币市场基金的收益会不断降低，因此我们需要警惕未来由于政策以及市场环境的改变而导致用户收益率大幅缩水的风险。

二、众贷网风险案例

·事件：

2013年4月2日，上线仅一个月的P2P网贷企业众贷网发布公告，宣布倒闭。该公司在"致投资人的一封信"中称，由于整个管理团队经验的缺乏，在开展业务时没有把控好风险，给投资者造成了无法挽回的损失。P2P网贷也称"人人贷"，是指有资金并且有理财投资需求的个人通过中介机构牵线搭桥，使用信用贷款的方式将资金贷给其他有借款需求的人，中介机构从中收取部分佣金。

该公司法人代表在公告中表示，对于投资者的损失，已经用自己的资金先行按照一定比例垫付给了投资人，垫付款已经通过网银转账给投资者。该法人同时表示，众贷网不做跑路者。但很快上述公告已经无法打开，而众贷网网站虽能访问，但几乎全部信息都已消失，其中包括交易内容、网站简介、联系方式等。

2013年3月初上线的互联网融资平台众贷网，隶属于海南众贷投资咨询有限公司，总部设在海口市。公司法人代表为卢儒化，当年27岁。众贷网定位为"中小微企业融资平台"，同时也自称是"P2P（个人对个人）网络金融服务平台"，提供多种贷款中介服务。

早在3月22日就有网友发帖提醒投资者注意"众贷网"风险。网名为"大力水手"的网友发帖称："众贷上线已有十天了，这个毛南族的小伙子从未露过面，平台对投资者的质疑从不回答，依稀听到了跑路的脚步声。"

经查工商登记，众贷网的有两名自然人股东，其中卢儒化是众贷公司的法人，占有99%的股权。另一位姓何，只占1%。30天内，众贷网套牢资金约计300万元。

据了解，作为互联网金融的新模式，P2P网贷在开辟理财新渠道、助力小微企业融资的同时，也逐渐累积了不少风险。一些不法分子利用该行业准入门槛低、监管缺位、浑水摸鱼，打着P2P网贷的名义行诈骗之实。

淘金贷、优易网、安泰卓越等多家P2P网贷先后曝出"卷款跑路"，这让近年火热的P2P网贷平台再次引起公众关注。

·案例分析：

在互联网金融模式中，P2P网贷是风险较高的模式。其优点在于克服传统借贷手续烦琐、门槛高等缺点，为小额资金需求者带来了便利。但和NextCard一样，其缺点也非常明显：信用审核不到位，贷后资金维护困难等。另外还有一些P2P平台涉嫌圈钱、欺诈、构造资金池等。这都说明如果P2P平台自身监管和外部监管不到位，将会给投资者带来巨大风险。

P2P网贷在迅速发展的同时，高风险也逐渐显现。其中一个重要原因是公司规模相对较小，缺乏经验，导致不能够充分识别到贷前和贷后所面临的逆向选择和道德风险问题。众贷网的破产同样源于整个管理团队经验的缺失，审核工作没有做到位，向一个已经多次抵押的房产融资项目发放300多万元的贷款。因为到期后资金难以追回，众贷网只能走向破产，最终造成了无法挽回的经济损失。

P2P网贷增长速度之所以那么快，很大一部分源于目前对于理财和小贷市场的监管还不到位，不断有新的投资者进入。但P2P网贷与生俱来带有高风险性，在监管不到位时必然会带来更多的连锁反应。互联网理财、P2P网贷等互联网金融目前看来是风光无限，但我们必须清醒地认识到其背后蕴藏的风险。

从以上这些案例中我们可以找出一些共性：某些互联网金融模式的规模或将发展得很大，比如余额宝，但其业务实质仍然比较简单。这时候，线上的平稳健康发展需要线下进行有效补充，未来成功的关键在于是否具备核心竞争力。

本章小结

本章主要论述了互联网金融风险防范。第一节从与传统金融业相似的风险、互联网金融特有的风险两个角度分析了互联网金融的风险类型；第二节论述了互联网金融风险防范的国际实践，包括国外互联网金融风险防范方法、国外互联网金融风险防范的特点以及国外互联网金融风险防范对我国的借鉴；第三节研究了中国互联网金融风险防范措施，提出了互联网金融风险防范及监管的总体思路、监管理念以及风险防范措施；最后，以网络信用卡NextCard破产和众贷网为例，对本章内容进行了案例分析。

复习思考题：
1. 简要论述互联网金融的风险类型。
2. 分析国外互联网金融风险防范措施对我国的借鉴。
3. 分析互联网金融风险防范的思路及措施。

拓展阅读

互联网金融：高度警惕累积风险

2017年的政府工作报告提出，对"互联网金融等累积风险要高度警惕"。从近4年政府工作报告对互联网金融的不同表述可以看出，正处在清理整顿阶段的互联网金融，其风险不容小觑。

一、互联网金融风险的滋生

2017年的中央一号文件没有提及互联网金融，而是指出要"严厉打击农村非法集资和金融诈骗"。业内人士认为，这些措辞的变化反映出监管态度从促进规范转变为防范风险，而整顿规范金融秩序、筑牢金融风险"防火墙"，正是2017年金融工作的重点。2017年两会期间，多位代表委员提出加大打非力度，比如全国政协委员李国华建议，加大力度开展对非法集资活动的全面排查、专项整治，摸清风险底数，加大处置力度，重点要加强对P2P网贷公司、投资咨询公司、贷款中介公司、理财公司、房地产公司、农民专业合作社等易发生非法集资行为的行业和领域的排查。

互联网金融在近4年经历了从萌芽到迅猛发展的过程，体现出金融改革中鼓励创新、开放包容的监管思路，然而这其中却产生了些许异化，有滥竽充数者行非法集资之实，有盲目追求规模而忽视风险，从而积累了大量风险。

全国政协委员翟美卿在其《关于引导校园信贷合理、健康发展的建议》中称，庞大的蓝海市场催生出大量开展校园信贷业务的机构，加上互联网金融的崛起，校园信贷领域出现野蛮生长、无序扩张的局面，开展业务的机构鱼龙混杂、良莠不齐，一些不法机构将校园贷摇身变为高利贷，设下多重陷阱诱导学生盲目过度借款消费，进行暴力催收，导致"跳楼""裸贷"等校园信贷极端事件频发，引发社会多方关注。

针对当前互联网金融风险，盈灿咨询高级研究员张叶霞归纳为三方面：一是不法分子利用互联网金融的噱头进行诈骗，在短时间内非法募集大量资金，并肆意挥霍或者携款潜逃；还有些互联网金融平台涉及将募集的资金用于关联企业的生产发展,平台本身形成了资金池,涉嫌非法集资。二是目前互联网金融平台尚没有纳入央行的征信系统中,平台对借款人的信用判断主要通过其提交的身份证明、工作证明、财产证明等,对借款人真实的信用水平、贷款用途以及偿还能力缺乏有效判断,从而导致信贷坏账率上升、债务追偿困难等问题。三是互联网理财乱象频生,有的平台未取得相关的代销金融牌照或资质就非法进行金融活动,有的平台向并不具备风险识别能力的投资人推荐销售高风险的金融产品,有的平台通过跨界嵌套的方式规避监管要求,这些行为都给投资人带来损失。

二、不合规企业加速淘汰

整顿期间,不符合监管要求的互联网金融平台势必将会被淘汰。

张叶霞告诉记者,从互联网金融整顿开始,P2P网贷正常运营的平台数量一直呈现下降的趋势。截至2017年2月底,P2P网贷行业正常运营的平台数量为2335家,与去年同期相比减少了973家。预计未来,大量不符合监管要求的中小型网贷平台将退出网贷行业。

除了P2P网贷以外,第三方支付公司也是整顿重点。从2016年初开始,陆续有40多家第三方支付公司受到了行政处罚,严重的甚至注销"支付业务许可证",还有部分第三方支付公司被勒令整改,暂停相关支付业务。

2017年可以说是互联网金融行业规范发展年,对于风险控制以及合规的要求远高于前几年。以备受关注的校园贷行业为例,经过各级政府、各个部门的规范整治之后,一大批不合规、高利率、有诱导嫌疑的企业已退出高校,校园贷市场逐渐回归正常。据了解,目前蚂蚁金服、京东商城、分期乐商城等几家电商平台仍在为包括年轻人在内的各用户群体提供分期购物服务。

三、监管不宜"一刀切"

事实上,监管层多次表态,清理整顿并非要将互联网金融行业一棒子打死,而是希望遏制互联网金融领域发展的一些乱象,让行业合规稳健发展,为实体经济服务。

中国人民银行副行长潘功胜在两会期间也表示,互联网金融整顿工作是必需的,央行进行这项工作已经10个月了,如今仍在进行之中。央行会依据现有法律、法规对互联网金融平台进行分类处置,不过处置的过程必须讲究策略和方法,会把保护投资者利益放在第一位,同时打击非法从事金融业务和金融经营。

全国政协委员、中央财经大学金融学院教授贺强认为,对互联网金融行业,识别其中的"伪""劣"是关键,不能因为问题平台的出现而对整个互联网金融行业实行"一刀切"。由于P2P与网上金融诈骗案件频发,政府已开始加强对互联网金融的监管,但是对互联网金融的监管应根据其业务的不同特点区别对待。

翟美卿表示,时代在变化中不断产生新的市场需求,校园信贷属于成长链金融的重要部分,对大学生进行适当的授信是合理的,不应将校园信贷"妖魔化"。对于校园信贷,关键在于规范及引导,让无序变为有序。

作为从业者,乐信集团相关负责人也曾表示,政府的监管有利于行业的长期健康发展,建议互联网金融行业能够加强信用信息的共享和开放,尽快建立统一、标准化的互联网金融征信系统,为行业发展打下信息和数据基础,同时建议培养当代年轻人的信用意识。建立完善的社会诚信体系,需要政府、学校和企业各个参与主体的共同努力。

(资料来源:《金融时报》,2017年3月14日。)

第十一章　中国互联网金融发展策略

本章任务目标：
1. 掌握中国互联网金融发展的优势，以及在我国快速发展的原因；
2. 掌握中国互联网金融发展中的阻碍及面临的主要挑战；
3. 掌握中国互联网金融的发展理念和发展措施。

互联网金融是金融发展的大趋势，无论是传统金融、互联网金融还是金融发展的其他形式，都会表现为借助互联网实现金融的作用。因此可以认为互联网金融的本质仍是金融，其目的和价值在于为广大消费者和中小企业提供更加便利的金融服务，并以此推动经济发展方式转变，实现经济结构的优化升级和对国民经济薄弱环节的支撑。虽然互联网金融具有传统金融不可比拟的优势，但从现实情况看，我国互联网金融发展过程中也还存在各种阻碍和困扰，因此，需要明确互联网金融发展的监管思路，并结合其发展趋势提出促进中国互联网金融健康可持续发展的对策建议。

第一节　中国互联网金融发展的优势

一、互联网金融的优势

一般来说，我们可以把互联网金融发展如此快速的原因归结为以下方面：

第一，交易成本低。传统的金融机构，包括银行、信托、保险公司等，一般都包含较多的实体营业网点，拥有专职的人员进行信贷业务，但是随着互联网金融这一新兴融资模式的兴起，传统的金融机构所需要的大量人力、物力等均有所节省,其交易成本大幅降低。

互联网金融弱化了金融的中介作用,从而在金融严格监管的中国,金融创新便显得尤为可贵。一方面,互联网金融的兴起,能够取代传统的融资手段,成为中小企业获取融资和收入的重要来源;另一方面,互联网金融的平台搭建,能够实现借款者和贷款人的相互了解,降低了两者之间的信息不对称。

第二,打破时间和地域限制。互联网金融和大数据打破了信息不对称和物理区域壁垒,但是由于传统金融模式变革力度加大,互联网金融市场会受到进一步的细分,或者专注于客户吸引,或者专注于产品创新,使得原先限制传统金融机构发展的因素相对弱化,从而能够大大缓解企业所面临的融资约束。

第三,满足传统金融忽视的中小客户的金融需求。传统金融业由于具有垄断特征,其服务的对象大多是高价值客户,对广大小额金融需求的客户无暇顾及,而且交易成本极高。互联网金融属于新生的金融形态,其诞生之初便将客户群体集中到了小微企业,这种定位一方面有利于互联网金融企业获取传统金融难以覆盖的客户群体,另一方面也有利于促进金融资源在全国范围内的优化配置。

第四,发挥大数据的价值,效率高,能够有效管控风险。互联网金融的核心是大数据,基于大数据的客户信用评价方式改变了传统金融机构的行为方式,创造了崭新的业务模式。互联网金融采用大数据工程,通过网络自动处理,可以大幅降低营运成本。由于数据充分,事前风险量化较为准确,可以大幅降低风险。如阿里金融小额贷款不良率已从两年前的近2%下降至目前的低于1%,已低于银行业整体不良率,信用成本确实较低。

第五,以客户为中心,强调客户体验。传统金融机构由于较多承担政策性指导,因此其在具体经营过程中会忽视对于客户群体的维护。尤其在中国,金融机构存在一定程度上的资源垄断,使得其在经营过程中会更加重视机构等基础设施建设,而缺少企业文化、广告宣传等软实力的增强。互联网金融的出现能够针对不同的客户群体制定差异化的营销战略,有利于提升客户体验,实现客户群体的扩大。

二、互联网金融在我国快速发展的原因分析

互联网金融在我国的发展首先得益于网络信息技术提供的技术背

景,技术层面的飞速发展,尤其是云计算、移动支付和数据挖掘等技术为互联网金融的长足发展提供了可能。

其次,虚拟经济特别是电子商务的迅猛腾起为互联网金融的发展提供了经济背景。近年来,网上快捷支付的迫切需求促使网络购物俨然成为广大消费者消费的主流方式,电子商务市场规模得以持续高速增长。电商逐渐渗透到工农业生产、商贸流通和社区服务领域,业务范围扩展到跨境合作和全球商贸。

再次,居民生活方式与交易行为的变化为互联网金融的兴起提供了人文社会背景。"80后""90后"逐渐成为金融业务交易的主体客户,具有对于网络应用依赖程度较高、不愿柜台排队的特点,威胁着传统金融行业现有的模式,因此互联网金融得以迅猛发展。

第二节 中国互联网金融发展中的阻碍

虽然互联网金融的出现响应了时代特征,但我国互联网金融发展还处于初级阶段,在互联网用户密度、互联网金融规模、业务品种、信用体系建设、法律法规建设、金融消费者教育和保护、人才储备等多方面较发达国家还有一定差距。

一、对互联网金融的争议

互联网金融对于传统金融模式的冲击,以及其对金融功能效率的提升都获得普遍的承认,其生存和发展有一定的必然性和必要性。但是,对于互联网金融,专家学者、金融业界、普通民众从自身角度出发,依然有着不同的看法,存在较多的争议。

首先,对互联网金融本质存在争议,焦点在于"互联网"和"金融"到底哪个是核心。坚持"互联网"是互联网金融核心的学者持有"颠覆论",认为互联网金融将彻底颠覆传统金融模式;更多人则持"改良论"的观点,在承认互联网金融给传统金融业带来挑战的同时,认为两者将保持互相促进、共同发展的关系,互联网金融的核心还是金融。

其次,对余额宝这类互联网金融产品应该支持还是反对存在较大分歧。反对者认为以余额宝为代表的互联网金融创新产品,对传统的银行等金融机构的储蓄存款构成极大的冲击,"严重干扰正规利率市场"。认为尽管余额宝可以获取不菲的收益,但是其经济代价过于巨大,最终将由整体贷款用户消化其收益,冲击了中国市场的经济安全。因此,部分反对者呼吁取缔余额宝。而支持者则认为余额宝是市场利率的跟随者而不是决定者;余额宝没有门槛,大大拉长了理财客户的链条,从而实现了金融普惠的原则。

再次,对余额宝的另一种分歧在于其是否应该缴存准备金。一种观点认为余额宝等有货币市场基金投资的银行存款不应缴纳存款准备金,理由是在中国金融市场日趋成熟的背景下,在利率、汇率等市场化改革的大潮之下,存款准备金本身就是一个需要逐步淡化的监管和调控工具,用存款准备金率来限制余额宝等货币市场基金的发展,是监管方法和调控模式的倒退。另一种观点则从监管套利和监管一致性角度认为其该缴纳准备金。

最后,对如何监管互联网金融也存在争议,焦点在于是否需要对互联网金融的监管区别对待。一种观点认为,互联网金融的本质是金融,与传统金融相比其基本特征和原理并无不同,因此应该按照金融监管的原则和要求对其进行监管。另一种观点认为,应该对互联网金融的监管特别对待,主要原因在于互联网金融的创新和传统金融的创新在理论逻辑以及创新路径方面均存在不同,因此不能以传统金融监管的要求对待互联网金融。

二、互联网金融的问题和风险

互联网金融具有很多区别于传统金融机构的特征,包括资源开放化、成本集约化、选择市场化、渠道互联网化、运营高效化、用户行为价值化等特点。这些特点是传统金融所不具备的,互联网金融的迅猛发展必将颠覆传统金融业,但这是一个长期的过程。虽然互联网金融具有很多的优势,但是作为一个新生事物,其在发展过程中必将暴露出一些问题和风险,具体表现在以下几个方面。

1. 管理弱

互联网金融尚未纳入正规的金融体系,因此与正规的银行等金融机构不同,其运营方式较少受到中国人民银行和银监会的监管,导致各类风险问题显著出现。加之,中国的金融监管体系尚处于建立阶段,缺少金融相关法律的约束和管控,使得互联网金融的风险一旦爆发,便有可能危害整个金融体系。

2. 风险较高

虽然互联网提供了新的融资平台,缓解了微贷难的问题,但在发展实践中,互联网金融仍存在较大的风险。

(1) 信用风险大。与国外比较完善的用户征信体系不同,中国的金融体系建立相对较为滞后,因此在用户信用记录的建设方面存在较大不足。

(2) 风险易扩散。由于互联网金融采用线上交易,使得金融欺诈更容易发生,也是金融犯罪的新工具。互联网金融的实时性和扩散性更强,容易引发风险扩散,成为风险扩散的助推器。

(3) 网络安全不容乐观。互联网金融对于网络的依赖较为强大,正因为如此,一旦互联网安全受到冲击,互联网金融的安全问题便成为危害金融体系健康发展的重要问题之一。

三、互联网金融发展的主要挑战

当前互联网金融的火热发展态势是建立在我国金融市场化改革以及互联网、大数据、云计算等现代信息技术快速发展的基础之上的。而随着互联网金融的不断发展壮大,其发展也面临很多的挑战,包括互联网金融模式创新不足、互联网金融发展存在风险、互联网金融发展受到打压以及法律法规监管缺失。

(一) 互联网金融商业模式创新不足

商业模式能否创新直接决定互联网金融能否持续、健康地发展,是决定互联网金融企业做大做强的关键。近几年,国内外互联网金融模式层出不穷,涌现出众筹、电商金融、大数据金融、P2P网贷等众多模式,但是,中国的互联网金融总体上依然处于起步阶段,互联网金融的模式尚不成熟,创新不足。

首先,国内互联网金融模式模仿跟风热潮不减。一方面,国内互联网金融企业大都采取"模仿"国外同类型企业的做法,导致企业经营缺少原生性;另一方面,国内成功的互联网金融模式创新,也会吸引众多模仿者跟进。当前,模仿和跟风国内外成功的模式不是不可以,但一味模仿,缺乏原生性和创新性,必将使企业在市场竞争中缺乏持续的竞争优势,企业难以获得持续、健康的发展。

其次,简单以高收益、高回报吸引用户注意,而不从根本上进行模式创新。一些互联网金融企业将互联网定义为产品销售的渠道,而不是以平台模式进行定位,这客观上决定了这些互联网金融企业难以长大,其商业模式不可能得到根本性转变,企业难以在互联网金融大潮中立于不败之地。

再次,互联网金融尚未形成稳定的盈利模式。互联网金融企业目前通过收取管理费的方式获取收入,而部分互联网金融企业甚至不收取任何费用,以求扩展用户,在互联网金融缺乏核心应用的情况下,此种商业模式的可持续性受到质疑。

综上所述,中国的互联网金融尚存在较大不足,其商业模式还未建立,因此与互联网金融相关联的创新仍成为其发展壮大的重要阻碍。互联网金融企业应该增加科技创新手段、寻求差异化经营、提升核心竞争力,以找到中国互联网金融发展的未来之路。

(二) 互联网金融发展的主要风险

互联网金融的本质还是金融,其必然存在风险,在支持和鼓励互联网金融创新发展的同时,要清醒地认识到互联网金融蕴藏着各种风险,并采取有效措施将风险控制在可承受的范围之内,从而更好地促进互联网金融的持续健康发展。

1. 市场风险

主要体现在:其一,互联网金融企业要取得成功困难较大;其二,互联网金融受到传统金融机构的抵制;其三,互联网金融面临市场挤兑,存在信用问题;其四,互联网金融企业受牌照和准入条件的制约,不利于市场进一步拓展;其五,互联网金融市场化程度不高。

2. 法律风险

目前,中国的立法体系主要关注传统的银行、保险等金融机构,监管机构主要包括中国人民银行和银监会、证监会和保监会("一行三会"),但是此种监管设置难以针对互联网金融的特殊性进行监管。加之,现有互联网金融的业务游走于"合法"与"非法"之间,需要对互联网金融的业务范围和行为模式进行规范的法律界定。

3. 监管风险

中国的监管部门对于互联网金融派生出的金融风险尚未提出配套的

监管要求,监管的缺失使得互联网金融能够在灰色地带不受约束地扩张和壮大。可以预见,其风险将更加难以控制,不利于互联网金融的健康发展。

4. 安全风险

随着互联网金融的快速发展,其安全风险和挑战更加突出,主要涉及客户的资金安全、信息安全以及系统的安全。就互联网金融的特征而言,对于互联网的过度依赖造成了其很容易受到一些互联网传统安全威胁的影响,加之随着云计算和大数据理念的提出,对于互联网金融安全问题的讨论更加具有迫切性。

第三节 中国互联网金融发展策略

当前,我国涉及互联网金融的相关基础技术尚不成熟,互联网金融模式创新不足,互联网金融行业的自律意识缺乏,相应的法律法规体制尚不完善,因此在其繁荣发展的背后存在着巨大的风险。要想推动中国互联网金融健康发展,必须在控制风险、降低成本和提高收益上下功夫。鉴于各个互联网金融平台普遍规模偏小以及目标客户融资规模不大的"长尾"特征,可以大力发挥范围经济作用,通过第三方和政府提供技术支持、风险控制和相关法律法规;同时,各互联网金融平台需要以长远合作的眼光并进行严格自律,在此前提下创新互联网金融的模并形成差异化的产品。

一、推动传统金融与互联网的融合发展

金融通过改变资金的时空分布,提高了资金的使用效率,进而改善了全社会的资源配置效率。按照金融功能观的视角,金融的作用包括实现资金的跨主体和跨时期配置,具体体现为储藏、集合、资产管理等不同作用组合,并在此基础上衍生出资金的结算、风险管理等功能。不同的金融机构,实际上就是在以上金融功能中发挥各自作用,并各有侧重。比如银行的功能主要是储藏、集合、结算和风险管理,但随着理财业务的兴起,资产管理功能重要性明显上升;保险业的功能主要是储藏、集合、资产管理和风险管理,其中储藏功能主要是实现长期资金的跨期配置;信托业的功

能是储藏、集合、资产管理和风险管理,其中储藏功能主要是实现中短期资金的跨期配制;证券业的功能则在于储藏、集合、资产管理和风险管理。

互联网和金融的结合,使得传统金融的商业模式发生了根本性变化,新的经营业态得以产生和发展壮大。在这种环境下,传统经营模式必须跟随技术进步的趋势,围绕互联网金融对金融功能的分解与重组,优化升级原来的商业模式。只有这样,作为现代经济核心的金融,才能通过自身变革实现为实体经济服务的目标和任务。为了应对新的环境与挑战,对银行、保险和证券等主要金融服务行业来说,都需要积极调整和做出改变。

(一) 银行业

随着政策、经济、技术、客户需求及竞争五大方面的变化与影响,利率市场化、风险管理、互联网金融模式的兴起等新挑战不断出现,中国银行业正在形成满足政策合规、改善运营管理及构建新核心竞争优势的三大发展趋势。在大数据时代,数据已经成为全新的自然资源,并成为银行运营的核心之一,银行需要利用创新技术释放大数据的价值,构建新互联网时代下的核心竞争优势。具体来说,传统银行业的策略包括:以人为本,不断刷新移动互联新体验;数据为先,洞察客户业务新需求;以系统为支撑,让核心能力支撑创新;以风险控制为要点,让金融安全得到充分保障。通过这样的基本策略,推动银行实现适应未来市场发展需求的业务创新,实现互联网时代下的新增长。

(二) 保险业

互联网战略并不是用互联网保险颠覆传统保险,放弃营销员销售模式转而开发互联网销售模式,而是要求营销员使用互联网模式进行销售。对传统保险业来说,互联网仍然作为渠道而存在,但营销员与客户接触、销售以至服务的方式都需要做出改变。从互联网的视角入手,传统保险业发展转型的几项基本工作包括:将公司整个的业务和运营都搬到互联网平台上,并优先选择基于移动网络的手机平台;以大数据为依托,建立支持移动界面的数据驱动模式,即对各种数据信息进行以客户为中心的分析、挖掘,实现点到点、端到端的数据驱动;建设以云计算为基础架构的信息整合系统,7×24小时为移动战略提供技术支持。

(三) 证券业

随着中国经济步入新常态,金融行业发展格局出现深刻变化。对证券行业来说面临四大调整:一是金融跨界竞争日益加剧,二是互联网金融已成为传统金融行业的一股颠覆性力量,三是牌照放开和监管转型加剧了证券行业竞争,四是创新、创业热潮加剧了对金融人才的争夺。毫无疑问,这些调整对证券公司带来了极大挑战。特别是互联网金融的发展,主要互联网巨头布局网络银行等业务,已从单纯的支付服务向转账汇款、客户融资、资产管理、产品代销等传统金融领域渗透;股权众筹成为互联网金融的新热点,大量股权融资活动脱离证券公司而展开,投资银行脱媒化正成为趋势。面对这些挑战,证券公司需要在坚持"金融服务实体经济发展"和"以客户为中心"的原则下,积极调整策略,主动吸收融合互联网思维,实现转型发展。

二、以差异化的商业模式促进市场繁荣

从新兴的互联网金融业态来看,互联网金融主要包括理财模式、支付模式和融资模式三类。这些模式中也涌现出阿里小贷、融360、余额宝维系支付等成功的产品和企业,其成功的关键就在于商业模式的创新。为了实现商业模式的创新,需要做到:根据企业内外部环境变化,进行科学的平台战略定位;坚持客户导向,提高把握客户核心需求的能力;加强产品创新,注重客户体验,打造有吸引力的产品;推进互联网金融盈利模式的创新。

当然,互联网金融的健康发展不仅要靠互联网金融公司或平台自身的努力,还要靠为互联网金融提供服务的第三方技术支持的发展和完善。这些服务主要包括交易交易系统、支付系统、营销方案、品牌策划、信用认证、安全认证技术开发、第三方证据存管服务等。

由于互联网金融企业或平台的规模一般较小,没有能力也没有必要将这些第三方技术支持服务一体化企业内部,在当前全球产业分工碎片化的趋势下,互联网企业完全可以将这些服务外包。由于互联网金融的"长尾"性质,众多规模较小的互联网金融企业的技术支持服务需求会积累成一个较大的市场需求,这些需求完全有能力支撑起一个或几个具有规模经济的第三方技术支持服务提供商的建立。这不仅有利于降低互联网金融的运作成本,减少互联网金融所面临的安全风险、技术风险和信用风险,还会增加互联网金融的收益。由于第三方技术支持服务具有公共品的性质,所以在鼓励和促进互联网金融服务市场的发展的时候,要给予其相应的政策优惠和引导,确保其能够为互联网金融的发展保驾护航,提供更快捷、更简便、更安全的技术支持。

三、实现向移动互联网金融的转变升级

当前,移动互联网、大数据、云计算发展迅猛,它们与互联网金融结合,信息不对称会降到最低限度,互联网金融未来的成长空间巨大,充满想象。尤其是移动互联网发展迅猛,未来互联网金融向移动互联网金融的转变势不可挡,其发展前景颇为广阔。

移动互联网将移动通信和互联网两种技术相结合,可以满足用户在任何时间、任何地点,以任何方式获取并处理信息的需求。近几年,移动互联网发展十分迅猛,移动互联网与传统行业融合步伐逐步加快,移动互联网在促进行业发展、推动社会信息化建设、丰富人民群众文化娱乐生活等方面发挥了重要作用,移动互联网的发展也孕育了无限商机,市场前景广阔。截至 2017 年 10 月底,中国手机用户达到 14.03 亿户,其中 3G 和 4G 用户达到 11.01 亿户,而移动互联网用户总数达到 12.4 亿户,使用手机上网的用户有 11.5 亿户,对移动电话用户的渗透率为 82.3%。尤其随着微信和微博用户的快速增长,建立在移动终端平台上的各种应用如微信红包、微信支付等,均广受用户欢迎。

移动互联网用户超过 PC 互联网用户,传统互联网向移动互联网迅速前行。移动互联网与传统产业以及与人们吃穿住行用娱游的融合孕育了广阔的市场机会,而且在每一个细分市场都隐藏着不可估量的商业潜力,也为创新创业者提供了无限可能和想象空间。在未来的一段时间内,互联网包括移动互联网、电子商务、互联网金融等,依然是创业者最容易进入的领域。相对来说,用互联网的思维和方式进入传统行业来创业,这将是未来一个很重要的趋势。而移动互联网和互联网金融的融合将释放巨大潜力。随着中国移动互联网金融业务的发展壮大,互联网的金融创新不断,已经吸引了越来越多的企业布局移动互联网金融。目前,工行、农行、交行、中信、平安、浦发等相继开通微信银行,借助大数据和移动市场整合,传统的金融和互联网行业将进行整合和颠覆,移动互联网已经从信息层面切入交易层面,成为互联网金融的重要战场。

四、打造良好的互联网金融生态系统

互联网金融生态系统是指在一定时间和空间内有相关互联网金融产

业链各方企业、消费者和市场与其所在的环境组成的整体系统。良好的产业生态系统要求价值链各方相互合作、目标一致、风险共担、利益共享,共同构建一个有利于快速、有效地推动产业发展的整体,任何一方都要在整个生态系统中发挥独特作用,才能更好地推动互联网金融生态系统的完善和健康发展。

（1）互联网金融企业需要不断拓展产业链整合能力,提升自身的竞争优势和盈利能力；

（2）积极推进多元化的产业链合作模式,通过产业联盟、战略联盟、收购和控股等方式打造产业生态系统；

（3）制定平台游戏规则,强化互联网金融平台经营,实现平台经营和生态系统建设的完美结合；

（4）推进整个互联网金融生态链的管理,确保各项工作和建设能够有序进行,降低互联网金融的风险。

互联网金融生态的完善离不开诚信体系建设。诚信是互联网金融健康发展的基石,因此个人诚信体系、小微企业诚信体系以及互联网平台诚信体系的建设至关重要。

由于互联网金融的一切业务活动都是在虚拟的网络空间进行的,因此交易双方身份的确认和信用评价等信息方面往往会产生明显的不对称性。虽然当前一些互联网金融平台通过其积累的平台注册信息、历史交易信息能够为交易双方特别是互联网金融产品的消费者提供一些参考和借鉴,但这远远无法消除消费者所面对的巨大风险。原因之一是由于更为关键的交易双方征信记录、财务状况和借款用途等资料无法获得,因此很难构建起客观、全面的信用评级体系。同时,由于各个互联网金融平台的信息库相互隔绝,如果筹资人在多家互联网金融平台筹集资金并故意隐瞒相关信息,各个平台审核人仅仅参照自身平台信息审核并为其提供融资,就很可能形成无法避免的风险。

此外,由于中国互联网金融刚起步不久,各互联网金融平台的运作还不够理性和规范,自律意识缺乏,很容易导致"庞氏骗局"的出现。在互联网金融产品的消费者目前尚缺乏相应的专业知识和理性的情况下,大部分互联网金融平台为了吸引资金,超越了第三方投融资交易撮合平台的范畴,抛出了许多高收益、有担保理财产品,但有关所吸收资金的用途和去向却不透明,在盲目扩大规模的同时忽视了风险的控制,这很容易造成资金链断裂,最后导致互联网金融平台倒闭和负责人跑路。

因此,完善互联网金融诚信体系,首先要建立一个统一共享的个人和小微企业诚信体系,如蚂蚁金融旗下的首个个人信用评分芝麻信用分;其次要加快建设互联网金融平台的诚信体系标准的建设,最好成立一个定期评估并发布互联网金融平台信用级别的第三方机构,让该行业的运作有章可循,让投资人有可借鉴的依据;第三是成立互联网金融行业诚信联盟,加强行业自律。

五、不断优化互联网金融行业的监管

互联网金融是新生事物,在快速发展的同时,不可避免会出现一些问题和风险。一旦互联网金融发生系统性风险或突发事件,可能会造成大规模挤兑或社会恐慌,将会给整个金融体系造成重大影响,后果将是灾难性的。

在2008年金融危机之后,金融监管改革的理念和方法进行了革新,与此相适应,互联网金融的监管也经历了理念和实践上的改革。在市场有效和参与者理性的情况下,市场会自动形成均衡价格。若对互联网金融采取相对宽松的政策,则等于承认市场能够完全纠正所有的错误信息。在这一前提下,为了达成自身的目标,只要排除造成市场非有效的因素就可以了。具体来说,要做到以下几点:其一,提高市场的纪律性,增强行为主体的遵纪守法意识;其二,充分发挥市场机制的作用,实现市场的良性运行;其三,采用市场行为对互联网金融进行监管,发挥市场"看不见的手"的作用。

但是,互联网金融发展的实践表明,市场仍然存在各种非有效因素,所以有必要对互联网金融机构的各种行为进行监管。主要原因在于:其一,个体行为理性的假定在现实生活中并不存在。其二,个体理性也不意味着集体理性。以余额宝为例,投资者购买货币市场基金份额,其可以赎回,但是货币市场基金的投资一般较长,或付出一定的折价才能变现,从而出现期限错配和流动性转换问题。此时个体的赎回行为可能理性,但集体的赎回就会造成金融系统的崩溃。其三,市场纪律不一定能控制有害的市场风险承担行为。其四,互联网金融涉及的面比较广泛,影响较大,有必要在其出现问题之前采取措施进行解决。其五,互联网金融创新可能存在缺陷,尤其在中国各个互联网金融平台质量良莠不齐的时候,对互联网金融的监管更显必要。其六,互联网金融消费中可能存在欺诈和非理性行为,金融机构可能开发和推销风险过高的产品,消费者可能购买了自己根本不了解的产品。此外,从行为金融学的角度来说,对互联网金融进行监管也有其必要性。

具体来说,对互联网金融的监管包括功能监管和机构监管两个方面。

(一) 对互联网金融的功能监管

互联网的出现对于人类的金融模式产生了根本性的影响。功能监管的含义包括对于监管企业的行为、业务模式等进行监管。对互联网金融进行功能监管的主要原因在于:其与传统的金融机构具备相类似的功能,为了降低整个金融体系的风险,有必要对互联网金融进行风险管控。具体来说,对互联网金融的监管可以分成审慎监管、行为监管和金融消费者保护三种类型。

首先,审慎监管。审慎监管主要来自金融危机之后所提出的宏观审慎监管。由于传统的监管模式存在各种监管真空和监管漏洞,因此审慎监管的提出要求对金融机构的监管采取审慎原则,保证互联网金融在遇到风险的情况下,自有资金依然能够支撑其正常发展,降低整个金融体系的金融风险。

其次,行为监管。行为监管提出的主要目的在于促进互联网金融的健康、有序发展。其主要包括对于互联网基础设施、互联网金融机构和相关参与者的监管。由于互联网金融企业的行为涵盖交易、清算、内控等各个方面,因此对于互联网金融机构的监管应该针对其具体行为采取差异化的监管制度,实现互联网金融企业的健康发展。

再次,金融消费者保护。金融消费者保护也是在金融危机之后提出的一项措施,力图保障消费者在互联网金融交易中的权益。具体来说,金融消费者保护主要在于内部自律和外部监督两个方面。从内部自律来看,互联网金融企业需要对自身的行为建立一套行之有效的规范制度,提高自身的履约能力和信用;从外部监督来看,监管机构要将互联网金融企业纳入整个监管体系之内。对其资本、收益和各种赔偿机制进行规定,提升对于消费者的保护力度。

(二) 对互联网金融的机构监管

机构监管是对互联网金融企业作为一个机构进行监管,采取同传统的金融机构同样的监管方式和方法。但是,针对互联网金融机构的一些特殊性,需要采取一些特别的监管方法。主要包括:其一,互联网金融属于高科技企业,其风险和收益主要来自创新和科技,因此需要加强对互联网金融的信息科技风险的监管;其二,互联网金融的消费和支付模式有所创新,不同于传统的金融机构,因此需要建立对于互联网金融支付的监管框架;其三,互联网金融的主要平台是互联网,其风险提示和信用评级往往具有很强的随意性,因此对于其监管应该重点涵盖信息披露、外部信用评级和资本充足性等要求。

总之,互联网既然能得快速发展,其风险的隐蔽性、传染性、广泛性和突发性不断增加,实践中也出现了一些问题,包括机构的法律定位不明确、客户资金第三方存管制度缺失、风险控制不健全等。应对互联网金融发展过程中出现的问题和隐患,需要加强互联网金融的行业监管和行业自律,主要应该做到:提升法律法规体系对于互联网金融的规范力度;实现互联网金融企业牌照及资质认定,建立分层监管机制,避免重复监管;监管做到不搞"一刀切",验收"底线思维";正确处理监管和鼓励创新的关系。

六、加强对互联网金融的理性思索

基于大数据和云计算等现代信息技术,借助交易成本低、打破时间和地域限制、满足中小客户的金融需求、发挥数据价值的效率高、以客户为中心和强调客户体验等优势特点,互联网金融开创了一种全新的带有一定普惠性的金融模式,打破了传统金融一统天下的金融格局。互联网金融所带来的这种新的金融格局,通过降低小微企业的融资成本和增加创新融资平台,为实体经济注入了活力,提高了实体经济的投资规模、资本生产率和全要素生产率。与此同时,通过便捷的第三方支付、多样化和门槛低的投资理财产品和保险产品等,互联网金融还减少了消费者的流动性约束和未来生活中所面临的不确定性风险,增加了消费者的财产性收入,从而大幅提高了整个经济中的消费需求,为经济增长增添了动力。可以说,互联网金融所带来的这种格局为推动我国金融深化改革也创造了条件和奠定了基础。

虽然互联网金融的发展面临着许多困难和风险,但在当前社会经济环境下,小微企业对金融服务的需求得不到满足这一现状为互联网金融提供了广阔的发展空间。传统金融与互联网金融有着各自不同的市场定位和细分市场,相互之间既是竞争关系也是合作的关系,两者共同为经济发展提供金融支持。可以预期,随着监管法律法规正确地规范和引导、互联网金融行业有效的自律与合作、互联网金融的支持技术和系统的安全性进一步提高、互联网金融机构或平台的风险控制能力的改善,互联网金融必然步入一个健康、理性的发展轨道,从而为实体经济发展提供更多、更有效的支撑。

本章小结

本章主要论述了中国互联网金融的发展策略。第一节分析了中国互联网金融发展的优势,探究了互联网金融在我国快速发展的原因;第二节探讨了中国互联网金融发展中的阻碍,分析了互联网金融发展的主要挑战;第三节提出中国互联网金融发展策略。

复习思考题:
1. 简要论述互联网金融的发展优势。
2. 为什么互联网金融能在我国快速发展?
3. 中国互联网金融发展面临哪些障碍?
4. 你认为中国互联网金融应该采取哪些发展措施?

拓展阅读

中国互联网金融发展的现状、挑战与方向

近年来,在技术进步、金融深化、客户群体变化等一系列因素的综合影响下,中国的互联网金融得到了快速发展,在促进普惠金融发展、提升金融服务质量和效率、满足多元化投融资需求等方面发挥了积极作用,展现出了很大的市场空间和发展潜力。互联网金融在为金融业发展注入活力的同时,也对我们的金融管理带来了新的挑战,其快速发展过程中也暴露出了一些问题和风险隐患。党中央、国务院高度重视互联网金融发展和风险防范,党的十八届五中全会明确提出"规范发展互联网金融"的任务;2016年4月开始,国务院部署开展了互联网金融风险专项整治工作,按照问题导向、分类整治、综合施策等原则,加快清理行业"害群之马",有效规范经营行为,还互联网金融一个健康有序的发展环境。

根据中国互联网金融协会的统计数据和调查研究,以及我个人的观察与思考。当前,中国互联网金融发展呈现出以下几个方面的特点。

一是从快速发展阶段转入规范发展阶段。随着风险专项整治工作深入开展,互联网金融风险整体水平在下降,互联网金融风险案件高发频发势头得到初步遏制,行业监管规则和要求进一步明确,行业发展环境得到进一步净化。

二是行业占金融总量的比重较低,但业务涉众面较广。以P2P网贷为例,据不完全统计,P2P网络借贷行业总体贷款余额不到同期金融机构人民币各项贷款余额的1‰。但同时,P2P网贷不论是投资端还是借款端,用户都在持续稳定增长。

三是业务模式众多,但主要业态发展呈现分化态势。具体来说,互联网支付发展迅速,商业银行占据主体地位,非银行支付呈笔数多、单笔交易额较小的特点。P2P网贷行业整合、退出现象明显,运营平台数量有所下降,成交量与参与人数仍稳步增长。互联网保险业务扩张较快,创新较为活跃,业务渗透率不断提高。互联网基金销售稳步增长,业务集中在互联网货币基金销售。互联网消费金融参与主体多元化,发展快速,以小额、短期的贷款业务为主。

互联网股权融资发展相对滞后,股权众筹融资监管规则尚未发布,互联网非公开股权融资实际开展业务的平台较少。

四是互联网金融"鲶鱼效应"明显。互联网金融在理念、技术和模式等方面的创新,促使中国传统金融机构不断改变业务模式和服务方式,为传统金融机构的改革发展注入了新动力。比如,据不完全统计,截至2016年年末,中国已有互联网直销银行近60家。其中,比较有代表性的中国工商银行(7.120,-0.01,-0.14%)"融e行"网络银行平台客户已达2.5亿人,其中移动端动户数达到6 000多万。

在当前经济金融环境复杂多变、风险专项整治进入清理整顿阶段的背景下,互联网金融发展主要面临三大突出风险和四大体制性机制性挑战。

风险方面,主要包括以下三个方面:一是经济下行期的经营风险。在当前实体经济下行和金融风险上行时期,中小企业经营更加困难,债务违约可能性增大,导致互联网金融平台对接的主要资产质量下降,逾期率和不良率上升。同时,普通投资者情绪和市场预期波动增大,资金流不稳定性提高,使得平台经营压力持续增加。二是合规转型期的转型风险。

在合规化转型过程中,有一部分从业机构试图继续经营,但因前期存在期限错配、资金池、大额标的等不规范经营行为,导致积累的风险敞口较大,转型难度高,无法平稳退出,可能引发社会问题和金融风险。三是风险处置期的次生风险。当前,互联网金融风险专项整治进入清理整顿阶段,由于互联网金融风险涉众性、交叉性和传染性较强,风险处置过程中可能产生跨机构、跨区域、跨市场的连锁反应。

体制机制性挑战主要包括以下几点。

1. 行业基础设施有待进一步夯实

一是行业信用信息共享机制有待继续加强,融资方的欺诈和违约成本较低。二是许多从业机构游离于金融统计体系之外,特别是资金流向方面基本空白,给实施监管和调控带来难度。三是不同从业机构在业务操作、系统运维、产品定价、合同文本、合格投资者认定等方面标准化、规范化程度较低。

2. 监管体制有待进一步完善

一是分业分段式监管难以适应互联网金融行业跨界混业经营、贯穿多层次市场体系的业务特征,容易产生监管套利。二是互联网金融业态众多、模式各异、创新速度快,金融风险复杂性、多样性特征明显,给现有监管资源和技术带来挑战。三是监管部门之间以及中央地方之间在互联网金融监管方面的责任分工有待进一步细化和明确。

3. 法律制度体系有待进一步健全

一是现有金融管理类法律法规是以传统金融机构和金融业务为适用对象制定的,运用到互联网金融领域,难免存在适用上的不匹配。二是现有法律未对以互联网理财、互联网资产管理等为名的各类互联网金融公司属性做出明确规定。三是互联网金融反洗钱、反恐怖融资、个人信息保护等方面亟待立法。

4. 消费者权益保护有待进一步加强

一是互联网金融基于虚拟网络平台进行交易,个人信息保护难度加大。二是在互联网环境下,法律关系主体广泛,对于互联网金融消费者应有的基本权利以及各方责任认定缺乏具有统一性和适用性的法律法规。三是多层次、有针对性的投资者教育以及投诉处理、纠纷调处、损害赔偿等方面机制建设还不成熟。

面对上述风险和挑战,需要汇聚监管机构、自律组织、从业机构、社会公众包括金融教育界等多方力量,共同研究,提出针对性、系统性解决方案。对于未来互联网金融行业发展的主要方向和工作着力点,我有以下几点意见。

一是以服务实体经济为导向。党中央、国务院在综合判断国际国内经济形势的基础上,提出了"以供给侧结构性改革为主线,扩大有效供给,满足有效需求"的战略任务。互联网金融行业应紧紧抓住我国经济转型升级与结构调整产生的有效金融需求,促进网络与金融的深度融合、业务与场景的广泛结合、技术与流程的有机整合,有效增加金融服务供给规模、效率和质量,提高互联网金融供给对实体经济需求变化的适应性和灵活性,避免过度拉长资金链条和脱离实体经济空转。

二是以发展普惠金融为重点。近年来,我国金融业在发展普惠金融方面进行了大量尝试,取得的成绩有目共睹。根据世界银行在普惠金融指标上的最新数据,中国的大部分指标均排在发展中国家前列,账户普及率和储蓄普及率等指标甚至显著优于G20国家平均值。同时我们也要清醒地认识到,中国与全球许多国家一样,在发展普惠金融方面依然面临服务不均衡、成本高、效率低、商业可持续性不足等一系列全球共性难题。互联网金融在降低金融交易成本、提高金融资源配置效率、扩大金融服务辐射半径等方面具有独特优势,为解决上述共性难题提供了一条可行路径。2016年召开的G20杭州峰会通过了《G20数字普惠金融高级原则》,鼓励各国依托先进数字技术促进普惠金融发展。

可以预见,在全球范围内,将会加速形成一个数字普惠金融的新模式。互联网金融应抓住数字普惠金融发展的良好机遇,赢得更为广阔的发展空间。

三是以合规审慎经营为前提。金融业是一个特殊行业,存在高风险性、强关联性和内在脆弱性等特点。因此,对这个行业的外部规制与监管一直是比较严格的。互联网金融为金融体系的市场化、普惠化发展带来了新鲜元素,但这并不意味着互联网金融发展可以没有边界、创新可以没有规则、业务可以没有规矩。从业机构要认识到"合规也是效益""合规也是生产力",要按照监管规则、整治要求和行业标准,加快建立客户身份识别、信息披露、资金存管、投资者适当性管理、反洗钱、反恐怖融资等制度,切实提升网络和信息安全保障水平。

四是以提升风控能力为关键。互联网金融本质还是金融,没有改变金融的功能属性和风险属性。互联网金融发展得好不好,关键取决于风控做得好不好。从业机构要充分认识到信息化背景下金融业务风险与技术风险可能产生的叠加效应和扩散效应,遵循金融基本规律,形成正确的创新导向,建立有效的内控制度和风险管理系统等软硬件条件。在这个方面,企业内控还应该与法律约束、行政监管、行业自律、社会监督有机结合起来,形成五位一体的多层次、全方位风险治理体系,使互联网金融创新可能带来的风险处于可管、可控、可承受范围内。

五是以先进网信技术为驱动。随着信息化、数字化时代的深入发展,"无网络不金融""无移动不金融"已成为现代金融业体系的一个重要特征。从业机构应按照"有利于提升服务实体经济效率和普惠水平、有利于降低金融风险、有利于保护消费者合法权益"这三个有利于的原则积极开展科技驱动的金融创新。我们高兴地看到,一些互联网企业依托网络导流和场景优势,不断提高金融服务的普惠性和便捷性。比如,非银行支付机构给居民提供了小额、快捷、体验良好的支付服务,加速了中国进入"无现金社会"的速度。在互联网企业突飞猛进的同时,传统金融机构也加快了金融科技创新的步伐,将大数据、云计算、人工智能等技术,探索应用于支付清算、投融资、财富管理、零售金融等领域,注重为客户提供一站式、精准化的综合金融服务。

六是以开放共赢合作为基础。在公平、开放、联动、共享的数字化、信息化时代,封闭式、割据式的经营发展思路已经很难适应时代要求。各类从业机构应注重结合自身特点,找准市场定位,发挥各自优势,建设兼具包容性和竞争性的互联网金融生态圈和产业链。一方面,经过长期实践积累,传统金融机构拥有良好的风控体系和定价模式,掌握大量交易信贷数据,拥有较好的金融专业队伍,能为互联网企业提供专业化支持,弥补风控、定价等方面的不足;另一方面,互联网企业占据网络入口优势,掌握小微企业和个人消费者的海量行为数据,要注重开放客户资源、技术能力、金融云服务等,为合作伙伴创新金融服务提供技术支撑。通过传统金融机构和互联网企业优势互补,提升金融服务实体经济的效率与质量,实现"1+1>2"的效果。

(资料来源:2017年5月20日,中国互联网金融协会会长李东荣在首届中国金融教育发展论坛上的演讲。)

参 考 文 献

1. A. Montolio and F. Trillas, Regulatory Federalism and Industrial Policy in Broadband Telecommunications, *Information Economics And Policy*, 2013, 25(1), 19-31.

2. A.V. Thakor, Information Technology and Financial Services Consolidation, *Journal of Banking and Finance*, 1999, 23 (2-4): 697-700.

3. Alistair Milne, The Industrial Organization of Post-trade Clearing and Settlement, *Journal of Bank & Finance*, 2007(10): 2945-2961.

4. Allen,F., Mc Andrews, J. & Strahan, P, E-finance: An Introduction, *Journal of Financial Services Research*, 2002, 22(1-2), 5-27.

5. B.S. Bernanke, M. Gertler & S. Gilchrist, The Financial Accelerator in a Quantitative Business Cycle Framework, 1999, 1, 1341-1393.

6. C. Anderson, The Long Tail: Why the Future of Business is Selling Less of More, New York: Hyperion, 2006.

7. C. Anderson, The Longer Long Tail: How Endless Choice is Creating Unlimited Demand, London: Random House Business Books, 2009.

8. Charles M. Kahn, William Roberts, Why Pay? An Introduction to Payments Economics, *Journal of Financial Intermediation*, 2009(1): 1-23.

9. D. Diamond, and P. Dybvig, Bank Runs, Deposit Insurance,

and Liquidity, *Journal of Political Economy*, 1983, 401-419.

10. E. Mollick, The Dynamics of Crowdfunding: An Exploratory Study, *Journal of Business Venturing*, 2014, 29(1), 1-16.

11. F. Allen, J. Mc Andrews, and P. Strahan, E-finance: An Introduction, *Journal of Financial Services Research*, 2002, 22(12): 5-27.

12. Friedman, B. M., Decoupling at the Margin: The Treat to Monetary Policy from the Electronic Revolution in Banking, 2000, 3(2), 261-272.

13. G. Saint-Paul, Technological Choice, Financial Markets and Economic Development, *European Economic Review*, 1992, 36(4): 763-781.

14. Goldman Sachs, Mobile Monetization: Dose the Shift in Traffic Pay? 2012(6).

15. J. Magretta, E-finance: Status, Innovations, Resources and Future Challenges, *Harvard Business Review*, 2002, 80(5), 86-92.

16. Mishkin, F. S. & Strahan, P. E., What Will Technology Do to Financial Structure? *National Bureau of Economic Research*, 1999.

17. P. E. Mc Cabe, The Cross Section of Money Market Fund Risks and Financial Crises, Board of Governors of the Federal Reserve System Finance and Economics Discussion Series, 2010.

18. R. Merton, and Z. Bodie, the Global Financial System: A Functional Perspective, Harvard Business School Press, 1995.

19. S. L. Jarvenpaa, N. Tractinsky and M. Vitale, Consumer Trust in an Internet Store, *Information Technology and Management*, 2000, 1(1-2): 45-71.

20. 谢平、邹传伟:《互联网金融模式研究》,《金融研究》2013年第12期。

21. [美]弗雷德里克·S.米什金著,郑艳文、荆国勇译:《货币金融学》(第九版),中国人民大学出版社,2011年1月。

22. 罗明雄、唐颖、刘勇:《互联网金融》,中国财政经济出版社2013年版。

23. 冯娟娟：《互联网金融背景下商业银行竞争策略研究》，《现代金融》2013 年第 4 期。

24. 罗明雄、司晓、周世平：《互联网金融蓝皮书（2014）》，电子工业出版社 2015 年版。

25. 陈静：《17 家民营第三方支付企业获准跨境业务》，《经济日报》2013 年 9 月 27 日第 11 版。

26. 陈志武：《互联网金融到底有多新》，《新金融》2014 年第 4 期。

27. 汤卫平：《"大数据"时代中的商业银行》，《金融博览》2013 年第 8 期，第 36—37 页。

28. 成琳、吕宁斯：《众筹商业模式的法律风险防范》，《商业时代》2014 年第 21 期，第 114—115 页。

29. 戴东红：《互联网金融与金融互联网的比较分析》，《时代金融》2014 年第 6 期。

30. 范家琛：《众筹：创意者与消费者的无缝对接》，《企业管理》2013 年第 10 期，第 78—81 页。

31. 高岩桦：《网络经济的特点及对未来经济影响》，《信息系统工程》2014 年第 2 期，第 97—98 页。

32. 宫晓林：《互联网金融模式及对传统银行业的影响》，《南方金融》2013 年第 5 期，第 86—88 页。

33. 龚明华：《互联网金融：特点、影响与风险防范》，《新金融》2014 年第 2 期，第 8—10 页。

34. 郭新茹、韩顺法、李丽娜：《基于双边市场理论的众筹平台竞争行为及策略》，《江西社会科学》2014 年第 7 期，第 79—84 页。

35. 韩斯玥、黄旭、贺本岚：《国际 P2P 行业发展趋势与商业银行未来发展》，《金融论坛》2014 年。

36. 何阳：《基于商业生态系统理论的电商企业金融服务模式比较研究》，《电子商务》2013 年第 4 期，第 7—8 页。

37. 侯婷艳、刘珊珊、陈华：《网络金融监管存在的问题及其完善对策》，《金融会计》2013 年第 7 期，第 66—70 页。

38. 黄海龙：《基于以电商平台为核心的互联网金融研究》，《上海金融》2013 年第 8 期，第 18—23 页。

39. 黄浩：《电子商务是未来金融服务必争之地》，《中国金融》2013

年第 10 期,第 15—16 页。

40. 贾甫、冯科:《当金融互联网遇上互联网金融:替代还是融合》,《上海金融》2014 年第 2 期。

41. 焦微玲、刘敏楼:《社会化媒体时代的众筹:国外研究述评与展望》,《中南财经政法大学学报》2014 年第 5 期,第 65—71 页。

42. 靳景玉、唐平:《网络金融对传统金融理论的影响研究》,《学术论坛》2008 年第 4 期,第 65—69 页。

43. 李炳、赵阳:《互联网金融对宏观经济的影响》,《财经科学》2014 年第 8 期,第 21—27 页。

44. 李博、董亮:《互联网金融的模式与发展》,《中国金融》2013 年第 10 期,第 19—21 页。

45. 李大治、徐奕晗:《互联网理财对银行冲击的深层思考》,《国际金融》2014 年第 5 期,第 64—67 页。

46. 李妍:《第三方支付企业的准入门槛》,《投资北京》2010 年第 9 期,第 91 页。

47. 李勇军:《浅议互联网金融对传统商业银行的挑战》,《财经界(学术版)》2014 年第 5 期,第 8—9 页。

48. 李泽铭:《我国中小企业融资渠道创新研究》,《当代经济》2013 年第 24 期,第 54—56 页。

49. 刘超:《对商业银行与电商平台相结合的互联网金融模式的研究》,《金融理论与实践》2014 年第 11 期,第 45—50 页。

50. 刘静静:《我国 P2P 的现状与未来》,《中外企业家》2014 年第 12 期,第 45 页。

51. 刘明彦:《互联网金融,传统银行的掘墓者?——从 P2P 说起》,《银行家》2014 年第 1 期,第 107—109 页。

52. 刘锐:《消费金融对居民消费需求影响分析》,《消费经济》2013 年第 29 期,第 38—42 页。

53. 刘志坚、吴珂:《众筹融资起源、发展与前瞻》,《海南金融》2014 年第 6 期,第 77—81 页。

54. 罗明雄:《互联网金融六大模式解析》,《高科技与产业化》2014 年第 3 期,第 56—59 页。

55. 孟韬、张黎明、董大海:《众筹的发展及其商业模式研究》,《管理现代化》2014年第2期,第50—53页。

56. 苗文龙、刘海二:《互联网众筹融资及其激励约束与风险管理——基于金融市场分层的视角》,《金融监管研究》2014年第7期,第1—22页。

57. 钮明:《"草根"金融P2P信贷模式探究》,《金融理论与实践》2012年第2期,第58—61页。

58. 陈轩、苗丹丹:《"阿里巴巴小额贷款"金融模式的前景探究》,《商场现代化》2013年第10期,第192—194页。

59. 潘斯华:《互联网金融消费者权益的法律保护》,《消费经济》2014年第30期,第73—79页。

60. 潘意志:《阿里小贷模式的内涵、优势及存在问题探析》,《金融发展研究》2012年第3期,第30—33页。

61. 芮晓武、刘烈宏:《中国互联网金融发展报告(2014)》,社会科学文献出版社2014年版。

62. 黄励敬、黄聪:《互联网金融时代商业银行人才管理战略研究》,《金融论坛》2015年第5期,第62—70页。

63. 曹凤岐:《互联网金融对传统金融的挑战》,《金融论坛》2015年第1期,第3—6页。

64. 张金林、周焰:《互联网金融对中国商业银行的稳定性影响的实证研究》,《金融论坛》2015年第12期,第8—11页。

65. 高婧、肖周:《我国互联网金融对商业银行盈利状况的影响研究》,《经济研究导刊》2015年第10期。

66. 霍兵、张延良:《互联网金融发展的驱动因素和策略——基于长尾理论视角》,《宏观经济研究》2015年第12期,第86—108页。

67. 李鹏飞:《浅析国内P2P网贷平台现状》,《新经济》2015年第2期,第21—22页。

68. 郑志来:《互联网金融、金融脱媒与中小微企业融资路径研究》,《西南金融》2015年第3期,第52—56页。

69. 唐君、汪兰、潘静:《当前互联网金融缓解中小企业融资问题探究》,《新经济》2016年第1期,第44—45页。

图书在版编目(CIP)数据

互联网金融理论与案例分析/牛淑珍,齐安甜,潘彦编著.—上海:
复旦大学出版社,2018.6 (2022.8 重印)
(复旦博学·金融学系列)
ISBN 978-7-309-13677-7

Ⅰ.互… Ⅱ.①牛…②齐…③潘… Ⅲ.互联网络-应用-金融-案例 Ⅳ.F830.49

中国版本图书馆 CIP 数据核字(2018)第 093446 号

互联网金融理论与案例分析
牛淑珍　齐安甜　潘　彦　编著
责任编辑/张美芳

复旦大学出版社有限公司出版发行
上海市国权路 579 号　邮编:200433
网址:fupnet@fudanpress.com　http://www.fudanpress.com
门市零售:86-21-65102580　　团体订购:86-21-65104505
出版部电话:86-21-65642845
杭州日报报业集团盛元印务有限公司

开本 787×960　1/16　印张 19.5　字数 294 千
2018 年 6 月第 1 版
2022 年 8 月第 1 版第 4 次印刷

ISBN 978-7-309-13677-7/F·2460
定价:48.00 元

如有印装质量问题,请向复旦大学出版社有限公司出版部调换。
版权所有　侵权必究